빛의 속삭임

빛의
속삭임

초판 1쇄 발행 2023년 5월 15일

지 은 이   조은영
발 행 인   권선복
편   집   권보송
기   획   (사) 서울문예마당
디 자 인   서보미, 김소영
전 자 책   서보미
발 행 처   도서출판 행복에너지
출판등록   제315-2011-000035호
주   소   (157-010) 서울특별시 강서구 화곡로 232
전   화   010-3993-6277
팩   스   0303-0799-1560
홈페이지   www.happybook.or.kr
이 메 일   ksbdata@daum.net

값 17,000원

ISBN 979-11-92486-75-8 (03680)

Copyright ⓒ 조은영, 2023

서울문예마당
문화예술 활동공간 Space LACH을 통해 오페라 강좌, 성악 아카데미 등 음악 관련 프로그램과 영화해설 프로그램인 씨네 토크를 비롯한 문예포럼을 운용한다. 자연과 조경, 가드닝 등 특화된 문화체험 프로젝트를 기획, 진행하며 K-Garden의 우수성을 홍보하며 위상을 제고하는 일에도 힘쓰고 있다.
(사)서울문예마당 www.spacelach.com

영화 속
우리 사는
이야기

빛의 속삭임

조은영 지음

도서
출판 행복에너지

영화는 오늘날 대중들의 대표적인 오락매체가 되었지요. 그러나 대부분의 사람들에게 영화는 일회성 소비에 그칩니다. 같은 영화를 2-3번 보기, 영화평론 쓰기, 그리고 직접 영화제작 하기. 트뤼포 감독이 말하는 영화를 사랑하는 방법입니다. 영화가 무수한 다른 오락거리와 경쟁을 하는 시대이기도 하고 OTT 서비스 등 영화 보기가 쉬워지며 선택의 폭이 넓어진 것도 오히려 같은 영화를 다시 보기 어렵게 하는 이유인 듯합니다. 또한 영화를 보려면 시각과 청각을 온전히 스크린에 고정하고 대부분의 경우 2시간 정도 꼼짝없이 앉아 있어야 합니다. 이어폰 꽂고 음악 들으며 동시에 햄버거 먹으며 채팅 하는 것하고는 다르지요.

영화와 소설은 사실이 아닌 허구를 다룹니다. 펠리니 감독은 "허구 속에는 일상적으로 보이는 현실보다 훨씬 깊은 진실이 있는 것인지도 모른다"고 합니다. 영화와 마찬가지로 신문이나 역사책에도 사람 사는 일의 현재와 과거가 가득하지요. 이들 매체는 주로 숫자와 정보로 무장한 '사실'들을 전달합니다. 그러나 이들 '사실'이 가슴에 와닿기는 어렵습니다. 앙상한 사실에는 삶이 지닌 깊고 풍부하고 다양한 무늬, 삶의 디테일이 없기 때문이지요.

그러나 이러한 디테일이 한 번에 머리에, 가슴에 와닿기는 힘듭니다. 영화를 좋아하는 대부분의 사람들이 영화평론을 하거나 더욱이 영화 만들기에 도전하는 것도 쉽지 않지요. 만만찮은 기억과 해석의 부담, 나아가 현실적 제약이 따르기 때문이지요. '재회, 재발견, 회상이야말로 거의 모든 즐거움과 기쁨의 원천'(막스 밀러)이라는 말은 영화에도 적용되지요. 자세히 여러 번, 함께 생각과 느낌을 나누며 보면 영화가 훨씬 더 사랑스러워지리라는 생각입니다.

영화는 문학과 음악, 무엇보다도 온갖 종류의 시각예술이 복합적으로 어우러진 장르입니다. 음악과 더불어 색채와 빛의 사용이 전반적 분위기와 인물들에 대한 정보와 주제를 암시하기도 하지요. 의상과 세트, 영화 속 공간도 중요한 힌트를 제공합니다. 특정 공간이나 의상이 등장인물의 고통과 절망, 고독을 혹은 그 반대의 감정을 증폭시키기도 합니다. 영화 속 다양한 요소에 눈썰미가 밝아지면 읽어내는 의미의 스펙트럼도 넓어지겠지요.

영화에서 배우들은 그야말로 스타입니다. 그들의 존재감은 압도적이지요. 사람의 얼굴은 6000개 표정의 오케스트라라고 합니다. 섬세한 눈떨림, 자글자글한 주름이 눈꼬리를 따라 펼쳐지는 우아한 미소, 혹은 불안하게 흔들리는 시선이 클로즈업되며 영원 같은 순간을 선사해주기도 하지요. 무심한 듯한 작은 제스처가 영혼에 흔적을 남기기도 합니다. 아무런 말없이 남녀가 무심하게 스쳐 지나가는 모습이 슬로우 모션으로 표현될 때는 또 어떤가요? 찰나가 영원으로 확장되며 애틋함의 극치를 보여주지 않나요?

얀 마텔은 "소설의 운명의 반은 작가의 몫이고 반은 독자의 몫이다. 독자가 소설을 읽음으로써 작품은 하나의 인격체로 완성된다"고 하였지요. 소설은 한 문장을 몇 번이고 되읽기도 하고, 잠시 접어 두었다 다시 읽기도 하지요. 그 사이 생각이 숙성되기도 하고 미처 깨닫지 못했던 복선과 숨겨진 감정을 살피며 읽는 재미가 더해지지요. 이러한 읽기에서 소설은 독자와 교감을 나누며 다양한 해석과 감동을 주고받는 인격체의 경지로 이어지기도 하겠지요.

이 책 속에서 불안한 편린으로 제시되는 영화 이야기에서 받는 느낌은 제한적일 수밖에 없지만 글을 읽고 영화를 다시 한번 더 보는 것으로 이어진다면 소설을 곱씹으며 읽는 것과 비슷하리라는 생각입니다. 이 책에서 소개한 대부분의 영화는 탄탄한 원작을 바탕으로 한 작품이거나 감독 자신이 뛰어난 작가입니다. 영화를 만들 수는 없지만 책을 읽듯 영화와 재회하며 재발견으로 이어진다면 트뤼포가 말한 영화사랑으로 이어지리라고 생각합니다.

우리의 삶도 매 순간이 하나의 컷인 영화이고, 우리는 세상이라는 무대 위의 배우입니다. 스스로 각본을 쓰고 연출하며 알아서 '컷'을 외치기도 해야 하는 일인 다역의 배우이지요. 다만 리허설이 없다는 점이 다르지요. NG 컷도 OK 컷도 인생의 한 부분이고,

실은 어느 컷이 OK 컷인지는 어느 정도 시간의 몫이기도 합니다.

　영화 속에서 만나는 다양한 삶의 모습을 보며 어쩌면 내가 잘못 살아온 것은 아닐까 하고 잠시 생각해볼 수도 있지요. 매일의 삶에 열심이었지만 그 삶이 가짜인 걸 깨닫는 모습을 보며 우리의 삶도 얼마나 많은 미망에 과부하가 걸려 있는지 마음의 환기를 할 수도 있지요. 운이 좋다면 번쩍 깨달음의 순간이 오고 그림자에 속아 절절매었다는 걸 알게 되면 얼마나 속이 후련할까 하는 생각도 합니다. 온갖 부패와 타락의 모습을 보며 세상을 바꿀 수는 없어도 세상이 나를 바꿀 수는 없도록 마음의 다짐을 할 수도 있습니다. 물론 콧날이 시큰해지는 감동을 경험하기도 합니다. 어쩌면 삶을 겸허하고 찬란하게 해주는 한 줌의 지혜를 길어낼 수 있을지도 모르지요.

　이 책은 서울문예마당에서 함께 보고 토론했던 영화 중 몇 편을 추려 엮은 것입니다. 이 책이 기억에서 멀어져 가는 영화와의 재회, 나아가 재발견의 자그마한 계기가 되길 바랍니다. 이 책은 무엇보다 함께 동참했던 분들이 있었기에 가능했습니다. 기꺼이 매달 씨네 토크에 참석했던 모든 분들에게 감사드립니다. 함께하는 시간을 기다리는 누군가가 있다는 생각이 모임을 이어가는 동력이 되었다고 생각합니다. 매번 공지를 올리고 연락을 맡으며 번거로운 치다꺼리를 불평 없이 맡아준 마당지기에게도 감사드립니다.

조은영

/ 세상의 끝에서 희망을 말하다 /

/ 삶과 예술 /

부부의
세계

결혼 이야기

Marriage Story, 2019

감독	노아 바움벡 (Noah Baumbach)
각본	노아 바움벡
출연	스칼렛 요한슨 (Scarlett Johansson)
	아담 드라이버 (Adam Driver)
	로라 던 (Laura Dern)
	알란 알다 (Alan Alda)
	레이 리오타 (Ray Liotta)

| 행복한 결혼? 꿈 깨세요

함께 노래하고 춤추며 즐거워하되
때로는 홀로 있기도 하라
비록 현악기의 줄들이 하나의 노래를 만들어 낼지라도
줄은 따로 존재하는 것처럼
서로의 마음을 주어라
그러나 서로의 마음속에 묶어 두지는 말라.

– 칼릴 지브란(Kahlil Gibran)

〈결혼 이야기〉는 젊은 부부가 보이스오버로 서로의 장점에 대해 말하는 걸로 시작됩니다. 찰리는 옷을 입는 센스가 뛰어나고, 깔끔하고, 정리 잘하고, 누구에게나 친절하지요. 누가 뺏어 먹기라도 하는 것처럼 후다닥 식사를 해치우죠. 경쟁심이 과하지만 독창적이고 창의성이 뛰어납니다. 졸음을 참고 아들과 놀아주는 좋은 아빠이기도 하지요.

니콜은 낯선 사람의 말도 지나치다 싶을 정도로 귀담아 들어주고, 솔직하고, 남편의 머리를 잘라주는 솜씨도 뛰어납니다. 폭풍우 속에서도 춤을 출 수 있는 여자이지요. 찰리 못지않게 니콜도 헌신적인 엄마이지요. 두 사람은 훌륭한 연출가와 배우, 충실한 남편과 아내이자 자상한 부모의 완벽한 결혼생활을 보여줍니다. 그러나 니콜과 찰리의 행복한 결혼 이야기는 이 보이스오버가 전부입니다.

그 남자는 날 자신과 별개의 사람으로 보는 능력이 없었어요.

　　니콜과 찰리는 오프 브로드웨이에서 활동하는 연극 연출자와 배우 부부입니다. 찰리는 극단의 총감독이고 니콜은 찰리의 극단에서 간판 배우로 활동하고 있습니다. 니콜은 부모가 배우였고 그녀 자신도 할리우드에서 10대 때 스타 소리를 들었던 배우였습니다. 그녀는 뉴욕에서 찰리를 만나서 2초 만에 사랑에 빠졌지요. 이 둘은 "체리나무 아래에서 서로 말없이 걸으면서도 통한다"고 느꼈지요. 그녀는 실험적 극단을 꾸려가던 찰리의 연극에 출연하게 되고 둘은 사랑에 빠져 결혼을 합니다. 둘 사이에는 헨리라는 귀여운 아들이 있습니다. 두 사람은 언뜻 영화와 드라마, 연애소설 등에 나오는 '말하지 않아도 서로를 완전하게 알 수 있는 소울메이트'를 만난 듯했지요.

행복한 결혼생활? 꿈 깨세요.

– 알랭 드 보통(Alain de Botton)

이들 가족은 행복하게 잘 살았습니다. 그러나 이는 이야기의 마무리가 아니고 시작이지요. 대체로 첫눈에 사랑에 빠진 연인과 끝까지 행복하게 잘 살았다는 이야기는 흔하지 않습니다. 결혼은 마치 디저트를 먼저 먹는 것과도 비슷한 듯합니다. 살다 보면 지지고 볶고 설거지를 해야 하는 일이 기다리고 있지요. 아니면 사랑도 한계효용체감의 법칙이 적용되기 때문일까요?

첫눈에 운명을 확신했던 니콜과 찰리 부부는 이혼을 앞두고 있습니다. 위에 든 서로의 장점은 숙려기간 중 애초에 서로의 어떤 점에 이끌렸는지를 적어보라는 이혼 조정관의 요청에 따라 쓴 것이지요. 니콜은 자신이 적은 찰리의 장점을 읽기를 거부하고 자리를 박차고 나옵니다. 협의이혼의 가능성이 사라지고 둘 사이에 변호사가 끼어들며 이들의 이혼은 서로의 바닥을 드러내는 흔한 이혼소송으로 변질되지요.

누군가의 얼굴에 음식 부스러기가 묻어 있으면 상대가 전혀 당혹하지 않을 방식으로 지적하는 남편의 모습에 이끌렸던 아내와 찬장 문을 닫지 않는 아내의 습관도 매력으로 보였던 남편은 이제 사소한 모든 것을 상대를 공격하는 무기로 쓰게 되지요.

그 사람의 인생이었어요… 난 점점 작아졌어요…
난 한 번도 내 자신으로 활짝 피어난 적이 없었어요.

흔히들 비극은 죽음으로, 희극은 결혼으로 끝맺음을 한다고 하지요. 그러면 결혼이 파탄나는 것으로 끝나는 경우는 어떨까요? 영화 〈결혼 이야기〉는 이혼 이야기입니다. 이혼에 따르는 법적인 문제와 그에 수반되는 각종 절차와 업무 및 당사자들이 겪는 정신적, 감정적 시련이 영화의 내용이지요.

매력적으로 보였던 상대의 독특한 개성이 병적인 것으로, 사소한 잘못은 잠재적 범죄성향으로 변질되어 갑니다. 독일의 사회과학자 아도르노는 "이혼은 심지어 선량하고 상냥하며 배운 사람들 사이에서도 닿는 모든 것을 먼지 구름으로 덮어 원래의 색깔을 없애 버린다"고 하였지요. 〈결혼 이야기〉는 행복했던 관계에 균열이 일며 친밀하고 사소한 모든 것들이 독소가 되어 퍼지는 과정을 그려내고 있습니다.

결혼: 1명의 남자주인과 1명의 여자주인 그리고 2명의 노예로
구성되지만 다 더해도 2명뿐인 공동체의 상태.

니콜은 남편이 연극감독으로 자리를 잡고 점차 위상이 높아질수록 자신은 위축되어가는 느낌이 듭니다. 자신의 세계가 좁아지는 우울한 기분과 상대방이 그런 마음을 전혀 이해하지 못한다는 생각에 괴롭지요. 니콜이 말하는 이혼사유입니다. "시작부터 문제가 있었죠." 2초만에 "감정에 쏠려" 운명을 직감했던 결혼이 시작부터 문제가 있었다고 합니다. 그녀는 결혼 후 계속 남편 찰리의 인생에 맞춰 살았다고 토로합니다. 그래도 결혼 초기에는 그만큼 좋았고 살아있는 기분이 들었다고 하지요. 처음에는 자신이 스타배

우이고 특별한 사람이라 관객들이 자신을 보러 온다고 느꼈지요.

시간과 더불어 그녀는 자신이 잊혀져가고 극단이 호평 받으면서 점점 보잘것없어지는 느낌이 들었지요. 이제 그녀는 자신이 그저 한때 잘나갔던 반짝스타에 불과했던 게 아닌가 하는 마음이 불쑥불쑥 치밀기도 하지요. 이들 부부는 극단의 연출, 제작자 남편과 배우로서 처음엔 완벽하게 상보적인 부부인 듯했습니다. 그러나 '제 짝'의 진정한 표시는 "완벽한 상보성(相補性)이라는 추상적 개념이라기보다는 차이를 수용하는 능력"이겠지요.

흔히들 결혼을 앞둔 남녀는 사랑을 말합니다. 사랑하는 사람이란 나의 사랑을 받을 만해야 한다고 생각합니다. 사랑받을 만한 완벽한 배우자는 흔히들 "나와 똑같이 생각하고 느끼고 행동하는데, 성(性)만 다른 사람"(알랭 드 보통)으로 생각하기 쉽지요.

알랭 드 보통에 의하면 "사랑은 감정이 아니라 기술"입니다. 자기 자신에 대한 지식을 넓히고 남들과 관계를 유지하는 기술입니다. 그리고 대개의 기술이 그러하듯 배우고 익혀야 하는 것이지요. 흔히 사랑이 밥 먹여 주냐고 푸념하지요. 그렇습니다. 함께 살며 결혼을 유지하기 위해서는 사랑만이 아니라 사랑의 기술이 필요하지요.

니콜은 사랑이 식어 자신이 위축되어가는 느낌이 들었는지 혹은 그 반대인지 혼란스럽습니다. 이즈음 니콜은 TV 드라마 출연제의를 받게 되지요. 그녀는 아들과 함께 뉴욕을 떠나 할리우드가 있는 LA로 갑니다. 자신이 태어나 자란 곳이기도 하고 친정 식구들도 있고, 아들에게도 사촌형제들이 있는 곳이지요. 니콜은 드라마가 시리즈로 제작될 가능성에 아들과 함께 아예 LA에서 살 결심을 합니다.

그녀는 남편을 설득하려 하지만 찰리는 뉴욕이 그의 삶의 본거지라고 생각합니다. 그는 뉴욕의 오프 브로드웨이 무대를 떠난 삶은 상상할 수도 없습니다. 뉴욕은 자신의 극단과 무대는 물론 동료가 있는 곳이죠. 결혼 후에도 변함없이 찰리의 삶은 뉴욕이 근거지였지요. 하지만 니콜은 LA에서의 새로운 삶을 양보할 생각이 전혀 없습니다. 니콜은 아들을 보러 온 찰리에게 이혼서류를 건넵니다.

찰리는 갑작스러운 이혼요구에 삶 자체가 흔들리는 경험을 하게 됩니다. 사실 찰리는 이혼소송이 실감이 나지 않습니다. 그는 여전히 장모를 비롯해서 니콜의 친정식구들과 친하게 지냅니다. 그러나 아들 헨리의 양육권 문제가 발생하자 그도 사태가 심각함을 알게 됩니다.

이들의 이혼소송에 다툼의 핵심은 지역입니다. 니콜은 LA에서 사는 것이 헨리에게도 좋고 자신도 커리어를 쌓아갈 수 있는 곳이라고 주장합니다. 반면 찰리는 지금까지 가족이 뉴욕에서 행복하게 잘 살았다고 항변을 하죠. 영화는 LA와 뉴욕이라는 미국의 상징적인 '두 도시 이야기'로 비화되지요.

양쪽이 다 만족하는 이혼이라는 게 가능한 걸까요? 찰리는 잠깐이지만 불륜의 전과가 있고, 니콜이 가진 꿈에 배려가 없었지요. 그렇다고 니콜이 아들을 뉴욕에서 4800Km나 떨어진 LA로 데려가려는 건 찰리에게서 아들을 빼앗겠다는 것이나 마찬가지이기도 하지요.

사랑이란 돌처럼 한 번 놓인 그 자리에 그대로 있는 것이 아니다.
그것은 빵처럼 항상 다시 새롭게 구워야 한다.

〈결혼 이야기〉의 흥미로운 점은 이 영화에 딱히 악당이 없다는 점입니다. 배우로서 자기실현의 기회를 놓치고 싶지 않은 니콜도, 인생의 터전인 뉴욕을 떠나길 주저하는 찰리도, 사촌형제들과 할머니가 있는 곳에서 엄마와 함께 살고 싶어하는 아이의 마음도 이해할 수 있지요. 그런데도 서로가 상처를 주고받지요.

서로의 단점도 장점처럼 보였던 두 사람, 가정적이고, 아직 사랑하는 마음이 남아있는 두 사람이 전혀 생각지도 못했던 방식으로 서로를 헐뜯는 게 이혼소송이 아닐까요? 찰리는 소송 중에 "내가 범죄자가 된 느낌이야"라고도 하지요. 감독은 이혼은 잘잘못을 떠나 모든 사람을 다 나락으로 끌어내린다고 암시하는 듯합니다.

영화가 보여주는 이혼이라는 난장판은 역설적으로 결혼이라는 제도가 두 사람의 완벽한 결합을 만들 수 없다는 것을, 오히려 결혼이라는 제도 아래 많은 것들을 묵인하고 덮어둠으로써 신뢰가 무너지고 상처가 곪을 수밖에 없다는 것을 보여주지요. 이혼과정을 통해서 결혼의 의미를 생각케 하는 영화입니다. 이혼 이야기를 굳이 〈결혼 이야기〉라 한 것도 그때문이 아닐까요?

니콜은 아들의 양육권을 확보하려는 마음에 별 생각없이 이혼전문 변호사 노라를 섭외합니다. 그녀는 치밀하게 전략을 짜며 전쟁에 임하는 것처럼 양육권 소송을 진행합니다. 노라는 찰리에게도 이른 시일 내에 변호인을 고용하지 않으면 헨리의 양육권을 박탈당할 수밖에 없다고 재촉합니다.

찰리는 처음에 온건하게 둘 사이의 협의이혼을 도와줄 변호사 버트와 접촉합니다. 그는 수임료가 저렴할 뿐만 아니라 "이 업계에서 당신은 그저 돈줄일 따름이지요. 난 당신을 사람으로 생각해요"라 하는 변호사입니다. 이들의 이혼소송은 점차 격렬해집니다. 저돌적인 노라를 보며 찰리도 노라 못지않는 변호사를 고용합니다. 양측의 변호사들은 의뢰인을 대신하여 비열한 대리전을 치릅니다.

양측 변화사들은 찰리의 불륜을 치명적으로 부풀리고, 니콜의 술버릇을 알코올 중독으로 만듭니다. 이들에게 이혼소송은 마치 미식축구처럼 이기거나 지거나 하는 처절한 경쟁의 장입니다. 이혼법정에서 두 사람의 사랑은 증오로, 서로 끌렸던 매력은 상대방을 비하하기 위한 꼬투리가 됩니다. 심지어 상대에게 했던 칭찬이 양육자로 적합하지 않다는 공격의 무기로 변하기도 합니다. 영화 시작에 들리던 상대를 사랑했던 이유들이 모두 증오의 이유가 되어버리지요.

양측의 변호사들은 이들 부부를 치킨게임으로 몰아갑니다. 찰리는 뉴욕과 LA를 오가느라 경제적으로 쪼들리면서도 LA에 집을 얻으면서까지 아들의 양육권확보에 유리한 상황을 만들려 합니다. 영화는 두 사람을 영혼뿐만 아니라 경제적으로도 피폐케 하지요. 찰리의 변호를 맡은 변호사 제이의 상담료는 시간당 거의 1000달러라고 하는군요. 아이를 사랑하고 아이 곁에 있으려고 이혼소송을 하면서 아이의 대학 등록금을 탕진하게 되는 거죠.

두 사람은 어느 순간 변호사에게 말한 내용이 당사자들의 본의와 다르게 양육권 분쟁의 도구로 사용되는 것을 알게 됩니다. 애초에 양측의 변호사들만 없었다면 이들 부부가 다시 예전으로 돌아가 행복하게 살 수 있었을지도 모르겠다는 생각이 들 정도입니다. 이혼소송은 자신들도 당혹스러울 만큼 니콜과 찰리의 밑바닥을 적나라하게 드러냅니다.

최고의 이혼전문 변호사들의 대리전을 통해 찰리와 니콜은 미처 깨닫지 못했던 자신들의 모습을 인식하게 됩니다. 인신공격에 가까운 난타전을 벌인 후 니콜이 이를 사과하기 위해 찰리를 만나는 장면이 그런 예이지요. 그러나 의도와 달리 이들도 변호사들 못지않은 입씨름을 합니다. 결국 둘이서 조용히 협의이혼으로 끝날 수도 있었던 일은 뚜렷한 승자가 없는, 양측이 다 만신창이가 되는 그런 전쟁으로 변하지요.

앞서 찰리는 인간적인 변호사 버트를 선임했다가 절박해지자 제이라는 '유능한' 변호사로 바꿉니다. 니콜의 변호사 못지않게 저돌적으로 상대를 맹렬히 공격하고, 사소한 꼬투리도 치명적인 인간성의 결함으로 부풀리는 재주를 지닌 사람이지요. 그러나 최종적인 이혼조건은 버트가 말했던 합의의 수준과 비슷합니다. 50/50이지요. 단지 더 많은 시간을 쓰며 갈등을 심화시키고 더 많은 돈을 변호사들에게 지불해야 할 따름이었지요.

우여곡절 끝에 니콜과 찰리는 이혼에 합의합니다. 공식적으로 전 남편, 전 아내가 되지요. 그렇다고 이것이 곧 완전히 타인이 되는 걸 의미하는 건 아닙니다. 진흙탕 싸움을 거치면서 니콜과 찰리는 드러나지 않았던 서로의 모습뿐만 아니라 자신들의 바닥도 들여다볼 수 있었던 거지요. 이들 부부의 이혼사유는 대단하지 않아 보일 수 있습니다. 그런 일로 이혼한다면 남아날 부부가 어디

있겠냐 하는 생각도 들지요. 하지만 아내와 엄마가 아닌, 나 자신의 삶을 찾고 싶어 하는 니콜의 욕구를 이해 못 할 바도 아닙니다.

가정을 무대로 남편을 중심으로 모든 것을 양보하고 맞춰주는 결혼은 이미 지난 시절의 환상이 되어버렸지요. 남남이 되고 나서야 이들 부부는 좀 더 잘 이해할 수 있게 되었지요. 그들은 더 이상 국가가 인정하는 아내와 남편은 아니지만 서로 좋은 사람으로, 좋은 부모로 성장할 수도 있습니다. 진부하지만 이 영화의 교훈은 결혼으로 부부가 된다 하더라도 우리가 서로를 잘 모른다는 것, 그럼에도 불구하고 서로를 이해하기 위해 노력해야 한다는 것 아닐까요? "실망스러운 삶을 수용할 정도로 강해질 때가 결혼하기 적당한 때"(알랭 드 보통)라는 지적이 이혼율이 50%에 다가서는 오늘날의 결혼에 대한 현실적 조언으로 다가옵니다.

니콜과 찰리는 법적으로 남남이 되었지요. 그렇다고 두 사람이 처음부터 몰랐던 사람처럼 될 수는 없지요. 이혼소송을 벌이며 갈등이 극으로 치달을 때에도 니콜은 찰리를 "허니"라 부릅니다. 사태를 돌이킬 수는 없어도 이들 사이에 남은 애정의 잔재가 이혼 후 이들의 관계에 긍정적으로 작용하리라는 것을 짐작케 합니다.

법적으로 남남이 되고 일 년 후 찰리가 아들을 보기 위해 LA로 옵니다. 찰리는 아들에게 니콜이 썼던 자신의 장점을 읽어주며 눈물을 흘립니다. 그 모습을 니콜이 멀찍이 떨어져 보고 있지요. 그날 저녁 니콜은 찰리가 아들과 함께 있도록 양보하지요. 니콜은 잠든 헨리를 안고 차로 걸어가는 찰리를 멈춰 세우고 그의 풀린 신발끈을 묶어줍니다. 찰리는 고맙다고 합니다. 영화는 이혼 역시 결혼 이야기의 일부라고 얘기하는 듯합니다. 결혼이라는 법적 테두리 안에 있지는 않지만 이들의 관계가 완전히 끝난 것은 아니지요. 이혼은 쉬워도 이별은 어렵군요.

함께 서 있으라
그러나 붙어 있지는 말라
사원의 기둥들도 거리를 두고 서 있고
참나무와 삼나무도 서로의
그늘 속에선 자랄 수 없다.
– 칼릴 지브란

　이혼율은 증가하고 결혼율이 감소하는 사회현상을 분석하는 글들이 많아졌습니다. 근본적으로는 성역할과 가족의 형태에는 많은 변화가 있었지만 결혼제도는 그대로이기 때문 아닐까요? 그렇다고 정작 이를 대체할 새로운 제도가 나오지도 않았으니 결혼과 이혼 이야기는 계속될 수밖에 없을 듯합니다. 바움벡 감독이 어느 한 쪽으로 편중되게 결혼 파탄의 책임을 묻지 않는 것도 니콜과 찰리라는 개인의 문제라기보다 사랑, 결혼, 이혼이라는 주제 자체에 대한 논의를 염두에 둔 듯도 합니다.

카페 벨 에포크

La Belle Époque, 2019

감독   니콜라 베도스 (Nicolas Bedos)

각본   니콜라 베도스

출연   다니엘 오떼이유 (Daniel Auteuil)

기욤 까네 (Guillaume Canet)

도리아 띨리에 (Doria Tillier)

파니 아르당 (Fanny Ardant)

| 내가 행복했던 곳으로 가주세요

- 「택시」, 박지웅

내 소중한, 내 사랑아,

꿈꾸어 봐요.

그곳에서 함께 사는 달콤함을!

한가로이 사랑하고

죽는 날까지 또 사랑할 테요,

그대 닮은 그곳에서!

그곳엔 오직 질서와 아름다움,

풍요와 고요 그리고 환희뿐.

- 「여행에의 초대」, 샤를 보들레르(Charles Baudelaire)

『잃어버린 시간을 찾아서』. 누구나 들어 보았음직한 유명한 소설의 제목입니다. 영화에서도 시간여행은 다양한 소재나 방식으로 자주 다뤄지지요. 이러저러한 타임머신 혹은 판타지의 힘을 빌려 현재라는 시간의 구속을 벗어나지요. 사이언스 픽션의 단골 소재이기도 합니다. 〈카페 벨 에포크〉도 시간여행을 다루고 있습니다. 다만 판타지도 공상과학소설도 아니라는 점이 독특하지요.

『잃어버린 시간을 찾아서』에서 마르셀 프루스트는 홍차에 적신 마들렌의 맛과 향기에 일종의 데자뷔를 떠올리고 이를 통해 과거로 가지요. 우연히도 프루스트는 벨 에포크 시대에 태어났습니다. 영화 〈카페 벨 에포크〉의 주인공 빅토르도 어떤 초현실적인 장치나 도움없이 "시간 여행에 초대합니다"는 초대장 하나로 자신만의 벨 에포크로 가게 됩니다.

빅토르와 마리안느 부부의 현재는 권태와 불만으로 가득합니다. 부드럽고 풍성했던 머리에는 서리가 내려앉고, 그토록 반짝반짝하던 사랑에는 먼지가 켜켜이 내려앉아 있지요. 사랑만이 아니라 세상도 낯설어져서 따라가기 벅차고요. 찬란했던 청춘은 어디 가고 서로 내 앞에 '라떼'를 남발하는 늙은이가 버티고 있다고 생각하지요.

<blockquote>
단 하루, 내 삶의 가장 찬란했던 때로 돌아갈 수 있다면
언제로 가고 싶으세요?
</blockquote>

우리의 삶도 시간과 공간이 마치 씨줄과 날줄처럼 얽히며 모양새를 갖춰가겠지요. 마음에 그리던 아름다운 천이 완성되어 포근히 내 몸을 감싸는 옷이 완성되었나요? 아니면 군데군데 보풀이 일고, 올이 튀었으며 심지어 시간에 바래 너덜너덜한가요? 천을 풀어 다시 짜듯 시간과 공간을 되돌릴 수 있다면, 그래서 인생을 리셋할 수 있다면 마다할 자신이 있을까요? 잃어버린 시간은 찾을 수 없어도 인생이 황홀했던 그곳을 택시로 갈 수 있다면 어떨까요?

모든 영화에서 꼭 벅찬 감동이나 심오한 교훈을 찾으려 애쓸 필요는 없지요. 햄버거 하나 사 먹는 데도 키오스크 앞에서 주눅드는 세대라면 자신과 주인공의 처지에 공감하며 느긋하게 좋았던 시절을 회상해 볼 수도 있는 영화입니다. 마치 보물찾기처럼 잔잔함 속에서 삶의 소소한 지혜를 캐낼 수 있는 영화라는 생각입니

다. 잃어버린 시간을 찾을 수는 없지요. 그러나 빛바랜 영혼을 일깨워 빛났던 지난 시간을 되살려 볼 수는 있지 않을까요? 되돌아보는 시점은 대부분 미처 깨닫지 못했던 지혜를 깨우칠 수 있는 이점이 있지요. 〈카페 벨 에포크〉는 되돌아보는 삶에서 앞으로의 삶을 살아갈 지혜를 말하는 영화입니다.

빅토르는 신문 삽화를 그려왔지만 신문이 디지털화되며 실직한 상태입니다. 그는 종이와 펜으로 그리는 걸 선호하고 휴대폰도 마다합니다. 아날로그형 인간이지요. 그는 문자와 이모티콘으로 소통하기보다는 "사람들이 카페에 앉아 서로 마주보며 얘기하던 때"를 그리워하지요. 그는 차에 달린 내비게이션의 음성지시에도 왜 차가 사람한테 이래라 저래라 하느냐고 불평합니다. 요즘 말로 하면 컴맹이지요. 그는 정치적 성향이나 종교의 차이도 너그럽게 용인하는 똘레랑스를 주장하고 빈부와 좌우 상관없이 함께 어울리고, 이민자나 인종에 대한 차별이 지금처럼 심하지 않았던 시대를 그리워합니다. 사실 우리 대다수가 그리워하는 시절이네요.

한편 그의 아내 마리안느는 디지털 시대에 잘 적응하고 있습니다. 흰 종이에 잉크가 스며들며 서서히 완성되는 손그림을 고수하는 남편에 비해 그녀는 알고리즘을 이용해 인터넷 심리상담을 하는 정신과 의사입니다. 그녀는 태블릿 PC와 VR 등 각종 디지털 기기도 익숙하게 사용하지요.

영화 초입에 빅토르는 돌아가고 싶은 과거 시점에 대한 질문에 "아내와 잠자리를 같이할 때"라 하지요. 빅토르와 마리안느 부부는 이미 사이가 소원해진 상태입니다. 가족모임을 하고 들어온 어느 날, 그녀는 더이상 못 참겠다고 말하며 빅토르를 집 밖으로 쫓

아닙니다.

빅토르는 자신의 예전 직장상사 프랑수와와 아내가 불륜관계라는 걸 모릅니다. 빅토르는 프랑수와에게 부탁해서 그의 집에 머물게 됩니다. 빅토르와 프랑수와가 집을 바꾼 셈이 되었지요. 마리안느는 빅토르를 쫓아낸 후 자신의 뺨을 때리며 나쁜 년이라고 자책합니다. 이들 부부에게 아직 희망이 있는 걸까요?

빅토르의 아들 맥심은 직장도 잃고, 아내와도 멀어져 실의에 빠진 아버지를 위해 100% 맞춤형 시간여행을 선물합니다. 그리고 아버지에게 묻지요. "하루만 과거로 간다면 언제로 가실래요?" 빅토르는 곧바로 "1974년 5월 16일"이라고 합니다. 그녀의 이름을 부르면 이 세상의 모든 음악이 되던 그 순간, 그녀의 사소한 모든 것에서 운명을 직감하며 설레던 그 순간이었지요.

맥심의 친구 앙투안은 의뢰인이 돌아가고 싶은 과거의 특정 순간에 맞춰 세트를 짜고 배우들에게 연기를 시켜 과거를 연출해주는 사업을 합니다. 그의 시간여행 회사는 큰 성공을 거두지요. 앙투안은 빅토르가 스케치한 삽화를 토대로 빅토르가 조금도 망설이지 않고 선택했던 1974년 5월 16일, 그와 마리안느가 만났던 프랑스 리옹의 카페 벨 에포크를 완벽하게 재현하여 빅토르를 초대합니다.

앙투안의 시간설계에 핍진감을 주기위해 빅토르의 손 스케치 일러스트가 풍성하게 도입됩니다. 청춘과 사랑이 퇴색되는 과정, 변화하는 세상 앞에 움츠러드는 모습 등이 촘촘하게 녹아 있지요. 덕분에 영화 속에는 1970년대의 올드 팝과 나팔바지, 디스코 룩 등이 풍성합니다. "장소들은 사랑의 신체와 같다"(『장소의 연인들』, 이

광호)는 다소 도발적인 말도 있지요. 연인들은 훗날까지 사랑의 시간을 특정 장소와 관련지어 기억한다지요. 빅토르에게는 담배연기 자욱한 카페 벨 에포크가 바로 그런 곳입니다.

습작만 그리느라 진짜 인생을 놓치게 돼요.

빅토르는 모든 게 다 연출에 불과한 것임을 알고 있으면서도 마리안느를 재연하는 배우 마고에게 빠져듭니다. "다 가짜라는 걸 알지만 싫지 않네요"라며 마고에게 이끌리지요. 빅토르는 마고와 함께 파티에도 갑니다. 과거의 여행이 현재의 여행으로 변합니다.

그러나 연인 앙투안과의 관계도 악화되고 빅토르에 대한 감정도 견디기 힘들었던 마고는 마리안느 역할을 그만두지요. 세트장을 벗어난 후에도 자신을 찾아온 빅토르에게 그녀는 눈물을 흘리며 "첫 부분만 반복할 순 없잖아요. 현재의 아내의 슬픔과 기쁨을 보세요"라고 말합니다. 우유부단한 모습을 보이는 빅토르에게 그녀는 조언을 합니다. 생각만 할 뿐 행동하지 않으면 아무 일도 일어나지 않는다고, 면박을 당하더라도 주눅들지 말고 다가가는 것이 중요하다고. 마고는 빅토르에게 "별 볼 일 없는 미래가 기다리고 있다고 과거만 반복할 수는 없어요. 습작만 그리느라 진짜 인생을 놓치게 돼요"라고 진심 어린 충고를 건넵니다.

빛나던 청춘의 그 순간, 풍성한 머리카락과 해맑은 웃음, 삶은 달걀에 설탕을 찍어 먹는 것도 예쁘게만 보이던 시절이 영원할 수는 없지요. 머리카락에 서리가 내리듯 사랑도 변한다는 것을 받아들여야 하지요. 더 이상 젊음의 열정이 모든 걸 가리는 그런 사랑에 미련을 둘 수는 없지요. 영화는 모든 것에서 찬란함을 재발견하는 것이 시간을 멈추는 비결이라 하는 듯합니다. 빅토르는 모든 사소함에서 찬란함을 보았던 시절이 그리운 거죠. 마리안느가 그립다고 느끼게 된 빅토르는 마리안느를 찾아가게 됩니다.

현재의 아내의 슬픔과 기쁨을 보세요.

마리안느는 빅토르가 고리타분하고 열정도 식었다고 생각해서 결별했지요. 새 연인이 생기기도 했고요. 하지만 새 연인은 시끄럽게 코를 골아대는 걸 알게 됐지요. 나이듦이란 서서히 초라해지는 자신을 받아들이는 과정이지요. 빅토르 못지않게 마리안느도 자신이 초라해지는 걸 힘들어하고 있었지요. 다만 받아들이길 거부하고 있었을 뿐이었지요.

시간이 지나면서 마리안느는 빅토르와 함께했던 모든 순간이 소중했음을 깨닫게 됩니다. 늙고 추레하고 유행이 한참 지난 옷을

입고 다닌다고 타박했지만 새 연인과는 달리 차분하고, 따분한 모임에서 돌아올 때면 함께 욕을 해주던 빅토르가 그리워지지요. 어쩌면 마리안느는 '미처 늙지 못한 마음'의 방황을 하고 있는 것일 수도 있지요.

〈카페 벨 에포크〉는 의도적으로 영화제작과정을 노출시키고 있습니다. 앙투안은 모든 동작과 소품을 지정하고 극적인 부분에서는 선별한 음악의 볼륨을 높이라고 지시하지요. 뿐만 아니라 실제 영화세트를 재현해 놓은 듯한 스케일과 디테일, 백스테이지에서 시시콜콜 지시를 내리는 앙투안의 모습을 그대로 노출시키고도 있지요. 관객은 영화 속의 영화를 보는 느낌을 받지요.

이러한 노출은 관객이 아무리 영화에 몰입한다고 해도 영화라는 미디엄 자체가 인위적인 조작임을 관객들에게 상기시키는 역할을 합니다. 이는 아마도 〈카페 벨 에포크〉가 관람객에게 전하는 메시지 아닐까요? 아무리 완벽하게 재현하여 과거를 다시 경험할 수 있게 해준다고 하더라도 잃어버린 시간을 되찾을 수는 없다고, 현재가 못마땅하면 시간을 되감으려 하기보다 현재에 충실하라는거죠. 우리 모두에게도 벨 에포크가 있겠지요. 어쩌면 바로 오늘, 이 순간이 벨 에포크일 수도 있지요. 과거가 중요하듯 곧 다가올 미래가 될 오늘 이 순간도 소중하지요.

시간여행이라는 마법은 단 하루만 유효합니다. 옛 모습에 연연하지 말고 "현재의 아내의 슬픔과 기쁨을 보는 것." 빅토르가 카페 벨 에포크에서 찾은 지혜입니다. 한 고비만 넘기면 진짜 내 인생 나올거라며 다가올 시간에, 혹은 '라떼는 말이야'로 지나간 시간에 연연하나요? 찬란한 과거로 돌아가려는 것은 찬란한 나를 기억하려는 노력이겠지요.

　지나간 시간도 다가올 시간도 현재 이 순간 때문에 의미가 있지요. 살아온 기적이 살아 갈 기적이 되는 것 아닐까요? 지금, 오늘, 반짝반짝 이 순간! 봄이 와서 꽃이 피는 게 아니라 꽃이 피어서 봄이 아니라 그대가 있어 봄이 아닐까요? 영화는 오늘이 내 인생의 화양연화! 지금 발 딛고 있는 곳이 카페 벨 에포크라고 말하는 듯하네요.

　대부분의 시간여행이라는 판타지가 궁극적으로 과거의 나로 돌아가려는 시도이지요. 꿈과 사랑이 있고 자신감이 있던 나의 모습이 그리운 거지요. 영화 〈카페 벨 에포크〉는 뒤돌아보니 그때가 벨 에포크라고 하지는 않습니다. 오히려 과거로 돌아가 현재의 소중함을 일깨우고 있지요.

미혹과
불혹의
사이

괜찮아요, 미스터 브래드

Brad's Status, 2917

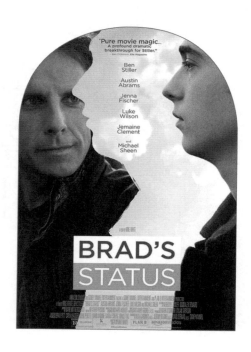

감독	마이크 화이트(Mike White)
각본	마이크 화이트
출연	벤 스틸러(Ben Stiller)
	오스틴 에이브람스(Austin Abrams)
	제나 피셔(Jenna Fischer)
	마이클 쉰(Michael Sheen)
	마이크 화이트(Mike White)

| 이건 내가 생각했던 내 모습이 아니야
내가 그려왔던 내 인생이 아니야

내가 감히?

우주를 뒤흔들 수 있을까?

이 일순간에도 시간은 있다.

이 일순간이 역전시킬 결단과 수정의 시간이.

나는 이미 그것들을 다 알고 있다. 다 알고 있다.

저녁과 아침과 오후를 알고 있다.

나는 내 일생을 커피 스푼으로 되질해 왔으니.

저쪽 어느 방에서 음악에 섞여

갑자기 낮아지며 사라지는 목소리들도 나는 안다.

그러니 어떻게 내가 감히 해 볼 것인가?

— 「프루프록의 연가」, T. S. 엘리엇(T. S. Eliot)

〈괜찮아요, 미스터 브래드〉는 영화 내내 주인공인 브래드의 시점과 생각의 흐름에 맞춰서 스토리가 진행됩니다. 영화는 브래드가 밤에 침대에 누워 잠들지 못하고 이런저런 생각을 하며 스스로를 비하하는 장면으로 시작됩니다. "난 세상과 사랑에 빠졌고 세상도 날 사랑했지." 그때와 지금의 차이는 "세상이 날 싫어하고 나도 세상이 싫어"라는 게 그의 불행의 주된 이유입니다.

내가 결코 사랑하지 못할 모든 여자들과 내가 경험하지 못할 모든 일들에 대한 깊은 슬픔이 불쑥 치밀어 올랐다.

브래드는 한때는 신문기자였지만 현재는 소규모 비영리 단체를 운영하고 있습니다. 아내 멜라니는 캘리포니아주 공무원입니다. 이들이 새크라멘토에 사는 이유이지요. 이들 부부의 아들 트로이는 다소 내성적이지만 똑똑하고 음악적 재능도 뛰어납니다. 남부러울 것 없는 가정이지요.

브래드도 한때는 스타였습니다. 예일대학에 가고 싶었지만 그에 못지않은 터프츠 대학에 진학했지요. 대학시절 나름의 소신을 가지고 돈보다는 세상에 도움이 되는 일을 하고자 했던 순수한 열정을 가졌던 학생으로 보입니다. 그는 현재 비영리회사를 운영합니다. 자금을 필요로 하는 기관과 자금이 있는 기부자들을 SNS를 통해 연결해주는 서비스를 제공하지요. 그는 자신과 비슷한 수준이라 여겼던 대학동창들이 부자가 되고 사회적으로 잘나가는 존재가 되는 동안 자신은 특별히 이룬 것 없이 뒤쳐져 있는 실패자가 된 것 같아 괴롭습니다. 그러다가 아내에게 문득 처갓집 유산상속을 욕심내는 말을 하곤 자신도 머쓱해하지요.

어디서부터 잘못됐을까?

영화의 제목 Brad's Status는 브래드의 사회적 계층을 나타내는 말이면서 동시에 페이스북 등에 근황을 나타내는 말이기도 합니다. 자신의 근황(status)을 거의 생중계하듯 SNS 사이트에 올리는 사람들도 많지요. 비싼 식당에서 우아하게 식사하는 모습, 명품으로 치장한 모습, 환상적인 휴양지에서 화려한 휴가를 즐기는 모습들이 주된 내용들이지요. 잠잘 때를 빼고는 휴대폰을 손에서 놓지 않는 우리들의 모습을 생각하면 거의 21세기의 신종병이라 할 만하지요.

갖고 싶은 것 vs 가진 것

행복하려면 우선 건강해야 하고 어느 정도 경제적 능력이 있어야 하며, 가족을 포함한 사회적 유대가 기본적으로 충족되어야 하겠지요. 건강과 사회적 관계는 행복과 정비례하지요.

"갖고 싶은 것과 실제 갖고 있는 것의 차이가 행복"이라고 합니다. 하지만 부는 일정 수준에 이르면 행복감을 높여주지 않지요. 바로 "이스털린의 역설"입니다. "가진 게 많을수록 갖고 싶은 것도 많아지기 때문"입니다. 물욕은 끝이 없는데 물질의 소유를 통해 얻는 한계효용은 계속 낮아집니다. 게다가 자신의 상황을 타인과 비교하게 되면 우울해지고 불행하다는 생각에 잠을 설치게 되지요. 소위 상대적 박탈감이라는 것이지요. 최근 부쩍 언급되는 '카페인 우울증'이 대표적인 예입니다. "카카오스토리, 페이스북, 인스타그램 등에서 타인의 행복을 보고 상대적 박탈감을 느끼는 것"을 일컫지요.

브래드는 친구들의 근황을 인스타그램이나 페이스북, 트위터 등 SNS를 통해 샅샅이 꿰고 있습니다. 하지만 친구들은 언젠가부터 브래드의 이메일에 답장을 하지 않거나, 이러저러한 행사에 그를 초대하지도 않습니다. 브래드는 자신만 밀려난 느낌이 들면서 우울하고 불행합니다. 소위 중년의 위기가 겹치며 그는 의기소침해지고 상대적 박탈감, 허탈감에 휩싸이지요.

브래드의 상태는 플래쉬백 수법이나 상상하는 장면에 보이스오버를 통한 내적독백으로 전달됩니다. 이를 통해 친구들의 과대포장된 성공 이야기와 브래드의 부풀려진 실패에 대한 자괴감이 전달됩니다. 지나치게 많은 보이스오버는 점차 브래드의 인식과 현실과의 간극을 보여주기 위한 것임이 드러납니다. 브래드의 정서적 불안감과 자신의 심리상태를 과도하게 분석하는 편집증적 성향을 보여주는 수단이지요. 보이스오버는 한 사람의 가장 깊숙한 내면을 보여주는 장치입니다. 비이성적이고 불합리한 생각과 과장되게 증폭된 감정이라 할지라도 당사자는 절박하게 받아들이는 것이지요. 브래드의 자기연민은 심각해서 자신의 행운을 인지할 수 있는 능력을 앗아버리지요.

영화는 주인공 브래드의 내밀한 의식의 흐름을 따라 전개됩니다. 그러나 묘하게도 영화를 보는 사람들이 점차 그의 고민과 불안, 자괴감에 공감하게 됩니다. 정신적으로 꽤나 울적한 상황에서 브래드는 아들 트로이의 대학 진학을 위한 캠퍼스투어를 함께 떠납니다. 미국 서쪽 끝 새크라멘토에서 동쪽 끝 보스턴으로 떠나는 여행이지요.

인생을 비교하는 것은 멍청한 짓이다.

3일 정도 되는 대학 캠퍼스투어가 사실상 이 영화의 주요 배경이며, 보스턴으로 떠나는 공항에서부터 본격적으로 브래드의 시점에서 이야기가 전개됩니다. 아들과 캠퍼스투어를 시작할 때만 해도 브래드는 자신에 대해 어느 정도는 객관적 시선을 지니고 있었지요. 그는 "난 나를 추켜세우거나 비하하는 데 너무 많은 시간을 써버렸다"고 자책하지요. 그런가 하면 "인생을 비교하는 것은 멍청한 짓"이라고도 합니다. 그러나 곧 그는 "비교할 때면 실패한 기분이 든다. 그리고 시간이 흐르면 그 기분이 심해진다. 다른 사람들이 날 패배자로 볼까 두렵다"고 자탄합니다.

출발 공항에서부터 브래드의 자존심은 상처를 받습니다. 아들 앞에서 항공사 직원에게 자신있게 멤버십 카드를 내밀었지만 그가 가진 항공사 실버 멤버십이 골드나 플래티넘 멤버십과 달리 별 쓸모가 없고, 심지어 돈을 더 지불한다고 해도 할인항공권은 비즈니스좌석으로 업그레이드할 수 없다는 건조한 대답을 듣게 되지요. 별 쓸모 없어 보이는 그 카드를 버리지도 못하고 지갑에 다시 넣는 모습이 서글프면서도 코믹합니다.

> 친구가 성공할 때면 내 안에 있는 무언가가 조금씩 죽어간다.
>
> – 고어 비달(Gore Vidal)

비행기에 타고 나서도 그의 불행은 끝나지 않습니다. 그는 일등석을 지나쳐야 했고, 도착해서 머무는 호텔은 친구들의 인스타그램에서 본 것과는 딴판입니다. 건축잡지에 소개된 집을 소유하고 있는 친구도 있고, 자가용 제트기를 타는 헤지펀드사의 중역도 있고, 할리우드의 거물이 있는가 하면, 또 다른 친구는 주체할 수 없을 정도로 많은 돈을 벌어 이미 은퇴 생활을 즐기고 있기도 합니다.

요컨대 그의 말을 빌면 친구들에게만 마치 모세에게 바닷길이 쫙 열렸듯 인생이 탄탄대로였다는 거지요. 은퇴한 억만장자 친구, 백악관의 자문위원인 유명인사 친구들은 그에게 대낮의 악몽과도 같은 존재들입니다. 그야말로 "타인은 지옥"이지요.

사실 사르트르(Jean-Paul Sartre)에 따르면 이 지옥은 피할 수 없습니다. "실존이 본질에 앞서는" 우리 인간은 스스로의 존재근거를 위해 타인을 필요로 하고, 타인이 있는 한 그 시선과 판단에 영향을 받을 수밖에 없으며, 또 그걸 의식해 완전히 주체적일 수 없게 되므로, 타인의 존재 자체가 지옥이라는 거지요.

인간은 행복조차도 배워야 하는 동물이다.
— 니체(Friedrich Nietzsche)

브래드의 아들 트로이는 어느 모로 보나 신중하고 바른 청년입니다. 게다가 공부도 아주 잘하고 음악적 재능도 뛰어난, 한 마디로 엄친아입니다. 보통 아버지라면 아들이 자랑스럽고 대견할 만합니다. 그러나 브래드는 이제 성인의 길에 들어서는 아들에게도 자부심과 질투가 가미된 양가적 감정을 느끼지요. 하다하다 주어진 현실에 만족하고 고마워하는 아내 멜라니 탓을 하기도 합니다.

그는 '만약에'와 '그랬더라면', '그러지 않았더라면'을 끝없이 반복합니다. 아내가 좀 더 야망을 부추기며 잔소리를 해댔더라면, 아내와 그렇게 서둘러 결혼하고 일찍 안착하지 않았더라면 하고 아내탓, 내탓을 하기도 합니다. "그랬더라면" 나도 자가용 비행기로 하와이에 가서 내 나이 절반에도 못 미치는 미녀와 함께 해변을 거닐고 있을 텐데 하는 식이죠.

그는 자신이 하는 일에 대한 언급은 거의 하지 않습니다. 사실 그의 일은 사회적으로 매우 의미있는 일이지만 그는 오로지 호주머니에 들어오는 돈의 액수로 직업의 의미를 치환합니다. 아내는 안정적인 가정을 꾸려나가는 가정 경제의 한 축을 담당하면서도 늘 남편을 지지하고 행복해합니다. 화면에서 보이는 그들의 집도 깔끔하고 아름답습니다. 무엇보다도 아들을 누가 봐도 부럽게 키워내기도 했고요. 그런 아내에 대해서도 그는 불만입니다. 아내가 지나치게 현실안주형이어서 오늘날 자신이 이렇게 쪼그라들었다고 말이죠. 그의 과잉자의식과 자기연민은 딱할 정도입니다.

…했더라면, …했을 텐데와 같은 자책은 실패했다고 생각하는 결과를 두고 가정하는 사고이지요. 더 나은 대안결과를 만들어낼 수도 있었는데 라는 생각이 들게 되니 후회와 회한에 쌓이게 되지요. 소위 상향적 사후가정이지요. 하향적 사후가정은 어떨까요? '…했더라면' 초래되었을 나쁜 결과를 가정해 현상태에서 긍정적인 부분을 찾으려는 사고입니다. 브래드는 두 가지 사후가정사고를 오고가는 모습을 보이지요.

그는 주변의 인물들이 위험과 대립을 피하는 타협주의자들뿐이라며 정치적 이상과 학문적 열정이 사라진 모습을 개탄하기도 합니다. 그는 또한 돈이 없음을 괴로워하지만 타락한 배금주의를 한탄하기도 합니다. 사실 어느 누가 브래드에게 돌을 던질 수 있을까요? 브래드의 모습은 조금 과장되기는 했을지언정 우리 모두의 모습이기도 합니다. 영화를 보는 내내 실소를 머금으면서도 찜찜했던 까닭이지요. 늘 남과 비교하고, 무시한다고 (속으로) 화내고,

잠자리에 누워 찌질한 복수를 그리는 게 브래드만의 모습일까요?

브래드가 아들과 함께 동부의 대학을 돌아보는 여정은 동창생들과 자신을 비교하며 불행의 나락으로 더욱 더 빠져드는 계기가 되지요. 바닥을 쳤던 브래드의 자존감이 아들의 성공에 대한 기대감으로 잠시 반등합니다. 그것도 잠시, 그는 자신이 원했던 예일대학에 못 갔던 일을 생각하지요. 아들에 대한 질투심과 경계심을 느끼는 자신의 모습이 스스로도 당혹스럽지만 자신도 감정을 추스를 수 없습니다.

부러움과 열패감으로 부글대던 브래드의 감정은 보스턴에 도착하며 반전의 계기가 생깁니다. 아들이 하버드대학을 언급합니다. 아들이 하버드대학에 면접을 보러 가니 잠시 으쓱해지는 듯도 합니다. 사실 그는 아들이 어떤 대학들에 원서를 넣었는지도 잘 모르고 있었지요. 그가 온통 자기 자신에 대한 연민으로 가득 차서 정신적 여유가 없는, 대책없는 나르시스트임이 확인되는 순간이죠.

이때 다시 자그마한 반전의 계기가 생깁니다. 아들이 면접일정을 착각하면서 하버드대 입학이 아예 불가능해지게 된거죠. 브래드는 자존심을 굽히고 백악관의 자문위원으로도 활약하는 동창생에게 부탁합니다. 친구의 도움으로 아들 트로이의 하버드대학 입시면접이 성사됩니다. 브래드는 타인의 시선이라는 지옥에서 빠져나왔을까요? 아닙니다. 브래드의 열패감은 더욱 깊어집니다.

트로이는 MZ세대입니다. MZ세대는 우리가 아는 요즘 젊은이들입니다. 이들은 21세기로 바뀌는 무렵을 전후로 출생했지요. 영화에서 트로이가 전형적인 이 세대의 특징을 지닌 것으로 표현되지는 않습니다. 그러나 그가 하버드대학 면접일을 혼동한다든지,

면접기회를 놓치고도 이렇다 할 반응을 보이지 않는 모습은 신선하게 다가옵니다. 그는 아빠가 자신의 면접을 성사시키기 위해 대학 입학처 직원과 실랑이를 벌이는 걸 부끄럽게 생각하기도 합니다. 그는 출신대학과 직업에 대한 사회적 편견으로부터 비교적 자유로운 듯합니다. 그는 아빠 찬스로 얻게 된, 자신이 존경하던 음악가와 만나고도 기대와 달랐다고 실망하기도 합니다.

사람들은 다 자기 자신들만 생각해요. 아무도 신경 안 써요.

트로이의 이런 모습은 타인의 시선에 갇혀 전전긍긍하는 브래드와 대조적이지요. 그는 아빠 브래드에게 말합니다. 아빠 괜찮냐고, 혹시 신경쇠약에 걸린 건 아니냐고 묻지요. 그리고 덧붙여 말합니다. 사람들은 다 자기 자신에게 몰두하여 다른 사람한테는 신경 쓰지 않는다고, 그러니 아빠는 다른 사람들의 생각에 신경 쓰지 말고 아들인 자기 의견에만 신경 쓰면 된다고, 그리고 아빠를 사랑한다고.

아들과 함께한 캠퍼스 탐방여행은 브래드에게 자기치유의 시간이 되기도 하였습니다. 그는 하버드대학의 음악동아리에서 트로이의 고등학교 선배 아냐냐를 만나게 됩니다. 그녀는 젊고, 유색인이고, 여성이라는 점 외에도 모든 면에서 브래드와 대조적인 인물입니다. 사실 밀레니얼 세대인 트로이와 아냐냐는 브래드의 신경증적인 찌질함을 상쇄시키는 인물들입니다.

그녀는 브래드에게 그가 젊을 때 품었던 순수한 열정을 상기시키는 존재입니다. 그녀는 직설적인 표현으로 브래드의 상태를 진단합니다. 브래드는 뜻밖의, 시쳇말로, 현타를 경험하게 됩니다. 아냐냐는 인도 출신의 유색인 여성으로 백인남성 브래드와 대조를 이루지요. 그녀는 브래드가 하는 일에 존경심을 표하며 자신도 비영리단체에서 일할 뜻을 비치지요. 브래드는 조언합니다. 먼저 돈을 많이 번 후에 하고 싶은 일을 하라고, 부자 친구들에게 헌금을 부탁하고 사정하는 것이 얼마나 비루한 것인지 아느냐면서 말이죠.

쉰 살인데도 아직
세상이 자신을 위해 돌아간다고 생각하고 계시는군요.

그녀는 친구의 아버지인 브래드를 향해 "대학 때 친구들과 경쟁한다고요. 그 경쟁은 식민주의의 역사예요. 여성을 억압하고 환경을 파괴한 역사이기도 하고요. 제가 보기엔 백인 특권의식, 남성 우월주의, 일등석 타는 사람들의 문제인 듯하네요." 그녀는 그가 부지불식간에 내뱉는 백인남성 위주의 편견을 지적합니다. "아니 50이 되어서도 세상이 자기 위주로 돌아간다고 생각하다니요." 그녀는 말합니다. "안됐다고 공감해 주길 기대하지 마세요. 잘 살고 계시는 거예요. 정말이예요. 충분히 다 가지셨어요." 영화는 트로이와 아냐냐와 같은 밀레니얼 세대에게서 희망의 가능성을 제시합니다.
브래드가 비교하며 괴로워하는 친구들은 정말 멋진 인생을 살고 있는 걸까요? 백악관 자문위원이라는 친구는 지적 허영심에 가득 찬 인물이었고, 할리우드의 큰손인 친구는 동성애자로 화려한 명성 뒤에서 방탕한 삶을 살고 있고, 일찍이 은퇴한 백만장자 친구는 술과 마약에 찌들어 있지요. 아내 될 여자 집안의 돈을 보고 결혼한 친구는 딸아이가 불치의 병으로 죽어가고 있고, 그 자신은 곧 감옥에 갈 위기에 처해 있습니다. 브래드는 그들의 진정한 'status'와 아울러 자신의 'status'에 대해서도 알게 됩니다.

브래드는 우연히 자신의 '불행'에 대해 보다 균형잡힌 시각을 갖게 되지요. 그는 하버드대학 음악동아리 연주회에 갑니다. 그는 드보르작의 선율에 빠져들며 행복해합니다. 끝없이 불안하고 초조하고 우울하던 브래드가 마음의 평화를 찾게 되지요. 영화는 보이지 않는 이상과 잡히지 않는 목표에 집착하기보다 사소한 일상에서의 자그마한 기쁨 속에 행복의 가능성이 있다고 넌지시 말하고 있습니다.

다양한 소셜 미디어의 발달로 다른 사람들의 삶을 쉽게 들여다보게 되면서 우리들은 영화 속의 브래드와 닮아있거나 닮아가고 있지요. 인스타그램 속의 멋진 집과 화려한 차림새의 사람들은 정말 보이는 그대로의 삶을 행복하게 살아가고 있을까요? 부러운가요? 아님 냉소를 띠며 경멸하고 무시하나요? 혹은 친구들의 SNS를 들여다보며 브래드처럼 자기연민과 질투에 밤잠을 설치시나요? SNS에 빠져 타인의 삶과 비교하는 것이 다반사가 된 오늘날 브래드의 모습에서 우리의 모습이 보입니다.

위아영

While We Are Young, 2014

감독	노아 바움벡 (Noah Baumbach)
각본	노아 바움벡
출연	벤 스틸러 (Ben Stiller)
	나오미 왓츠 (Naomi Watts)
	아담 드라이버 (Adam Driver)
	아만다 사이프리드 (Amanda Seyfried)
	찰스 그로딘 (Charles Grodin)
	아담 호로비츠 (Adam Horovitz)

| 언젠가 한 번 화려했던 것들은 우리를 서글프게 한다

– 『위로의 레시피』, 황경신

　〈위아영〉은 노아 바움벅이 직접 대본을 쓰고 제작하고 감독한 작품입니다. 우리 대부분은 인생의 분수령이 되는 특정시기에 거의 예외 없이 정서적 혼란을 겪지요. 바움벅 감독은 나이 들어가는 과정에서 감당해야 할 몫과 불안한 심리를 예리하게 포착하는 데 능한 감독입니다.

　〈위아영〉은 서로 다른 세대의 두 부부를 통해 어른이 된다는 것, 우아하게 나이를 인정하는 것이 사실 그리 쉽지만은 않음을 보여줍니다. 바움벅 감독은 이 영화를 통해 젊다는 것과 젊게 산다는 것의 차이와 나이를 느끼는 순간과 인정해야만 하는 삶의 터닝포인트는 언제 어떻게 다가오는지 등을 섬세하고 위트 넘치는 이야기에 담아내고 있습니다.

　각각의 세대는 입시, 취직, 결혼, 육아 등 세대에 보편적으로 기대되는 몫이 있지요. 하긴 요즘은 이러한 기대치도 도전을 받고있기는 하지만요. 〈위아영〉에서 바움벅 감독은 예술가들의 욕망과 질투라는 고전적인 테마를 현실에 대입하여 X세대와 밀레니얼 Z세대의 조우를 그리고 있지요. 〈위아영〉은 타성에 젖은 삶에 새로운 에너지와 열정을 회복하려는 중년의 부부와 20대 커플의 조우를 섬세하고 웃픈 이야기로 풀어낸 영화입니다.

　〈While We Are Young〉이라는 원제목을 우리나라에서는 〈위아영〉으로 번역했지요. 영어 원제목은 아직 젊다는 건지, 젊음이 지나간 과거라는 건지 애매하고 수상한 느낌이 잔뜩 묻어나는 제

빛의 속삭임

목입니다. 그러나 〈위아영〉은 "우리는 젊다"라는 단정적인 어감입니다. 단정적이라 해서 꼭 맞다는 말은 아니지요. 무모한 자기암시 같기도, 억지로 우기는 느낌도 들게 하지요.

영화는 헨릭 입센의 〈대건축가〉(The Master Builder)를 인용하며 시작됩니다. 입센의 작품 속 솔네스는 자신의 분야에서 최고 경지에 오른 대건축가입니다. 나이가 들며 솔네스에게 새로운 예술가의 등장을 인정하고 받아들여야 할 때가 다가옵니다. 솔네스는 최고의 위치에서 내려와야 한다는 게 서글프기도, 두렵기도 합니다.

> 솔네스: 젊은 사람들 때문에 이렇게 심란해지다니 당혹스럽군.
> 힐   데: 뭐라구요? 젊은 사람들이라니?
> 솔네스: 그래요. 젊은이들이 너무 마음을 들쑤셔서 문을 닫고
>   스스로를 가두고 있다고나 할까? 그들이 이리 와서,
>   노크를 하고, 그리고는 쳐들어올까 두렵기 때문이지.
> 힐   데: 글쎄요. 그렇다면 문을 열어 들어오게 해야 하지 않
>   을까요?
> 솔네스: 문을 열어서?
> 힐   데: 그래요. 그 사람들이 얌전하게 조용히 들어올 수 있도
>   록 말이죠, 그게 어쩌면 당신에게 좋을 수도 있구요.

〈위아영〉은 아이가 없는 중년의 조쉬와 코넬리아 부부가 그들의 자식뻘 되는 젊은 제이미, 다비 부부와 얽히면서 벌어지는 일과 심리적 갈등을 담고 있습니다. 각 세대는 세대마다 지닌 초조감과 불안감의 섬에 갇혀 있지요. 세대에 따라 조쉬와 제이미 중 정서적 동일감을 느끼는 대상이 다르겠지만 영화를 보고 난 후 더 짙

은 소회가 남는 영화입니다.

　바움백 감독은 "나이를 먹는 것과 진짜 어른이 되는 건 다른 일인 것 같다"며 "영화를 통해 그게 어떻게 다른지 탐구하고 싶었다"고 합니다. 마뜩잖은 점도 있지만 넘치는 에너지와 야망을 지닌 제이미 부부와 원칙에 충실하려 하지만 시대에 밀려나는 듯한 씁쓸함을 삼키며 체념하는 조쉬 부부가 주요 등장인물입니다.

미혹의 여피족과 이상한 나라의 힙스터

　조쉬와 코넬리아 부부는 각자 직업을 갖고 지금까지 평탄하게 살아왔지요. 40대 중반에 접어들며 주위를 둘러보니 친구들은 모두 아이를 낳고 다른 삶을 살고 있습니다. 친구의 아이가 울음을 터트리자 안절부절 못하는 코넬리아와 잠든 아이를 품에 안고 세상을 다 얻은 듯한 미소를 짓는 친구를 대비시키며 영화가 시작됩니다.

　주인공 조쉬는 다큐멘터리 감독입니다. 그는 한때 꽤 유명했던 다큐멘터리 작가입니다. 그가 자신의 이름을 각인시킨 작품을 만든 건 10여 년도 훨씬 전의 일입니다. "라떼는 말이야"라는 말이 쉽게 떠오르지요. 그 이후로 그는 오로지 한 작품에 매달리고 있습니다. 진척 없는 일에 매달리는 사이 경제적 후원은 바닥나고, 친구들의 선의도 인내심이 말라가고 있지요. 그의 작품의 편집을 맡은 친구는 월급을 언제 받았는지 기억이 가물가물하지요. 조쉬의 아내 코넬리아도 지쳐가고 있습니다. 코넬리아는 남편의 작품을 함께 연출하기를 꿈꿔왔지요. 하지만 이제 그 꿈이 헛된 꿈이 되어가는 듯한 느낌이 스멀스멀 치밀지요.

다비: 우리가 어떻게 늙어갈지 늘 궁금했는데,
지금 보니까 그냥 평범하네요.

사람들은 나이 들었다는 걸 언제, 어떻게 인지하게 될까요? 대부분은 아이가 커가는 모습에서 나이 들었음을 느끼게 된다고 하지요. 아이가 없는 부부의 경우라면 좀 다를 수 있겠네요. 조쉬와 코넬리아 부부는 아이가 없습니다. 소위 딩크족입니다. 아이 없이 둘 다 직업을 가진 부부지요. 40이 넘으며 친구들은 하나 둘씩 아이를 가지게 됩니다. 아이가 없는 부부나 싱글족들은 아이가 있는 친구들과는 자연스럽게 대화 주제도 달라지고 생활 양식도 달라지며 점차 소원해지지요.

코넬리아와 조쉬는 하루 종일 육아에 시달리며 전전긍긍하는 친구들과 자신들은 다르다고, 훨씬 좋은 점이 많다고 생각하기로 합니다. 시간에 쫓기지 않고 맘만 먹으면 언제라도 여행을 떠날 수도 있고 삶의 제약도 훨씬 가볍다고 생각합니다. 나이는 숫자에 불과한 것이라는 달콤한 자기위안에 빠지기도 하지요. 그러나 그들은 실제로는 훌쩍 여행을 떠난 적도 없을뿐더러 더 이상 특별한 열정이나 도전 없이 평범하고 무료한 일상을 살고 있지요.

조쉬는 한 정치학자에 관한 다큐멘터리를 10년 넘게 만들고 있습니다. 그가 의도하는 것은 그 학자의 생애를 다룬 전형적인 다큐멘터리가 아닙니다. 조쉬는 그의 사상을 다루는 독특한, 자신만의 다큐멘터리를 만들려 하지요.

추상적이고 애매한 정치적 아이디어를 영상화 하려는 것이니 진도가 더디 나갈 수밖에 없습니다. 끝없이 한 이야기가 다른 이야기로 이어지고 그 사이 사회문화적 상황은 급변합니다. 다큐멘터리를 만들려는 사람이나 그 대상이 되는 사람이나 둘 다 시간의 영향으로부터 자유롭지 못합니다. 조쉬 자신이 뚜렷한 미적기준과 가치관을 갖추지 못했을 경우 아마도 결코 완성될 수 없는 작품인 듯 보입니다.

누군가 노크를 하고 있어요
누군가 초인종을 누르네요
문을 열어 그들을 맞아들이세요.

조쉬는 변하는 사회적 상황과 자신의 견해에 따라 다시 인터뷰하고 재편집하는 일을 반복하지요. 결국 인물은 사라지면서 애매한 추상적 아이디어가 모습을 바꾸며 반복되는 사이 인물과 삶은 증발됩니다. 다큐멘터리계의 거장인 장인이 조언을 해도 조쉬는 자신을 무시한다고 생각하며 조언을 받아들이지 않지요. 누군가의 조언을 덥석 받아들이기엔 그도 꽤 나이가 들었고, 초년 성공에서 맛본 자존심도 가세되지요. 처음에 한 번 성공했던 경험이 독약이 되었는데도 그는 성공의 환상에 빠져 있지요. 그는 자신이 전형적인 꼰대이거나 꼰대처럼 보이리라는 걸 생각해본 적도 없습니다. 아직 젊으니까요, 자신의 생각으로는.

조쉬는 평생교육원에서 다큐멘터리제작 강의를 하고 있지만 수입은 보잘것없지요. 그의 아내는 유명한 다큐멘터리 제작자의 딸입니다. 다큐멘터리가 계기가 되어 둘은 만났죠. 그녀는 부친의 작품을 제작하는 일을 합니다. 말하자면 그는 물심양면으로 처가의 도움을 받고 있죠. 남편의 작품을 제작하는 그녀의 오랜 꿈은 아직까지 꿈으로 남아있지요. 영화가 시작되면 이들 부부가 친구의 아이를 달래다 문득 "새끼 돼지 세 마리"라는 동요가 생각나지 않는다는 걸 깨닫고 당혹스러워하는 장면이 나옵니다. 아직은 젊다는 환상에 금이 가는 신호이지요.

육아에 바쁜 친구들을 보며 조쉬와 코넬리아는 자신들은 보다 여유있는 삶을 즐길 수 있다고 생각하지만 사실 이들은 여유를 누리지도 못합니다. 조쉬가 늘 바쁘기 때문이지요. 재편집과 추가촬영과 재구성 등으로 완성을 미루며 다른 일을 할 수 없는 핑계를 끊임없이 만들고 있지요. 자신의 일 혹은 예술에 실제 그와 아내의 인생은 뒷전으로 밀립니다.

언제나 젊은 줄 알고 지냈지만 그들도 이제 40이 넘었지요. 조쉬는 44세입니다. 항상 현재진행형이지만 방향을 잃은 조쉬의 작품과 그의 삶은 닮은 꼴입니다. 장인 브라이바트가 조쉬의 문제점을 지적합니다. "그는 내가 누리는 걸 가지려 하지만 그러기엔 충분히 냉혹하지 못해." 그는 "냉혹한"(merciless)이라는 표현을 썼습니다. 브라이바트는 무슨 의도로 냉혹, 혹은 냉철이란 단어를 썼을까요?

조쉬의 경우는 두 세대 사이에 낀 세대입니다. 인생을 안다고 '여겼던' 40대, 인생을 알 것 '같았던' 20대. 세대는 다르지만, 그 누구도 처음 살아보는 세대에 능할 수는 없습니다. 사십 불혹이라 했던가요. 사실 40이 넘으면 어디에 혹할 일도 별로 없습니다. 도

처에서 버거운 현실이 툭툭 불거져 나와 달리 혹할 겨를도 없다는
게 더 정확한 표현일 수도 있겠습니다. 그러다 보니 매사에 시큰
둥해집니다. 불혹은 아득하고 미혹은 여전합니다. 중년의 위기라
는 말이 괜히 있는 게 아니겠죠. 조쉬는 중년의 위기와 예술적 위
기가 동시에 닥친 복합위기에 처해 있지요. 아마도 먼저 이 길을
지나온 브라이바트는 조쉬에게 냉정하게 인정할 건 인정하고, 두
세대의 양쪽을 넘보며 주춤하지 말라는 뜻 아니었을까요?

<blockquote>
의사: 무릎 관절염이네요.
조쉬: 관절염, 관절염이요?
</blockquote>

조쉬는 자신이 하는 다큐멘터리 강의시간에 수강신청도 하지 않
고 청강하던 제이미를 만나게 됩니다. 제이미는 조쉬의 팬이라며
격의 없이 다가오죠. 제이미는 거의 조쉬의 자식뻘이라 할 수 있
는 젊은이입니다.

조쉬와 코넬리아 부부는 CD 또는 스트리밍 사이트를 이용해 노
래를 듣고, VOD를 통해 영화를 봅니다. 또한 이들 부부는 휴대폰
검색으로 즉각적으로 모르는 것을 해결하지요. 이들에게 구글이
없는 삶은 상상하기 힘들 정도로 이들은 최신기기를 사용하고 첨
단 테크놀로지 활용도 능숙합니다.

제이미와 다비 부부는 LP판을 모으고, LP 플레이어를 통해 노
래를 듣습니다. 영화는 비디오테이프로, 운동은 야외 농구장에서,
태블릿 PC보다는 손으로 직접 적는 노트를 애용합니다.

중년의 조쉬 부부가 얼리 어댑터임에 반해 이들 젊은 부부는 오

래전에 조쉬부부가 내다버린 모든 것을 재활용하며 그야말로 쿨하게 살고 있습니다. 그들은 힙한 패션을 소화하고, 힙한 놀이를 하지요. 타인의 시선에 개의치 않는 쿨한 모습에 조쉬는 내심 자격지심을 느낍니다. 이들에겐 중고품 가게에서 산 헌옷도 레트로 패션입니다. 두 세대는 소유에 대한 생각도 판이하게 다름이 드러납니다.

> 제이미: 누구의 전유물도 아니죠. 내가 노래나 이야기를 들을
> 때 마음에 들면 그만이죠. 그럼 내 것인 거죠. 내가
> 쓸 수 있는 내 것. 모두의 것이예요.
> 조 쉬: 아니, 아니야! 그건 공유가 아니야, 제이미, 그건
> 도둑질이야.
> 제이미: 꼰대들 얘기죠.

그럼에도 제이미는 조쉬가 자신의 이상이라고 쿨하게 말합니다. 조쉬는 제이미의 말에 감동합니다. 제이미 부부의 젊음에 이끌렸다 할 수도 있겠네요. 조쉬 부부는 제이미 부부를 따라 빈티지 옷과 모자를 따라 입고, 괴상한 영적 체험을 하고, 힙스터들의 춤도 배우지요. 차 대신 자전거를 타며 나이는 숫자에 불과하다는 기분 좋은 착각에 빠지기도 하고요.

그러나 착각은 잠시이고 중년에게 힙스터의 놀이는 있는 힘을 다 쏟아부어야 하는 노동이지요. 게다가 함께 먹은 밥값도 항상 중년이 계산하고 자전거를 타고 나면 무릎이 쑤시기도 하지요. 사실 중년의 몸이 젊음을 쫓아 달리는 건 쉽지 않은 일이지요. 만남

이 거듭되면서 일상에 돌파구가 될 줄 알았던 생활이 또 다른 짐이 되며 조쉬 부부는 혼란에 빠지게 됩니다.

조쉬: 그는 악마가 아니었어. 그냥 젊을 뿐이야.

겉으로는 그야말로 쿨한 듯이 보였던 젊은 부부의 모습도 환상이었음이 드러납니다. 다비의 지나치는 푸념 같은 말은 겉모습에 가려진 제이미를 보여주지요. 그녀는 제이미가 히치하이크 할 때 차를 얻어 탈 확률을 높이려 자신과 함께 있다고 제이미와 자신의 관계를 표현합니다. 제이미의 쿨한 듯한 모습은 그의 여러 모습 중 하나였거나 제스처였을 뿐 그 역시 영악한 현실주의자임이 드러나지요. 다비는 제이미의 이런 모습을 알아보고는 미련없이 그를 떠나지요. 코넬리아가 집안 경제의 상당 부분을 감당하면서도 조쉬와 함께하는 것과는 대조적이죠.

그러다 제이미가 기획한 페이스북 다큐멘터리를 함께 찍으면서 사달이 납니다. 제이미가 페이스북 계정을 만든 후 본인에게 가장 먼저 연락 오는 친구를 실제로 찾아가서 인터뷰하는 내용이었습니다. 조쉬의 반응은 시큰둥합니다. 그러나 조쉬의 예상을 뛰어넘는 일이 발생합니다. 한 친구가 자살시도 후에 병원에서 가장 먼저 연락을 한 거죠. 더욱이 그는 아프가니스탄에 파병되었다 전쟁 후 외상을 겪고 있었지요.

조쉬는 이게 젊은 사람들이 일하는 방식이라고 감동하며 제이미의 다큐멘터리를 앞장서서 홍보합니다. 그러나 그것은 조작된 것이었음이 드러납니다. 모두 제이미가 꾸며내고 연출한거죠. 조쉬

빛의 속삭임

는 큰 충격을 받습니다. 그는 다큐멘터리는 진실에 기반해야 하고, 의미를 담아내야 한다고 굳게 믿기 때문이지요. 그럼에도 제이미의 작품은 미디어의 호평과 브라이바트의 인정을 받습니다. 조쉬는 제이미의 작품을 인정하지 않습니다. "젊으면 뭐든지 다 할 수 있다고 들었겠지. 모든 걸 다 가질 수 있다고. 그렇지 않아."

〈위아영〉에는 사실 3세대가 등장합니다. 20대의 제이미 부부, 40대의 조쉬 부부, 그리고 코넬리아의 아버지 브라이바트로 대표되는 노년세대입니다. 브라이바트는 회고전을 열 정도로 예술적으로도, 상업적으로도 성공한 다큐멘터리 감독입니다. 지금의 60-70세 세대는 노동의 가치와 윤리를 가장 존중하며 많은 것을 이룬 세대이기도 합니다. 브라이바트는 조쉬처럼 젊음에 자신만의 잣대를 들이대지도 않고 부러워하지도 않지요. 다큐멘터리계의 대가인 그는 무명의 다큐멘터리 감독지망생인 제이미의 작품 시사회를 보러 갑니다.

브라이바트는 자신의 작품에 대해 "경험의 진실"을 담고 있다고 표현합니다. "우리가 영상에 담아내는 것은 실제 우리보다 더 흥미롭다"는 뜻이지요. 힙스터랄 수 있는 젊은 세대 제이미는 "경험적 진실"이라는 말에 함축된 사실과 진실 사이의 미묘한 균형 같은 것에 개의치 않습니다. 그는 아프가니스탄 참전군인에 대한 다큐멘터리를 만들지만 허구의 상황을 연출하고 사실에 조작을 가하는 것에 개의치 않습니다. 다큐멘터리와 영화의 이분법적 경계를 가볍게 무시하지요. 거창한 이론이나 신념으로 자신의 작업을 미화하거나 옹호하려 들지도 않습니다. 그는 두 영역을 자유롭게 넘나들며 예술의 경계를 허물지요. 혹은 두 장르의 하이브리드 장르 혹은 통합장르를 추구한다고 할 수도 있지요.

> 브라이바트: 여태껏 살았지만 아직도 모든 것에 정답을 갖
> 고 있진 않지.

장인의 회고전이 있는 날 조쉬는 제이미의 작품의 문제점을 지적하고 그의 가면을 벗기겠다고 결심합니다. 그러나 브라이바트는 예상과 달리 오히려 제이미의 편을 들지요. 제이미의 연출이 "다큐멘터리 제작의 원칙을 어겼다고 할 수는 없다"는 것이죠. 제이미가 꾸며낸 이야기는 실망스럽지만 다큐멘터리의 일부분이고, 전체적으로는 훌륭한 작품이라는 것이 옹호의 이유입니다. 제이미 역시 이야기의 효과적인 전달을 위해서 어느 정도의 조작과 연출은 필요하다고 주장하지요. 반면 조쉬는 진실만을 고집했지요. 브라이바트는 말합니다. 세상은 정해져 있는 것이 아니고 바뀌는 것이라고.

조쉬는 애초에 10년째 와신상담하는 자신에 비해 성공에 연연하지 않고 세상의 잣대로부터 자유로운 듯한, 그야말로 힙한 인물 제이미에 대한 환상을 지니고 있었지요. 어쩌면 젊음에 대한 환상이었을 수도 있구요. 이제 조쉬는 자신도 제이미의 수집목록 중의 하나인 듯한 느낌을 갖게 됩니다.

조쉬는 제이미를 따라 샀던 페도라를 쓰레기통에 내던집니다. 제이미 역시 성공을 위해 저울질을 하는, 거짓과 위선에 능한 인물이었지요. 조쉬는 문득 깨닫습니다. 그가 그토록 화가 난 건, 자신을 속인 제이미 때문이 아니라, 아무래도 그를 따라갈 수 없는

자기자신 때문이라는 사실을. 제이미의 전략은 주효해서 1년 뒤 그는 잡지에 실릴 만큼 유명한 다큐멘터리 감독이 되지요.

시간이 지난 후, 조쉬와 코넬리아는 제이미가 잘못된 것이 아님을 인정합니다. 그가 성공을 위해 그들 부부에게 접근한 건 맞습니다. 그렇다고 제이미가 그들에게 의도적으로 다가와 그들의 인맥을 이용한 것이 딱히 잘못된 것이라고 할 수는 없다는 거지요.

> 코넬리아: 조쉬, 세상이 당신 등 뒤에서 거대한 음모를 꾸미고 있는 건 아니에요.

어느 날 문득 나이 들었다는 걸 절감하게 될 때 무슨 생각이 드나요? 온 세상이 내가 잠깐 잠든 사이 나를 배신한 느낌이 드나요? 시간이 나를 자객처럼 덮쳤다는 생각이 드나요? 〈위아영〉의 결말에서 조쉬는 담담한 얼굴로 코넬리아에게 이렇게 묻지요. "세상엔 못 할 게 없어의 반대말이 뭘까?" 못 할 게 없다는 듯 저돌적으로 덤벼드는 젊음의 에너지가 꼭 매력적인 것만은 아닌 듯합니다. 이 세상에는 내가 못 하는 것도 있고, 가질 수 없는 것도 있다는 것을 인정하고 받아들이는 게 나이듦의 지혜라고 이 영화는 넌지시 말하는 듯합니다. 신랄하지만 위로도 되지요.

영화의 시작에서 솔네스는 불안하고 초조합니다. 젊은이들이 문을 박차고 들어와 자신의 아성에 도전하기 시작했고 그것이 두려운 거죠. 힐데가 그에게 조언했지요. 그들을 부드럽게 맞아들이라고. 〈위아영〉의 엔딩 크레딧이 올라갈 때 폴 매카트니의 "그들을 맞아들이세요"(Let 'Em In)가 흐릅니다.

노년과
고독

바운티풀 가는 길

The Trip to Bountiful, 1985

감독 피터 매스터슨 (Peter Masterson)

각본 호튼 푸트 (Horton Foote)

출연 제랄딘 페이지 (Geraldine Page)

존 허드 (John Heard)

레베카 드 모네이 (Rebecca De Mornay)

| 길은 때때로 통하다가 막히고,
강산은 날마다 적막하고 쓸쓸하네

나 이제 일어나 가리라, 밤이나 낮이나 항상
호숫가에 철썩이는 물결의 낮은 소리 들리나니
한길 위에 서 있을 때나 회색 포도 위에 서 있을 때면
내 가슴 깊숙이 그 물결 소리 들리네.
– 「이니스프리의 호수 섬」, 예이츠(William Butler Yates)

호튼 푸트(Horton Foote)는 미국 남부지방의 정서와 풍광을 대표하는 작가입니다. 호튼 푸트는 텍사스주 휴스턴 남서부의 작은 도시 와튼(Wharton)에서 태어났습니다. 그의 첫 작품의 제목도 〈와튼 댄스〉(Wharton Dance)입니다. 자신의 고향 지명을 그대로 쓴 것은 물론 자신이 알던 그곳에 실제 살던 사람과 그들의 이름도 작품 속에 그대로 가져다 썼을 정도입니다.

푸트의 대부분의 작품들은 1950년대 이전의 미국 남부지방을 무대로 펼쳐지는 까닭에 마치 빛 바랜 흑백사진들 속으로 빠져드는 느낌마저 줍니다. 텍사스의 소도시가 그의 많은 작품의 배경이지만 그의 작품은 공간과 시간을 초월하는 보편적 주제를 지니고 있습니다. 그는 매일매일을 힘겹게 살아가며 쉽게 상처받는 사람들에게 특별히 이끌린다고 했지요. 그가 미국의 체호프(Anton Chekhov)라 불리는 이유입니다.

텍사스의 작은 도시를 배경으로 쓴 많은 작품 중 〈바운티풀 가

는 길〉과 〈텐더 머시즈〉(Tender Mercies)는 특히 극찬을 받은 작품입니다. 그는 퓰리처상을 비롯 두 개의 아카데미상 등 수많은 상을 받았지요. 〈바운티풀 가는 길〉은 1953년 TV드라마로 만들어졌고 인기를 얻으며 브로드웨이에 진출한 후 영화로까지 제작된 경우입니다.

그의 작품들은 미국 남부를 배경으로 남부 특유의 정서와 문제를 다룬 작품이 많습니다. 1940년대 미국은 소위 "전쟁시대"라 불리는 시기입니다. 당시 미국은 비록 실제 전장으로부터는 멀리 떨어져 있었지만 참전국으로서 전쟁의 공포가 만연하던 시기였습니다. 또한 유럽이 필요로 하던 군수품을 조달하기 위해 여성들도 공장에서 나사를 조이는 일에 동원되던 시기이기도 했지요.

전쟁이 끝나자 마치 다른 세상처럼 사회, 문화적 분위기가 많이 바뀌었습니다. 사람들은 농촌에서 도시로 이주했고 농사를 짓던 사람들은 도시 근로자가 되었으며, 자연히 전원의 주택에서 아파트 같은 공동주택으로 주거지 이동도 불가피해졌지요. 〈바운티풀 가는 길〉은 전쟁 전후로 달라진 세상을 사는 두 세대의 모습을 그리고 있다고 할 수 있습니다.

전쟁이 끝나자 미국사회는 정상적인 일상의 회복을 추구하는 분위기로 들썩였습니다. 가족중심의 전통적 가치가 강조되었지요. 미국은 참전국 중에서 전후에 기독교를 비롯한 거의 모든 종교단체가 급격하게 세를 불린 유일한 나라였습니다.

와츠 부인은 20세기 초 교회를 중심으로 종교활동이 공동체의 구심점이 되던 시기에 성장한 사람입니다. 어렸을 땐 대공황 시기의 어려움도 겪고 전쟁 중에는 아마도 참전한 가족을 대신하여 가족을 부양하기도 했겠지요. 그 아들 세대는 비교적 어려움 없이 개인주의적인 사회문화 분위기 속에서 성장한 경우입니다.

이들은 단지 세대차이만 있는 것은 아닙니다. 세상도 따라서 변했으니까요. 〈바운티풀 가는 길〉은 1940년대 도시 거주 중류계층이 생겨나기 시작할 무렵이 배경입니다. 그렇다고 모두가 큰 집을 구하거나 결혼 후 다른 집을 얻어 독립할 정도로 도시 근로자의 임금이 충분했던 건 아니었지요. 주인공 와츠 부인은 텍사스 휴스턴 근처 소도시에서 아들 루디와 며느리 제시 메와 함께 방이 두 개인 아파트에서 살고 있습니다. 루디는 월급이 올라 집을 마련하는 게 소원입니다. 와츠 부인은 자신이 받는 연금을 아들 내외에게 다 내주어야 하는 처지입니다.

와츠 부인은 거실의 소파에서 자야 하지요. 물리적으로도 정서적으로도 매일의 일상이 이미 갈등의 장이 될 소지가 다분하지요. 집안의 모든 움직임과 소리가 모두에게 포착되고 심지어 옆집 소리도 들립니다. 고향 바운티풀에서 와츠 부인은 옆집도 한참 떨어져 있는 시골에서 자랐습니다. 그녀에게 공동주택에서의 일상은 폐쇄공포증을 불러일으킬 정도입니다.

답답하긴 며느리 제시 메도 마찬가지입니다. 그녀는 이렇다 할 악역이 없는 이 영화에서 분노를 유발하는 인물이지요. 그녀는 와츠 부인을 누르고 이 집의 실질적 안주인이 자신이라는 걸 수시로 확인시키는 것도 모자라 남편의 아침식사까지 와츠 부인에게 시키는 등 집안일을 모두 떠맡기지요. 그녀는 커피숍과 영화관이 일상의 탈출구이고 예쁜 옷과 유행하는 헤어스타일이 중요한 좁은 세계 속에 갇혀 있지요.

이 영화의 시대적 배경은 1947년입니다. 여성의 사회진출이 아직 시기상조였던 때이기도 했지요. 여성은 아이를 낳아 기르고 남편을 통해서 삶의 의의를 찾을 것이 기대되었지요. 집은 세상의 풍파로부터 보호받을 수 있는 성채 같은 곳이고 집보다 좋은 곳은 없다는 생각이 팽배했던 시대였습니다.

고향의 옛집은 변하는 세상에서 변하지 않는 가치의 보루처럼 생각되었지요. 더구나 미국남부의 소도시는 전통과 인습의 힘이 개인의 삶에 미치는 영향력이 북부의 대도시에 비해 훨씬 더 강했지요. 영화는 당시 미국 소도시의 모습을 세심하게 재현하고 있습니다. 시골 버스터미널, 컴컴한 시골길, 혼자 졸고 있는 역무원, 그리고 아무 교통수단도 없이 막무가내로 폐허가 된 곳으로 가겠다고 우기는 노인을 외면하지 않는 친절한 사람들이 있는 곳이지요. 아마도 작가의 마음속에 자신의 고향 와튼이 그런 곳이었겠지요.

난 오랫동안 기다려왔어. 바운티풀에 가기 위해서.
20년간 넋을 잃고 슬퍼하며 도시의 거리를 헤맸어.
나이를 먹고 가야 할 때가 다가오면서
난 나 자신에게 한 가지 약속을 했지.
죽기 전에… 내 고향에 다시 가보겠다고.

시골에서 어릴 적부터 열심히 교회에 다녔던 와츠 부인은 틈나는 대로 찬송가를 부르며 마음을 달랩니다. 〈바운티풀 가는 길〉은 지금도 미국의 크고 작은 무대에서 항상 공연되고 있지요. 와츠 부인이 찬송가를 부르면 객석에서도 함께 찬송가를 따라 부르는 게 다반사라고 하지요.

와츠 부인은 숨을 죽여 낮은 목소리로 찬송가를 부릅니다. 그래도 며느리는 시어머니의 노래소리가 귀에 거슬립니다. 며느리는 연금을 받는 날이면 그 즉시 빼앗아 가면서도 자신이 집에 있을 때에는 찬송가를 부르지 말라고 구박합니다. 다친다고 외출도 금합니다. 며느리는 시어머니를 걱정하기보다 혹시 잘못되기라도 하면 연금이 사라질까 하는 마음을 숨기지도 않지요.

제시 메는 바운티풀에 가보고 싶다는 와츠 부인의 소원을 시간낭비라고 일축합니다. 그뿐만이 아닙니다. 그녀는 와츠 부인이 신세대의 음악을 이해 못 한다고, 건망증이 심하다고, 노인이어서 고집불통이고, 융통성이 없다고도 합니다. 이 집 며느리가 밉상이기도 하지만 나이를 이유로 지나친 간섭이나 통제, 차별을 하는 현대사회의 모습이 겹쳐 보이며 착잡한 생각이 들기도 하지요.

고향과 그리움이라는 말처럼 잘 어울리는 단어가 있을까요? 고향이라는 단어의 울림이 이제는 많이 약해졌지만 여전히 도시의 많은 사람들은 고향을 떠나온 사람들이지요. 이들에게 고향은 어떤 의미를 지닐까요? 더욱이 죽음이 어른거리기 시작하는 나이가 되면 아쉽고, 답답하고, 조바심 나고, 뭔가 미진한 감정은 더욱 짙어 지겠지요. 이 삶의 갈증을 시원하게 해소할 수 있는 시원한 한 잔의 물! 그런 마법의 물이 있을까요?

도시의 비좁은 주택에서 아들 내외와 함께 살 수밖에 없는 와츠 부인에게 바운티풀이 그런 곳입니다. 어릴적 그녀가 살던 고향이지요. 영화는 대공황 이전의 풍요롭던 시절의 고향과, 고향에 얽힌 기억을 찾아가는 여정과 그 여정에서 느끼는 소회를 다루고 있지요. 그녀의 기억 속의 바운티풀은 작가 호튼 푸트가 품고 있던 고향의 원형입니다.

> 왜 지나간 일을 생각하면 꿈 같은가
> 현세의 거친 들에서 그리 예쁜 일이라니.
> – 허수경

그녀는 죽기 전에 바운티풀에 가보는 것이 소원입니다. 이미 시도한 적도 있었지요. 그러나 아들 내외에게 발각되어 미수에 그쳤지요. 그녀는 철저하게 다시 계획을 세웁니다. 그녀는 연금으로 들어온 수표를 무려 5년간 조금씩 빼내어 어렵게 현금으로 바꿔 모아두었지요. 그리고 그녀는 드디어 계획을 실행에 옮깁니다. 어느 날 그녀는 바운티풀로 떠납니다. 그녀는 버스에 올라 광활한 대지와 탁 트인 하늘을 보게 됩니다. 비좁은 아파트와 대조적이지요.

그녀는 고향마을을 찾아가며 변화한 모습에 실망도 하고 친구들이 죽었다는 소식을 접하기도 합니다. 그러나 뜻밖의 행운도 만납니다. 버스에서 그녀는 남편이 해외주둔 발령이 나서 친정으로 돌아가는 델마라는 친절한 아가씨를 만납니다. 그녀는 제시 메와 완벽하게 대조적인 인물로 설정되어 와츠 부인이 현재 처한 상황의 괴로움을 도드라지게 합니다. 뿐만 아니라 그녀는 와츠 부인이 자신의 속내와 자신에 대한 정보를 관객에게 전하는 매개자의 역할도 하지요.

누구의 인생인들 구구절절하지 않을까요. 와츠 부인은 그녀에게 바운티풀에서 살 때 한 아이는 디프테리아로, 또 한 아이는 가난

때문에 잃었다는 것도 말합니다. 그리고 사랑하는 남자가 있었지만 아버지의 반대로 결혼할 수 없었다는 얘기도 하지요. 당시 미국 소도시의 정서도 우리나라의 정서와 별반 다를 게 없었다는 느낌이 듭니다.

기억은 낱개로 각각 저장되지는 않는 듯합니다. 오히려 우물과 같은 것 아닐까요? 와츠 부인은 바운티풀에서의 아픈 기억을 떠올리기는 하지만 바운티풀은 여전히 가슴이 저미도록 그리운 곳입니다. 현재의 삶의 결핍을 보완하고 위로 받을 수있는 마음의 고향이 바운티풀이지요.

고향집이나 자기 가족보다 오래 살았으면 살만큼 산 거겠지.

와츠 부인은 캄캄한 밤에 어느 간이역에 내렸지만 바운티풀로 가는 기차는 더 이상 운행되지 않지요. 심지어 바운티풀이라는 동네를 사람들이 모른다는 것도 알게 됩니다. 그래도 그녀는 포기하지 않습니다. 마음씨 좋은 지역 보안관이 안타까워하며 친절을 베풀어 그녀는 드디어 옛집에 갑니다. 늦은 밤 간이역의 직원과 낯선 노인에게 마음 써주는 인물들이 푸트가 그리는 소도시의 이상적인 모습이리라는 생각이 들게 하지요.

그렇게 와츠 부인은 바운티풀의 옛집에 도착합니다. 마음 속에 그리던 고향집의 모습과는 전혀 다릅니다. 우리는 산천이 의구하다는 옛말을 본래 잘못 이해하고 있었는지도 모릅니다. 고향으로서의 산천은 내 의식을 따라 언제나 바뀌는 거니까요. 긴 방랑 끝에 자신의 고향 이타카로 돌아온 오디세이도 그랬습니다. 고향을 알아보지 못한 오디세이는 "아아 슬프다 나는 또 어떤 인간들의 나라에 온걸까"라며 자신을 '낯선 땅'에 내려놓은 신을 원망하며 비탄에 빠지지요.

와츠 부인이 꿈에도 그리던 고향집 역시 잡초가 무성한 황량한 폐허에 아무도 살지 않는 집은 쓰러지기 직전이지요. 고향도 늙는 걸까요? 그럼에도 불구하고 그녀는 아이들의 키를 표시했던 기둥이며 탁 트인 집 앞의 풍경, 바람에 실려오는 냄새와 산들거리는 바람을 맞으며 생기를 되찾습니다.

기억과 사실은 다르지요, 기억은 현재의 거친 들에 살면서 예쁜 꽃길로 포장되기 십상이고 언젠가 화려했던 기억들은 현재를 더욱 씁쓸하게 만들지요. 와츠 부인 역을 맡은 제랄딘 페이지가 옛 고향집을 접하며 어린 시절의 풍요로운(bountiful) 추억과 슬픔을 한데 녹여낸 표정이 압권이었지요. 옛집 현관에 앉아 자신의 부모가

뛰어나와 반겨주는 모습을 상상하는 그녀의 모습은 시적이기까지 합니다. 지난 세월이 꿈이었고, 자신이 어린 소녀로 다시 돌아간 것 같은 표정이었지요. 노스텔지어의 순기능이 이런 것 아닐까요? 신산한 현재의 삶을 장밋빛으로 물들이는 것, 그래서 현재의 삶을 버티어 내는 에너지가 되어 주는 것.

언젠가 루디도 늙겠지.
그렇지만 루디도 자신이 늙었다는 걸 믿을 수 없을 거야.

마침내 아들부부가 와츠 부인을 찾아 바운티풀에 도착합니다. 와츠 부인은 흙을 밟으며 농사를 짓던 단순, 소박한 삶과 공동체 정신이 살아있던 시절을 회고합니다. 아들도 지나간 세상을 그리워하는 엄마의 심정을 잠시나마 이해하는 듯합니다. 하얀색 하이힐을 신고 따라온 제시 메는 여전히 냉랭하고 겉돌지요.

와츠 부인은 어려운 시절을 살아야 했고 비록 두 아이를 잃긴 했어도 아이가 없는 제시 메에 비해 훨씬 더 풍요로운 삶을 살았다고 암시하고 있습니다. 미국에 한때는 낯선 노인에게 진심을 보이며 친절을 베푸는 델마와 같은 여자, 인정 많은 보안관 같은 인물들이 살았고 또 그때가 더 넉넉하고 풍요로운 시절이었지만 바운티풀처럼 사라졌다는 거지요.

영화는 바운티풀에 갔다 되돌아오는 여정으로 끝을 맺습니다. 살아온 기적으로 살아갈 기적을 만들며 그렇게 살아가는 것이 인생이라고도 말하는 듯합니다. 영화는 현재의 삭막함과 비정함을 과거의 온기와 인간다움과 대비시키며 가치판단을 이끌어내려 하지 않습니다. 오히려 과거와 고향이 기억 속에서 과장되고 왜곡되어 있음을 숨기지 않습니다.

우리 대부분은 와츠 부인처럼 실제 과거의 고향으로 돌아갈 수 없을 가능성도 많지요. 그럼에도 불구하고 보다 아름다웠던 과거에 대한 기억이 현재의 삶을 버텨주는 자양분이 되기도 하지요. 무엇보다 이러한 기억은 흔들리지 않고 현재를 살 수 있게 하는 윤리적, 정서적 잣대가 되어 주기도 합니다. 〈바운티풀 가는 길〉이 아들 내외와 함께 현재의 집으로 돌아오는 여정으로 끝난다는 점이 이 점을 암시하고 있는 듯합니다. 진부하지만 진정한 고향은 마음 속에 있다고.

간혹 연기를 잘하는 걸 너머 특정한 역을 맡기 위해 태어난 듯이 보이는 배우들이 있지요. 와츠 부인 역의 제랄딘 페이지도 그런, 드문 배우 중의 하나라는 생각입니다. 그녀는 〈바운티풀 가는 길〉로 1985년 아카데미 여우 주연상을 받았습니다. 시상식장에서 그녀의 이름이 채 호명되기 전에 객석에서부터 그녀의 이름과 함께 기립박수가 이어졌다고 하지요. 그녀를 보기 위해서도 〈바운티풀 가는 길〉은 볼 만한 가치가 있는 영화입니다.

밤에 우리 영혼은

Our Souls at Night, 2017

감독   리테쉬 바트라 (Ritesh Batra)

출연   로버트 레드포드 (Robert Redford)

제인 폰다 (Jane Fonda)

| 하나님, 저 외로워요

저곳은 노인을 위한 나라가 아니다.
- 「비잔티움으로의 항해」, 예이츠

리테쉬 바트라 감독의 작품입니다. 그는 2013년 〈도시락〉 (Lunchbox)이라는 첫 작품으로 영화계에 화려하게 입성하였습니다. 첫 작품은 그가 자란 인도 뭄바이를 배경으로 서로 모르는 남녀의 감정의 교류를 섬세하게 그리고 있습니다.

〈밤에 우리 영혼은〉 바트라 감독의 전작 〈도시락〉과 한 쌍을 이루는 작품이라 할 정도로 비슷한 주제를 잔잔하게 다루고 있는 이야기입니다. 생의 마지막 무렵에 접어든 남자와 여자의 이야기입니다. 아이들은 성장하여 따로 살고 있고 둘 다 배우자를 잃은 상태이지요. 그들은 딱히 기쁠 일도 슬플 일도 없는 하루하루를 살아가고 있습니다. 서로 이웃하여 살고 있지만 의례적 인사나 나눌 뿐 교류가 있는 것도 아닙니다. 여자가 남자에게 찾아오기 전까지는요.

같이 앉아 당신과 얘기하는 것만으로도 벌써 기분이 나아졌어요.

영화는 하루프의 가슴 시리면서도 따뜻한 이야기를 바트라 감독이 처연하고 아름답게 그려낸 작품입니다. 어둑어둑 해지는 저녁 무렵 컴컴한 집에 홀로 우두커니 앉아있을 때 자그마한 등불이 켜지며 빛과 온기가 퍼지는, 잠시나마, 외로운 삶의 무게가 덜어지는 느낌을 주는, 그런 이야기라는 생각입니다.

　사실 작가나 감독에게 특별한 일이 없는 평범한 사람들 이야기를 다루는 게 가장 어려운 일이라 할 수 있겠지요. 격정적인 사랑 이야기나 천신만고의 노력 끝에 성취하는 성공의 달콤한 열매 등은 플롯만으로도 관심을 이끌 수 있습니다. 이렇다하게 눈길을 끄는 요소 없는 일상 속의 평범한 행복을 다룬다는 것은 감히 시도하기 어려운 모험이고 실제 영화에서는 물론 책에서도 찾기 힘든 시대가 되었지요. 웬만한 영화에서는 모든 게 지나치게 현란하고 드라마틱하고 복잡하게 얽혀 있습니다. 그러니 소소한 일상의 행복을 그린다고 해도 치명적 질병이나 파산, 갑작스러운 죽음을 끼워넣어 신파와 감상 어디쯤에서 어정쩡해지기 십상이지요. 〈밤에 우리 영혼은〉에는 이렇다 할 극적인 요소가 거의 없지요. 사별과 결별이 있지만 지난 일이고 현재를 혼란하게 하지는 않습니다.

　『밤에 우리 영혼은』을 비롯하여 하루프의 소설은 모두 소도시를 배경으로 하고 있습니다. 콜로라도주의 홀트라는 곳이지요. 미국의 동부나 서부의 대도시에 사는 사람들에게는 런던이나 파리보다 멀고 생소한 곳일 수도 있는 그런 소도시입니다. 단조롭고, 이렇다 할 극적인 사건 없이 오늘이 어제 같고 내일도 오늘 같을 그런 곳이지요. 눈 닿는 모든 곳으로 사방이 뻗어 나간, 생각만으로도 심심하고 졸릴 듯한 곳이지요.

　난 평생 동안 사람들이 어떻게 생각할지를 걱정하며 살았어요.

이런 곳에서는 대도시에서와 같은 익명성이나 무관심의 부산물인 자유를 누리기는 힘들지요. 늙었다고는 하지만 영화 속 두 남녀를 향한 눈길은 많기도 하고 매섭기도 합니다. 소도시의 편협함과 편견은 생각보다 영향이 크지요. 촘촘한 눈길 속에 자신만의 생각을 고집하면 정서적 징벌을 피하기 어렵지요. 그러니 속속들이 알고 있다고들 생각하지만 깊은 속내는 내보이지 않고 스스로 위축되어 편견에 동참하며 살아가는 곳이 지방 소도시의 삶입니다. 모여 살아도 외로움이 덜어지는 곳은 아니지요. 이 곳에서도 사람 사는 곳에 흔히 생길 수 있는 사건들이 가끔씩 생기기는 하지만 대개는 시간과 더불어 사건은 사그라들지요. 남은 사람은 보이지 않는 상처를 애써 감추며 온전히 홀로 고통을 감당해야 되지요.

영화의 원작은 하루프의 유작으로 그가 산소호흡기를 꽂은 채쓴, 자신의 아내에게 바치는 일종의 헌사 같은 작품입니다. 이 작품에는 작가와 거의 같은 연배의 남녀가 등장합니다. 남편과 사별한 70대 초반의 에디와 아내를 잃은 루이스가 그들입니다. 그들은 같은 동네에 살고 있을 뿐 딱히 잘 아는 사이도 아니지요.

"그러다 어느 날 에디 무어가 루이스 워터즈를 찾아왔다"로 이야기가 시작됩니다. 여자는 남자에게 밤에 자기 집에 와서 함께 자며 얘기도 하자고 제안합니다. 에디는 전혀 주저하거나 에둘러 말하지도 않고 직선적으로 말합니다. "저희 집을 와서 저와 함께 잠 잘 수 있는지요?"(Would you be interested in coming to my house to sleep with me?) 이 말을 어떻게 잘 번역할 수 있을까요? 격식을 갖춰 단정한 제안을 하는 말입니다. 그러나 "자다"(sleep)는 우리말도 그렇지만 성적인 표현을 에둘러 하는 말이기도 합니다. 여자도 이내 이를 깨달았는지 "밤을 함께 보내자"는 거라고 덧붙입니다.

느닷없는 제안에 남자는 놀라 되묻지요. 무슨 말을 하는 거냐고. 여자가 말합니다. 외롭다고, 혼자라고. "우리 둘 다 혼자잖아요. 너무 오랫동안 혼자서 지내왔잖아요. 몇 년 동안이나요. 전 외로워요. 당신도 외로우리라는 생각이 들어요. 밤에 우리 집에 와서 같이 자면 어떨까 해서요. 얘기도 하고." 성적인 제안이 아니라 그저 누군가와 함께 있고 싶다는 얘기입니다. 에디는 덧붙여 말합니다. "밤이 제일 끔찍해요"라고.

말은 정중한 부탁의 형식을 띠고 있지만 절박한, 슬픈 호소라는 생각이 들지요. 혼자서 마음을 따뜻하게 만들기는 어렵지요. 대상이 있고, 그 대상과의 관계가 내 마음을 따뜻하게 해줄 수 있지요. 남자도 여자의 말을 이해합니다. 루이스는 묻지요. 왜 자신을 선택했느냐고. 에디는 말합니다. "당신은 좋은 사람이예요." 그럼에도 느닷없는 여자의 말에 남자는 당황하며 더듬거리기도 하지요. 둘은 가깝게 살면서도 딱히 친하게 지내지는 않았던 사이입니다. 남자가 정중하게 "무어 부인"이라고 할 정도이니까요.

에디와 루이스는 일흔 살 정도의 노인들로 둘 다 배우자를 잃은 상태임이 드러납니다. 둘은 한 동네에서 오래 이웃하고 살았지만 특별히 친한 사이는 아니어서 서로 눈인사나 나누던 사이이지요. 하룻밤을 생각한 남자가 그녀의 제안을 받아들이겠다고 전화로 알립니다. 다음 날 남자는 슈퍼마켓에서 주는 누런 종이봉투에 잠옷과 칫솔을 싸서 그녀의 집 뒷문으로 그녀를 찾아갑니다. 그렇게 처음 함께 같은 침대에 누운 날 여자는 이내 코를 골며 잠에 빠집니다.

두 사람은 초기의 어색함을 떨치고 친숙해집니다. 둘의 얘기 속에, 지나온 일이 그렇듯, 좋았던 일 잘했던 일보다 회한과 자책이 묻어납니다. 여자는 냉랭한 관계였던 남편이 어느 날 갑자기 죽은 일을, 딸을 잃은 황망함 속에서 아들에게 충분히 배려하지 못했던 것을, 남자는 아내를 두고 불륜을 저지른 일, 그 후 아내가 말기암으로 세상을 떠난 일 등 서로의 아픈 과거를 털어놓지요.

곧 마을 사람들의 수군거림이 이어집니다. 영화는 어떤 면에서 소도시의 편협함에 타협하지 않고 인간적인 삶의 범절을 지키며 삶을 버티어 낼 만한 것으로 만들려는 이야기로 볼 수 있습니다. 이웃들의 수군거림은 아마도 감내하겠다고 생각했겠지요.

그러나 이웃 못지않게 자식들의 몰이해도 만만치 않습니다. 여자의 아들은 엄마는 언제까지나 나의 엄마이고 엄마는 자식을 위해 희생해야 하는 거 아니냐고 합니다. 게다가 아들은 어릴 때 받은 상처까지 들먹이며 엄마로서의 책임과 의무가 먼저라고 하지요. 그리고 엄마가 사귀는 남자도 마음에 들어 하지 않습니다. 이웃이었으니 그 남자의 젊었을 적 이야기를 알고 있을 터니까요.

한편 남자의 딸도 아버지에 대해 서운해합니다. 딴 여자와 살림을 차리고 그 여자의 딸과 살기 위해 엄마와 자신을 떠났던 일이 응어리 진 딸은 그 나이에 새삼, 또 웬 염문이냐고 은근히 아버지를 타박하지요.

에디와 루이스의 시도는 에디의 아들 진의 결혼생활에 금이 가면서 좌초될 위기에 처하지요. 진이 자신의 아들 제이미를 엄마인 에디에게 부탁하면서 갈등이 첨예해집니다. 루이스는 제이미에게 강아지를 구해주기도 하고 경기장에 데려가고 같이 캠핑도 하면서 친해집니다. 그러나 진이 나타나며 이들의 평화롭던 관계에 심각한 균열이 생기지요. 루이스와 아들 제이미가 함께 어울리는 것을 본 진이 아들을 데려가겠다고 합니다.

뿐만 아닙니다. 진은 에디와 루이스의 관계가 역겹다며 둘의 관계를 당장 청산하라고 퍼붓습니다. 심지어 손주 목소리 듣게 전화를 바꿔 달라는 에디의 부탁도 들어주지 않지요. 누구의 삶도 사람 사는 일은 희극과 비극으로 얼얼하지만 늙음은 사소한 우연으로도 삶을 더욱 더 휘청이게 하지요. 어느 날 에디는 넘어지며 골절상을 입게 됩니다. 운신이 불편해진 에디가 아들 내외 집 근처의 요양원으로 가며 에디와 루이스는 가끔씩 전화로 안부를 물으며 지내는 걸로 영화는 끝나지요.

이렇듯 이 영화는 늙어가며 대부분이 겪을 수 있는 일들을 담담한 시선으로 다루고 있습니다. 이혼과 사별, 불의의 사고로 자식을 떠나보낸 일, 하던 사업은 부진하고 이혼의 위기에 처하며 자신의 삶도 버거운 자식, 부모의 불화에 영문도 모른 채 할머니 집과 아빠의 집을 오가야 하는 아이. 주변에서 흔히 들어보았음직한 일들입니다. 낙상으로 운신이 불편하거나, 잠 안 오는 밤이 너무 길고 적적한 것도 익숙한 스토리이지요. 시간과 더불어 노쇠는 불가피하고 그에 따른 불편과 불행은 쉽게 예측 가능하지요. 그러나 행복은 예측 불가할뿐더러 다양한 상황에 훨씬 취약하기도 합니다.

어떤 일들은 되돌릴 수 없는 법이지.

영화에는 노년과 중년, 그리고 어린 아이가 등장합니다. 각 세대는 나름대로 시간이 가져오는 다양한 패키지에 적응해 나가야 하지요. 노년과 상실은 불가피한 조합입니다. 에디와 루이스는 각각 배우자를 잃은 상태입니다. 에디는 돌연사로 남편을, 루이스는 말기암으로 긴 고통의 시간을 겪은 아내를 잃었습니다. 둘 다 회한이 없지 않지요. 에디는 남편이 교회에서 갑자기 쓰러져 세상을 뜨는 바람에 소원하던 남편과 관계회복을 위한 노력도 해보지 못한 채 남편을 보냈습니다. 루이스는 집을 떠났다 자신의 가족에게 되돌아왔습니다. 자신의 불륜으로 고통받았을 아내가 암에 걸려 죽은 일이 가슴 한 켠에 가시로 자리잡고 있습니다.

원하는 대로 풀리는 인생이 있나요?

에디와 루이스 둘 다 신파에 흔한 악역이나 가해자는 아닙니다. 그들은 그저 지나가는 세월의 돌부리에 걸려 넘어진 것이지요. 에디의 어린 딸은 정원에서 놀다 차사고를 당했습니다. 이 일로 함께 놀던 오빠 진은 죄책감을 지니게 됩니다. 부모의 눈길이 가시 같다 느꼈을 터지요. 에디 부부에게 자식의 죽음은 가슴에 돌덩이를 묻는 일이었겠지요. 어느 누구의 잘못도 아니었지만 부부사이도 소원해졌습니다. 에디는 냉랭한 관계였던 남편이 어느 날 갑자기 죽은 일을, 딸을 잃은 황망함 속에서 아들에게 충분히 배려하지 못했던 일이 여태껏 가슴에 응어리져 있습니다.

루이스는 고등학교 교사였습니다. 학생들에게 시를 외우게 하던 낭만적이고 평판 좋은 교사였습니다. 심심한 마을에서 심심하게 살던 그의 가슴에 동료교사가 불을 지피지요. 이렇게 살다 이렇게 죽는 건가 하는 생각이 스멀스멀 일기 시작하던 중년의 남자에게 이 같은 감정은 다시는 없을 것 같았지요. 아내와 딸도 떠날 수 있을 것 같았고 그는 그렇게 떠났지요.

불행은 긴 꼬리를 지니고 있지만 행복은 정오의 그림자 같은 것이었습니다. 온 몸에 햇살을 받는 것 같았던 행복은 짧았습니다. 그는 자신을 받아준 아내와 딸에게 감사하며 집으로 돌아왔습니다. 그리고는 아내가 암에 걸렸지요. 누구라도 암에 걸릴 수 있지만 자신의 탓인 듯했지요. 아내가 떠나고는 그냥 평범한 노인이 되어 심심하게 살았습니다. 불꽃 같은 감정에 설렐 일도, 무언가를 새롭게 시작할 의욕도 에너지도 소진되었다고 느꼈지요. 가끔씩 동네 카페에서 친구들 만나 안부를 묻고 집안에서 그림을 그리는 잔잔한 일상을 반복하며 살았지요.

이 영화에서 유일하게 도발적인 존재는 에디입니다. 어느 날 이웃 남자의 집에 노크를 해서 밤에 자신의 집으로 와서 같이 자자고 하는 여자가 쉽게 상상이 되지는 않지요. 둘 다 술집에서 만난 피끓는 청춘들도 아니구요. 그러나 에디의 생뚱맞은 제안이나 루이스의 수락은 70 언저리의 노인이니 오히려 가능하지 않았을까요?

70을 넘기면 여기저기 아프다 어느 날 스러지는게 아닐까 하는 두려움도, 헛살았나 하는 심란함도 찾아집니다. 불면의 밤은 길고 빈 옆자리는 허전하지요. 칠십을 살면 마음이 하고자 하는 바를 좇았되 법도에 어긋나지 않는다지요. 공자님 말씀입니다. 루이스는 종이봉투 하나 달랑 들고 뒷문으로 조심스레 에디를 찾습니다.

이렇다 할 일이 일어나지 않는 조그만 마을에 스캔들은 삶의 활력소이자 이웃과의 끈끈한 유대를 이어주는 접착제입니다. 루이스와 에디도 애초부터 이웃들의 입방아에 오르내릴 것을 피할 수 있으리라고 생각하지는 않았습니다. 다만 마음이 이끌리는 대로 했을 따름이었죠. 마음을 돌보지 않고 머뭇거리기에는 남은 날들이 많지 않다는 것, 내일이 없을지도 모른다는 조급함 때문이 아니었을까요?

영화는 낡은 식탁이나 색 바랜 식탁보를 보는 것 같은 느낌입니다. 대수롭잖지요. 세월이 흔적 남기는거야 얼굴의 검버섯이나 주름살처럼 어찌 할 수 있는 게 아니지요. 누구나 늙고 그 정도 일은 흔히 겪기도 하니까요. 그러나 세월의 안쪽을 조금 더 들쳐보면 먼지 같은 세월의 흔적과 채 아물지 않은 상처가 있지요. 70이 넘으면 새롭게 시작하기도, 만회하기도 늦은 나이입니다. 지금 할 수 있는 것을 지금 하는 것이 가장 현명한 일이 되는 나이이지요. 그것이 비록 이웃집 남자에게 찾아가 "우리 집에 와서 저와 함께 잠 잘 수 있는지요?"라 하는 것일지라도 말이지요.

영화는 마치 소설을 읽는 듯한 느낌을 줍니다. 사건이라 할 만한 일들은 다 지난 과거의 일로, 회상의 방식으로 보여지는 것이 아니라 이야기로 처리되기 때문이기도 하지요. 다 보고 나면 코끝이 알싸한 느낌이, 집에 와 누울 때쯤이면 처연한 느낌이 드는 그런 영화입니다. 루이스가 방문한 첫날 밤 나란히 침대에 누워 몇 마디 주고받기도 전에 에디가 코를 골며 잠에 빠지는 장면은 두고두고 생각이 나지요. "어떻게 저럴 수가?"라기보다 에디의 단잠에 안도하고 그녀의 편안함에 영화를 보는 관객도 다행이라는 느낌을 받지요.

〈밤에 우리 영혼은〉은 무엇보다 시간과 상실, 외로움에 관한 영화입니다. 외로움이 뚝뚝 흘러내릴 것 같은 호퍼(Edward Hopper)의 그림이, 늦은 밤 카페에 앉아 "나다 나다"(nada nada)를 중얼거리며 술잔과 대화하는 노인의 이야기가 떠오르는 영화이기도 하지요. 늦은 밤 손님이 다 떠난 카페에서 한 노인이, 어제도 그랬듯 오늘도 홀로 술잔을 앞에 놓고 모든 게 덧없다고 혼잣말을 하는 내용이지요. 헤밍웨이의 『깨끗하고 환한 곳』(Clean Well-Lighted Place)이라는 단편의 내용입니다. 노인은 시큰둥하지만 누군가가 있고, 불이 환하게 켜져 있는 것만으로도 위안을 받지요. 헤밍웨이의 단편에서도 호퍼가 보이는 듯합니다. "내게 얘기해줘요." 에디가 루이스와 한 침대에 누워 처음 한 말입니다. 70은 누군가 옆에 있다는 것, 환하게 불 켜진 곳 같은 소소한 일이 큰 위안이 되는 그런 나이입니다. 시간은 알 수 없는 방식으로 중요한 것의 기준을 바꿔놓는다는 생각이 듭니다.

〈밤에 우리 영혼은〉과 같이 노년의 고독함이나 비슷한 상황을 담아낸 이야기도, 영화도 많이 있지요. 그럼에도 불구하고 이 영화가 돋보이는 점은 등장인물들의 갈등을 소소하지만 시시한 것으로 만들지 않았다는 점입니다. 에디와 루이스를 연기한 제인 폰다와 로버트 레드포드라는 두 배우의 힘도 컸지요. 그들은 이 작품 이전에도 〈추적〉(The Chase)이나 〈맨발로 공원에서〉(Barefoot in the Park)도 호흡을 맞추며 명연기를 펼쳤었지요. 두 명배우의 과하지 않은 열연이 이 영화에 격을 더하고 있다는 생각입니다.

어바웃 슈미트

About Schmidt, 2002

감독   알렉산더 페인 (Alexander Payne)

각본   알렉산더 페인 & 짐 테일러 (Jim Taylor)

출연   잭 니콜슨 (Jack Nicholson)

           캐시 베이츠 (Kathy Bates)

           호프 데이비스 (Hope Davis)

           더모트 멀로니 (Dermot Mulroney)

| 이제 인생을 묻지 않는다. 다만 여기에 있는 기적뿐!

노인은 작대기에 걸린 누더기 같은
보잘것없는 존재일 뿐,
썩어갈 누더기를 위해
영혼이 박수치며 노래하고, 더욱 더 크게 노래하지 않는다면.
— 「비잔티움으로의 항해」, 예이츠

〈어바웃 슈미트〉는 그야말로 슈미트 씨에 대한 이야기입니다. 슈미트는 보험회사에서 42년간 일하다 이제 막 은퇴한 보험 계리사입니다. 슈미트의 삶은 학교를 졸업하고는 취직하고 결혼하고 집 장만하고 가정을 꾸려 나가는 데 온 힘을 다한 보통 사람들의 모습입니다.

요즘은 평생을 한 직장에서 일하다 은퇴하는 것도 감히 바라기 힘든 세상이 되었지요. 인생 이모작이니 새출발이니 하는 말들도 심심찮게 들려옵니다. 그러나 우리 대부분은 육체적으로 힘이 떨어지기 시작하고 심리적으로도 위축될 때 사회적 역할마저 축소 또는 단절되는 시기를 맞지요.

슈미트처럼 평생 직장에서 은퇴하는 경우 물러날 때에 대한 마음 준비를 할 수는 있겠죠. 그런데 마음준비라는 게 서서히 체념하는 정도이지 딱히 무슨 준비랄 수도 없는 경우가 대부분이지요. 오히려 체념이 쉽지 오랜 시간 체화된 습관을 버리는 게 더 어려울 수도 있지요. 퇴직 당일에도 슈미트는 체념한 듯한 멍한 표정

빛의 속삭임

으로 습관적으로 정확한 퇴근 시간에 맞추어 의자에서 일어났지요. 그리고 아침 7시면 칼같이 눈을 뜹니다.

슈미트는 아침에 일어나면 출근하고 저녁에 퇴근해서 밥먹고 자는 시계추 같은 일상을 40여 년 해왔습니다. 이제 아침에 일어나면 무얼 해야 할지 모르지요. 어느날 회사에 갑니다. 자신이 며칠 전까지 앉아있던 자리에 새파란 젊은이가 앉아 있습니다. 도울 일 있으면 얼마든지 돕겠다고, 모르는 게 있으면 말하라고 하지요. 젊은 직원은 감사하지만 괜찮다고 합니다. 그는 자신이 그저 낡은 부품처럼 교체된 기분을 삭히며 쓸쓸히 돌아 나오지요. 회사 밖 모퉁이에 자신이 평생 애지중지했던 자료들이 쓰레기더미에 섞여 있는 게 슈미트의 눈에 띕니다.

《가디언》의 피터 브래드쇼는 이 영화를 "미국의 고전"이라 하였습니다. 슈미트를 덮치는 상실과 두려움, 분노와 고독은 사실 모두가 느끼는 근원적인 감정이지요.

일단 내가 죽고, 나를 알던 사람들도 다 죽으면,
그러면 난 이 세상에 태어난 적도 없는 게 되어 버리겠지.

퇴직 후 그는 딱히 할 일이 없이 텔레비전 앞에서 무료하게 시간을 보내다 방송을 보고 불우어린이 후원단체에 가입한 적이 있지요. 매일 77센트로 탄자니아에 사는 6세 어린이 엔두구의 후원자가 된거죠. 엔두구는 그가 속마음을 털어놓는 대상이 됩니다. 엔두구에게 보내는 편지는 자신의 삶을 되돌아보는 일기가 되지요.

편지를 쓰며 그는 삶을 성찰하게 됩니다. 쓰나미처럼 밀려오는

당혹스러운 상황에 좌충우돌하는 그의 모습에, 어린아이에게 보내는 편지글의 형식상, 깔끔하게 정리된 인생의 지혜를 담은 슈미트의 보이스오버 내레이션이 겹쳐지지요. 이러한 '시청각적 대위법'은 웃음과 교훈을 함께 전달하는 효과적 장치입니다.

모든 성장과정이 그러하듯이, 정년퇴임한 슈미트 앞에는 반드시 거쳐야 할 몇 차례의 통과의례가 놓여 있지요. 평생을 바쳐온 회사에서 퇴직하는 순간 용도폐기 되어버린 것만으로는 충분치 않은 듯 감당하기 힘든 일들이 밀려옵니다. 우선 타고 다니던 차에 시동이 걸리지 않지요. 새파란 젊은이에 이어 차까지 자신을 조롱하는 듯한 기분이 들지요. 갑자기 인생에서 하차 당한 듯한 느낌이랄까요.

슈미트는 하나밖에 없는 딸과도 서먹하고 아내와도 데면데면 합니다. 잠든 아내를 보며 "내 옆에서 자는 이 할망구는 도대체 누구야"라 할 정도입니다. 그래도 화장실을 더럽힌다며 앉아서 소변을 보라는 아내의 요구를 딱 잘라 거부하지도 못하지요.

슈미트는 엔두구에게 쓴 편지에서 속내를 드러냅니다. "사실은,

내게도 이 나이가 늙게 느껴진단다. 내가 거울을 볼 때, 눈 주위에 주름들과 목덜미에 늘어진 살들, 그리고 귀에 난 털, 발목에 정맥이 보이면, 나도 이게 정말 나인지 모르겠단다… 헬렌과 나는 42년째 결혼생활을 하고 있단다. 요즘 들어 매일 밤, 난 계속 같은 질문을 하고 있단다. 도대체 내 옆에서 자고 있는 이 쭈글쭈글한 노인네가 누굴까 하고 말이다…."

여보, 내가 당신이 진정 평생 함께 하고픈 사람이었소?
아니면 내가 실망스러웠어도 애써 내색하지 않은 거요?

그런데 아내가 갑자기 죽는 일이 생깁니다. 그것으로도 모자라 아내의 유품 속에는 아내의 연애편지도 들어있습니다. 아내가 마음 주었던 사람은 슈미트가 그나마 친하게 지내던 친구였지요. 그는 아내의 죽음을 진정으로 위로해주었던 친구이기도 했습니다. 까맣게 모르고 있었던 아내와 친구의 배신에 그의 상실감은 더 깊어지지요.

습관처럼 몸에 밴 검약정신으로, 그는 아내의 장례식에 싸구려 관을 선택하지요. 부부사이가 냉랭했던 탓도 있었겠지요. 이 일로 소원했던 딸과 더 멀어지지만 딸에게 아내의 불륜을 털어놓을 수도 없지요.

딸은 결혼을 앞두고 있습니다. 그런데 사윗감이 도통 마음에 안 듭니다. 물침대를 판다고는 하지만 딱 봐도 불법 피라미드영업인 게 분명하고, 심지어 장인 될 사람에게도 손을 뻗치지요. 평생 성실하게 한 직장을 다닌 슈미트의 성에 찰 리가 없습니다. 하지만 딸은 막무가내입니다.

　이제 아내 대신 딸을 사기꾼 같은 놈으로부터 구해내는 게 슈미트의 목표가 됩니다. 그는 딸의 결혼을 막기 위해 딸의 결혼식에 참석하기로 합니다. 퇴직하면 아내와 함께 여행을 떠나려 했던 차에 홀로 올라 그는 딸이 있는 덴버로 갑니다.

　애틋하진 않았지만 집 안의 가구처럼 늘 버티고 있을 것 같았던 아내는 죽고, 액자 속의, 마냥 예쁘게 미소 짓던 딸은 노골적으로 아빠인 자신을 내치고, 친구마저 아내의 불륜 상대임이 드러나자 허망함, 상실감, 절망감에 일단 떠나는 거죠. 그러나 자신보다 머리숱도 없는 놈팽이와 딸을 갈라놓겠다는 도전은 실패했지요. 사윗감뿐만 아니라 안사돈 될 여자가 자신을 노골적으로 유혹하는 등 사돈 될 집안이 막장인 것도 알게 됩니다. 절박할 때 우아하기는 힘들지요. 그래도 슈미트는 마음에 없는 축사를 하고 딸 부부를 축복합니다.

　딸의 결혼을 끝으로 이제는 정말 홀홀 단신인 슈미트는 천천히 자신의 고향을 둘러보는 여정을 택합니다. 월트 디즈니와 헨리 포드가 되겠다는 어린 시절의 꿈을 가슴 속에 품은 채 진학했던 대학교를 찾기도 하고 미국의 건국과정과 서부개척사를 보여주는 박물관도 방문합니다. 그러나 자신의 어린 시절 집은 이제 타이어 가게로 바뀌어 있으며, 모교에서 만난 후배들의 반응은 그야말로 썰렁합니다.

자네를 용서하네, 레이.
그건 오래전 일이고 나도 완벽한 인간이 아니었으니까.

여보, 내가 당신도 실망시켰소. 미안하오.

  홀로 과거를 돌이켜보며 여행하는 동안 그는 자신을 돌아보게 됩니다. 슈미트는 자신이 다정한 남편도, 모범적인 아버지도 아니었음을 알게 됩니다. 자신이 누군가를 행복하게 해주지도 못했고 자신도 행복하지 못했음을 깨닫지요. 무엇보다 이제 자신이 철저하게 혼자라는 것을 절감합니다.

  영화는 슈미트가 엔두구의 답장을 받는 장면으로 끝납니다. 당신이 행복했으면 좋겠다는 글이 쓰인 그림편지이지요. 그 그림에는 큰 사람과 작은 사람이 손을 맞잡고 있고, 그들의 위에는 커다랗고 노란 태양이 빛나고 있지요. 슈미트는 울컥합니다. 손을 꼭 잡고 자신의 행복을 빌어주는 누군가가 있다는 건 큰 위로가 되지요. 위로는 깨달음과 함께할 때 비로소 진실한 위안이 되겠지요. 슈미트가 엔두구의 그림편지를 받기 직전에 엔두구에게 보낸 편지에서는 그의 깨달음을 볼 수 있습니다.

  톨스토이의 『이반 일리치의 죽음』의 주인공은 어느 모로 보나 괜찮은 삶을 살았지요. 그는 모범생으로 자라 성실하게 회사생활을 하고 결혼하여 자식을 낳아 기르며 일탈 없는, 남들이 부러워할 만한 삶을 살았지요. 그 자신도 그렇게 생각했습니다. 그가 죽음을 앞두고 자신의 영혼과 대화합니다.

  모든 위선과 가식이 불필요해지는 순간이 왔을 때 그의 삶의 모습은 자신이 생각해왔던 것과는 다른 모습이었지요. 조금이라도 좀 더 많은 월급과 승진에 앙앙불락 하며, 20년간 반복적으로 똑같은 일을 하며 똑같은 삶을 살았지요. "산에 오른다고 생각했던 삶"이라고 생각하며 살았는데 "일정한 속도로 산을 내려오고" 있었고 "삶으로부터 멀어지고" 있었던 거지요.

슈미트의 모습이 겹쳐 보이지요. 이반 일리치는 죽기 직전에야 깨달았습니다. 슈미트가 20년 후 죽음을 맞이할지 바로 내일 맞이할지는 알 수 없지요. 살아 있는 매 순간 그가 삶을 겸허하고 찬란하게 살 수 있기를 바라는 마음입니다.

남미 안데스 지역의 케츄아족은 특이한 풍속이 있다고 하지요. 자신의 일생을 자축하는 성대한 잔치이지요. 그러나 고희나 미수처럼 특정 나이나 생일을 기리는 것이 아닙니다. 자신이 살만큼 살았다고 생각하면 친지와 친구는 물론 그간 불화했거나 소원했던 사람들까지 모두 초대하여 성대한 잔치를 벌인다고 합니다. 이 잔치를 위해 평생 저축을 한다고 하지요. 상복 대신 예쁜 옷을 입고 모두 한바탕 즐거운 시간을 보내는, 살아서 치르는 일종의 장례식입니다.

너무 늦지 않은 인생의 어느 시점에 내가 치르는 나의 장례식을 마련해보는 건 어떨까요? 친한 사람들에게 사랑한다고, 고마웠다고 감사를 전하고 또한 소원했던 사람들에게는 진심으로 사과하며 용서를 구하고 앙금을 털어내고 거듭나는 의식이지요. "작은 변화가 일어날 때 진정한 삶을 살게 된다." 톨스토이의 말입니다. 슈미트가 엔두구에게 전하는 진심이 그를 거듭나게 해주길 바라는 마음이 드는 그런 영화였습니다

메멘토
모리

내가 죽기 전에 가장 듣고 싶은 말

The Last Word, 2017

감독   마크 펠링턴 (Mark Pellington)

출연   셜리 맥클레인 (Shirley MacLaine)

       아만다 사이프리드 (Amanda Seyfried)

| 괜찮은 인생이었어, 죽음만 완벽하다면!

내가 만일 한 사람의 애끓는 마음을 달래 줄 수 있다면
내 삶은 헛되지 않으리라
내가 만일 한 생명의 고통을 위로해 주거나
또는 지친 로빈새를 도와
그의 보금자리로 돌아가게 해 줄 수 있다면
내 삶은 정녕 헛되지 않으리라.

– 「내가 만일 한 사람의 애끓는 마음을 달래 줄 수 있다면」, 에밀리 디킨슨(Emily Dickinson)

이러저러한 죽음의 기사를 접하기도 하고 가까운 이들의 부고를 받기도 하는 일이 잦아지면 사람들은 자신의 마지막에 대해서도 생각하게 되지요. "내가 어떻게 기억될까" 하는 생각도 자주 들지요. 호랑이야 어떻게 살았던 탐스러운 가죽을 남기겠지만 사람은 살아온 삶에 값하는 이름을 남긴다고 하지요. 비석에 새겨진 글자가 아닌, 그 이름에 실린 기억을 남긴다는 뜻이겠지요. 드물게 기억 속에서 아름다운 영생을 얻는 이름의 임자도 있고, 반대로 치욕스러운 악명을 남기는 이들도 있지요.

아름답게 잘 가꾸어진 정원과 화려한 저택 등 모든 것을 갖춘 듯이 보이는 나이 든 여성이 밖을 내다보는 장면으로 영화가 시작됩니다. 그녀가 서있는 공간은 그녀의 재력과 사회적 성공을 말해주고 있지만 외로움이 묻어나기도 하지요.

해리엇은 광고기획사를 운영했던 성공한 기업인으로 화려하고

멋진 삶의 주인공이었습니다. 뛰어난 사업수완으로 기업을 일구었고 혼자서도 부족함이 없었지요. 적어도 죽음이 어른거리기 전까지는 그런 듯 보였습니다. 어느 날 수면제 과다 복용으로 죽을 뻔한 뒤 그녀는 우연히 신문의 부고란을 읽게 되지요.

"덕망은 장례식 다음에 향기가 난다." 그녀는 자신이 죽은 후에 덕망의 향기가 날 수 있도록 인생 최대의 비즈니스를 실천에 옮깁니다. 해리엇은 자신이 오랫동안 후원해온 지역 신문사에 찾아가지요. 그리고 부고전문기자 앤에게 자신의 부고를 써줄 것을 요구합니다. 부고는 사람이 죽은 뒤 쓰지만 유명인들의 경우 자신의 부고를 미리 작성하기도 한다고 합니다. 해리엇도 자신의 부고를 미리 써두려 합니다. 모든 것을 자신이 완벽하게 통제하던 깐깐한 보스 기질이 발휘된 거죠.

풋내기 기자 앤이 이 일을 맡게 되고 해리엇은 자신의 지난 삶이 완벽했음을, 잘 살아왔음을 얘기해주는 사망기사를 원합니다. 앤은 해리엇이 건내 준 면담자 리스트를 들고 그녀의 가족, 동료, 주변인들까지 다 만나지만 완벽한 부고에 어울리는 정보를 얻는 데 실패합니다.

> 오만은 다른 사람이 나를 사랑하지 못하게 만들며,
> 편견은 내가 다른 사람을 사랑하지 못하게 만든다.
> – 제인 오스틴(Jane Austen)

"해리엇은 어떤 사람이었나요?" 해리엇의 미용사는 그녀를 '인간 먹구름'이라고, 담당 산부인과 의사는 '분노의 자궁'이라 하지요. 아무도 그녀에 대해 긍정적인 평가를 하지 않고, 혹평과 저주만 하지요. 심지어 신부님조차 정색을 하며 불쾌한 여자라고 손사레를 칩니다. 해리엇은 자신과 주변 사람들이 생각하는 자신의 모습에는 엄청난 간극이 있음을 인정하지 않을 수 없게 됩니다.

은퇴한 지금도 그녀는 자신과 자신의 집을 돌보는 사람들에게 여전히 까칠한 보스로 군림하지요. 조금이라도 미진하거나 못마땅한 점이 보이면 참고 넘어가는 법이 없습니다. 바로 해고하지요. 힘이 들어도 자신이 직접, 그것도 완벽하게 해냅니다. 이제 그녀는 큰 집에 혼자 살고 있지요.

결국 그녀는 본인의 완벽한 사망기사를 쓰기 위해 앤에게 도와줄 것을 제안합니다. 사망기사 작성에 도통 진척이 없자 해리엇은 직접 전국에서 발행된 사망기사를 모아 앤에게 건넵니다. 그리고는 자신이 분석한 훌륭한 부고에 필요한 4가지 요건을 설명합니다. 완벽한 사망기사를 위해서는 고인이 동료들의 칭찬을 받아야 하고, 가족의 사랑을 받아야 하며, 누군가의 삶에 영향을 끼쳐야 하고, 자신만의 와일드 카드가 있어야 한다는 겁니다. 해리엇이 생각하는 와일드 카드는 부고의 도입부에 들어갈 말로 망자를 소개하는 첫 문장이지요. 해리엇은 앤에게 자신의 와일드 카드를 부탁합니다.

처음 두 가지는 적당히 얼버무려 쓸 수도 있겠지요. 그러나 세 번째, 네 번째는 객관적 증거가 필요합니다. 일단 그녀는 세 번째 조건을 충족시키기 위한 프로젝트를 시작합니다. 그녀는 지역아동보호센터를 방문합니다. 그곳에서 한 흑인소녀와 조우합니다. 사회에 대한 불만으로 가득 찬 반항아 브렌다입니다. 브렌다는 할머니뻘인 그녀에게 거침없이 상소리를 내뱉지요. 해리엇은 더 나은 방법으로 불만을 표출할 방법이 있다며 그녀를 설득해서 함께 다니게 되지요.

브렌다를 비롯해서 이곳의 아이들은 대부분 가정에서도 버림받거나 뛰쳐나왔고 제대로 된 교육도 받지 못했지요. 불만과 반항심으로 똘똘 뭉쳐 어떤 호의도 의심하는 그런 아이들이 대부분이지요. 해리엇이 아동보호 센터에 모인 아이들에게 말합니다.

너희들은 위험에 처해 있다면서? 원래 애들은 다 위험해.
위험하지 않은 아이가 있다면 그 아이의 미래는 평범할 걸.
위험을 극복해 나가는 게 인생이야…
너희 스스로에게 이 질문을 해보렴.
너희는 위험을 무릅쓰고 멍청한 일을 하겠니?
아니면 위험을 무릅쓰고 대단한 일을 하겠니?

아동보호센터를 방문해서 한 말 치곤 굉장히 울림이 큰 말이지요. 해리엇이 단지 자신의 부고란을 장식하기 위해 한 말은 아닌 듯합니다. 모든 것에 삐딱하게 반응하던 브렌다에게 그녀의 진심이 가닿습니다.

결코 찾을 수 없을 것만 같던 와일드 카드는 우연히 발견됩니다. 해리엇의 집을 방문한 앤은 그녀의 거실에서 빼곡히 꽂혀 있는 레코드판을 발견합니다. 그녀가 몇 십년간 수집한 유명가수들의 희귀 LP판들이었지요.

해리엇의 음악적 식견을 알아본 앤은 자신이 아는 방송채널을 소개합니다. 해리엇은 당장 자신의 레코드판을 가득 싣고 방송국으로 가서 DJ를 맡고 싶다고 말합니다. 담당 DJ의 음악을 고르는 센스가 영 아니라는 독설도 곁들이지요. 해리엇은 DJ를 맡게 됩니다.

해리엇의 와일드 카드를 위한 방송이 그녀의 말과 함께 시작됩니다.

해리엇 롤러가 아침인사를 전합니다.
그런데 굿모닝의 진정한 뜻은 뭘까요?
좋은 날이 아니라 의미있는 날을 보내세요.
진실되고 솔직한 하루를 보내세요. 정직한 하루를요.
그저 좋기만 한 날이라면 나중엔 비참해질 거예요.
어쨌든 이런 제 생각을 곱씹어보세요.
뭔가 의미 있는 하루가 되길 바랍니다.

좋은 날이 아니라 의미 있는 날은 어떤 날일까요? 아마도 그 차이는 혼자 하는 일과 함께 하는 일에서 비롯되지 않을까요? 혼자서도 하루 종일 재미있고 즐거운 일은 할 수 있겠지만 의미는 누군가와 함께 하면서 비로소 생기는 것 아닐까요?

다른 사람이 그려 놓은 지도에는 네가 가고 싶은 곳이 없어.
너는 너만의 지도를 만들어야 돼.
– 『이상한 나라의 앨리스』, 루이스 캐럴(Lewis Carrol)

영화는 이제 그 답을 찾기 위해 해리엇이 어떻게 자신의 인생을 바꾸는지, 앤이 자신을 버리고 간 엄마에 대한 원망을 버리고, 수필작가로서의 꿈을 이루기 위해 어떻게 변화하는지, 그리고 말썽쟁이 브렌다를 포함한 그들 셋의 우정이 어떻게 진행되는지를 보여줍니다.

실패해 보라고! 눈부시게 실패해 봐!

앤은 20대이지만 별 야망이나 희망이 없이 지역신문에 부고나 쓰며 살고 있지요. 막연히 작가를 꿈꾸며 무언가를 쓰고 있지만 딱히 출판을 염두에 둔 건지 알 수 없을 정도로 쓰기만 할 뿐 누구에게 보여준 적도 없습니다. 하지만 해리엇을 만나면서 앤의 삶도 변합니다.

앤의 습작노트에서 엄마에 대한 그리움을 본 해리엇이 진심 어린 조언을 합니다. "이 글도 좋아. 아주 잘 썼어. 하지만 이건 판타지야. 소녀의 판타지. 넌 다 큰 성인이잖아. 난 네가 현실을 쓰면 좋겠어."

앤은 어린 시절 자신과 아빠를 버리고 떠난 엄마를 마음에서 놓지 못하고 있지요. 앤은 엄마와 지구본 돌리기 놀이를 하곤 했습니다. 지구본을 돌린 뒤 눈을 감고 손가락으로 짚으면 그곳에서 살게 될 거라고 믿으면서요. 앤이 찍은 곳은 스페인의 안달루시아입니다. 앤은 책의 제목도 "안달루시아 나우"라고 정해 두었지요. 하지만 앤은 성인이 된 지금까지 한 번도 해외에 나가본 적이 없습니다. 원하는 곳을 향해 떠날 용기가 없었던 것이지요. 그녀는 정신적으로는 엄마를 그리워하고 동시에 원망하는 소녀에 머물러 있으면서 환상동화를 쓰고 있습니다.

네가 실수를 만드는 게 아니야. 실수가 널 만들지.

진짜 쓰고 싶은 걸 쓰라는 해리엇의 말에 앤은 진심을 드러냅니다. 실수하게 될까 두렵다고 고백하지요. 그러잖아도 별볼일 없는 삶이 무너져 내릴까 두려운 거지요. 해리엇은 말합니다.

실수는 널 더 똑똑하게 하고,
널 더 강하게 하고, 널 더 자립적으로 만들어.
내 딸한테는 절대 못 할 얘기 하나 해줄게.
앞으로 크게 넘어져! 실패해. 어마어마하게 실패해.
실패해야 배울 수 있어. 실패해야 사는 거야.
네 인생은 시작도 안 됐어.

해리엇은 오랜 사회생활로 실패를 극복하고 두려움을 이기며 얻은 깨우침을 앤에게 전합니다. 그녀는 진정한 어른으로 거듭납니다. 사실 이런 일은 현실에서 경험하기는 꽤 힘들지요. 그러니까 영화를 보는 것 아닐까요?

마음에 쏙 드는 자신의 부고를 위해 시작한 작위적인 행동으로 시작된 일이었지만 그 과정에서 해리엇은 실제로도 변하지요. 십수 년간 왕래하지 않던 딸을 찾아가 만나고, 헤어졌던 남편과도 화해합니다. 결벽증도 누그러들었지요. 누군가와 한 침대를 쓸

수 있게 되었으며, 싫은 소리를 듣고도 조금은 참을 수 있게 되었
지요.

최고로 멋진 날이었어요!

해리엇이 딸을 만나고 돌아오다 밤이 깊어지자 해리엇과 앤, 브
렌다는 모텔에 묵기로 합니다. 세 사람은 근처의 호수로 향합니
다. 세 사람은 누가 먼저랄 것도 없이 옷을 벗어 던진 채 물속으로
뛰어듭니다. 한평생 자기 절제와 통제, 긴장 속에 살던 해리엇은
호수에서 엄청난 해방감과 자유를 느낍니다. 브렌다가 말합니다.
"최고로 멋진 날이었어요!"

이후 집으로 돌아온 세 사람은 신나는 음악에 맞춰 함께 춤을 춥
니다. 나이와 사회적 지위, 책임감과 사회의 시선 등을 내려놓은
모습이지요. 그러다 그녀는 조용히 사진 한 장을 꺼내어 거실 서
랍 위에 올려 놓습니다. 바로 앤과 브렌다와 함께 찍은 셀카입니
다. 오직 그녀의 독사진으로만 가득했던 집 안에 다른 사람과 함
께 찍은 사진이 자리 잡았습니다. 그녀에게도 진정한 가족이 생긴
것입니다. 해리엇과 앤, 브렌다가 할머니와 딸, 손녀처럼 보이는
군요. '깊고 좋은 인간관계!' 해리엇의 완벽한 부고에 필요한 바로
그것이었지요.

소파에 앉아 앤과 브렌다가 신나게 춤추는 모습을 보며 해리엇
은 조용히 눈을 감습니다. 그녀는 부고란에 필요한 네 가지 조건
을 충족했습니다. 해리엇은 그녀를 사랑하고, 그녀가 사랑하는 사
람들 속에서 편안한 죽음을 맞이합니다.

　사람은 두 번 산다고 하지요. 인생이 한 번뿐이라는 것, 죽는다
는 것을 깨달을 때 비로소 두 번째 생이 시작되지요. 영화는 해리
엇의 두 번째 생에 관한 것이었습니다. 해리엇이 죽기 전 가장 듣
고 싶었던 말은 무엇이었을까요? 확실한 건 그녀가 세상을 떠날
때 진심으로 슬퍼하고 그녀를 평생 기억해 줄 사람들이 생겼다는
것입니다.

　마크 펠링톤 감독의 〈내가 죽기 전에 가장 듣고 싶은 말〉은 누가
봐도 멋진 삶을 살아온 한 노인의 우울한 뒷모습을 조명하면서 과
연 인생을 어떻게 살아야 하는가라는 다소 철학적인 메시지를 던
집니다. 죽음이 다가올 때 우울함에 빠지지 않고 아름답게 삶을
마무리하려면 어떻게 준비하며 살아야 할까요?

　펠링톤 감독은 "관객들은 영화 속 인물들이 발전하는 모습을 보
는 것을 좋아한다. 그들의 발전하는 모습을 통해 관객 자신들 또
한 더 나은 삶을 살아갈 수 있는 가능성을 확인하는 기회가 되기

빛의 속삭임

때문이다"라 합니다. 그는 또한 "훈계나 설교의 형태를 취하지 않으면서 인간적인 질문들을 작품 속에 담기 위해 많은 노력을 했다"고 밝혔습니다. 그는 "극 중에서 선배 세대의 한 여성이 후배세대의 다른 여성에게 인생의 교훈을 전해주면서 천천히 쌓아 올리는 아름다운 우정을 선보인다"고 해리엇이 맺는 인간관계에 방점을 찍기도 했습니다.

이번 작품으로 각본가로 처음 데뷔한 스튜어트 로스 핑크는 "이야기가 전개되는 범위는 제한적이지만 영화가 던지는 주제들은 매우 포괄적이고 원대하다. 이 영화가 전하는 메시지를 통해 수많은 사람들의 삶에 변화를 일으킬 수 있을 것이다"고 말합니다.

죽음 이야기는 어떻게 살아야 할 것인가 하는 것과 같은 이야기이지요. 한 번쯤 들어보았을 메멘토 모리도 죽음을 기억하라고 하지만 실은 죽음을 기억하며 살라고, 사는 일에 방점이 찍혀 있는 말이죠. 〈내가 죽기 전에 가장 듣고 싶은 말〉은 자신의 부고를 걱정하는 데서 알 수 있듯 죽음이 멀지 않은 시점에서 시작되지요. 삶이 얼마 남지 않았다는 것을 깨달으면 치열하게 살 이유가 생기지요. 카운트다운의 이점이겠지요. 메멘토 모리는 '오늘을 즐기라'는 까르페 디엠(carpe diem)과 동의어이지요. 필히 죽는다가 아니라 어떻게 살다 죽을까, 살아있는 동안 자신의 삶을 반추해보라는 권면인 거죠. 자, 어떤 모습으로 기억되고 싶으신가요?

원더풀 라이프

Wandafuru Raifu, 1998

감독	고레에다 히로카츠 (Kore-eda Hirokazu)
각본	고레에다 히로카츠
출연	오다 에리카
	테라지마 스스무
	요시노 사야카
	나이토 다카시
	타니 케이

| 내가 살아있었다는 증거를 찾고 싶어요

산다는 것
지금 산다는 것
그것은 목이 마르다는 것
나뭇잎 사이로 새어드는 햇빛이 눈부시다는 것
문득 어떤 멜로디가 떠오르는 것
재채기를 하는 것
그대와 손을 맞잡는 것.

– 「살다」, 다나카와 슌타로

까르페 디엠이라는 라틴어 구절이 일상에 널리 회자된지도 꽤 오래되었지요. 오늘을 붙들라는 뜻입니다. 그러나 말처럼 오늘을, 이 순간에 감사하며 행복하게 사는 것이 쉬운 일일까요? 사실 우리가 하는 대부분의 행동이나 일들은 미래를 염두에 둔 행동들입니다. 졸린 눈을 비비며 공부를 하고, 피곤에 지쳐서도 출근을 하고, 없는 돈을 쪼개 적금을 들고, 심지어 마뜩잖은 사람을 참아내고, 마지못해 하는 일도 다 다가올 시간을 위한 것들이죠. 심지어 지상에서의 삶 전체를 영원한 천국, 혹은 다음 생을 위한 준비기간으로 삼기도 하지요. 바로 오늘, 지금 이 순간을 즐기며 사는 것이 중요하다고들 말은 하지만 사실 현재 이 순간을 온전히 만끽한다는 게 범인들에겐 불가능할 듯합니다.

까르페 디엠과 쉽게 짝을 이루는 추억이라는 단어가 난무하는 것도 현재라는 것이 포착하기 힘든 흐릿한 것으로, 지나간 후에야 윤곽을 드러내는 것이어서 아닐까요? 추억은 지나간 현재, 보다 정확히는 지나쳐버린 순간들의 모음이겠지요. 그러나 현재와 추억 사이에는 그 순간에는 몰랐으나 시간과 더불어 알게 된 그 순간의 의미, 나아가 그 순간에 덧붙여진 또 다른 시간의 화학작용이 더해진 기억이 자리하고 있지요.

인간이 지닌 반성적 사고의 능력과 뒤돌아보는 시점의 혜택이 더해져 추억은 대개 그 순간에는 그냥 덤덤했던 일들에 특별한 의미가 덧입혀지기도 하지요. 시간과 더불어 어떤 일들은 단단한 결정이 되어 빛날 수도 있지만 강렬한 기쁨이나 통렬한 슬픔도 시간과 더불어 휘발되어 허무할 정도로 희미해지는 경우도 있지요. 추억에는 아쉬움과 회한, 후회, 그 못지않게 달콤한 설렘과 그리움, 또 뒤늦은 깨달음이 혼재되어 있는 경우가 많지요.

해답 대신 질문을 던지는 영화

고레에다 히로카즈 감독의 영화 〈원더풀 라이프〉는 멋진 인생을 말할 듯한 제목입니다. 그러나 이 달콤한 제목은 의외로 삶의 필멸성과 행복과 구원에 관한 묵직한 주제를 다루고 있지요. 게다가 신과 같은 중간자의 개입이 전혀 없이, 사후세계를 다큐멘터리처럼 만든 작품입니다. 비사실적이라 할 만큼 완벽한 인물도 과도한 플롯 뒤틀기도 화려한 디지털 영상도 없습니다. 이혼, 결별, 죽음 등 신파성이 가미될 요소가 많지만 감정을 강요하지도 않습니다. 그러나 영화를 보고 난 후의 느낌은 의외로 은근하고 여운이 짙습니다.

난 더 이상은 사람들에게 잊혀지는 걸 참을 수 없어요.

고레에다 히로카츠 감독이 그리는 사후세계는 현실세계의 연장
선처럼 보입니다. 단지 그 세계의 인물들이 자신들이 죽었다는 점
을 인지하고 있다는 점이 다르죠. 감독이 그리는 이 사후세계는
일종의 연옥과 같은 곳으로 이곳에서 죽은 자들은 생전에 가장 기
억하고 싶은 단 하나의 기억을 선택하여 그 기억만을 지니고 영원
히 연옥을 떠나게 됩니다.

"가장 달콤한 쾌락과 가장 생생한 기쁨을 맛보았던 시기라고 해
서 가장 추억에 남거나 가장 감동적인 것은 아니다. 그 짧은 황홀
과 정열의 순간들은 그것이 아무리 강렬한 것이라 할지라도 인생
행로의 여기저기에 드문드문 찍힌 점들에 지나지 않는다." 장 그
르니에가 산문집 『섬』에서 한 말이죠. 여기저기 드문드문 찍힌 점
같은 수많은 기억 중에서 어떤 기억을 선택해야 할까요? 천국이
될 수도, 지옥이 될 수도 있을, 단 하나의 기억! 자신이 선택한 단
하나의 행복한 기억만이 반복되는 영원! 다른 모든 기억을 망각의
강에 던져도 좋을 그런 기억! 무한한 우주를 떠돌며 영원을 버티
게 해줄 단 하나의 기억! 여러분이 선택할 기억은 어떤 것일런지
요?

살아있었다는 증거를 찾고 싶어요.

　영화 속에 의미있는 추억을 선택하는 걸 계속 주저하는 와타나베가 나옵니다. 왜 그리 고민하냐는 면접관들의 질문에 그가 답하지요. "살아있었다는 증거를 찾고 싶어요." 마지막까지 고민하던 와타나베가 마침내 영원을 버티게 해줄, 이 세상에 태어나 살았다는 흔적을 증명해줄 기억을 선택합니다. 그가 선택했던 기억은 그리 예쁠 것도 없는, 데면데면 살아온 아내와 여름날 영화를 보고 돌아오던 길에 벤치에 앉아 대화를 나누던 순간이었지요. 한 달에 한 번씩 둘이서 꼭 영화를 보자는 대수롭잖은, 아마도 지키지 못할 약속을 했던 그 순간입니다. 그는 말합니다. "그게 제일 행복했던 순간이었던 것 같아요."

　〈After Life〉라는 영어제목으로 소개되긴 하였지만 감독 자신이 선택한 제목은 〈Wandafuru Raifu〉였고 이 제목이 프랑크 카프라(Frank Capra)의 〈It's a Wonderful Life〉를 염두에 둔 작명이었음은 분명하지요. 두 작품 다 초월적 존재의 도움으로 이렇다 할

빛의 속삭임

삶의 의미를 찾지 못했던 이들이 삶의 숨은 진실을 찾는 이야기이니까요. 그리고 두 영화 모두 특별한 성취나 엄청난 업적에서 삶의 의미를 찾지 않습니다. 오히려 한 사람의 존재의 의미는 타인과의 관계맺음에 있다고 하지요. 〈원더풀 라이프〉에서처럼 〈완다푸루 라이푸〉에서도 내가 타인의 행복이 되는 삶도 '원더풀'한 삶이라고 말하고 있습니다.

영화에는 딸아이가 세 살 때 죽은 아버지 가와시마가 나옵니다. 그는 할머니 밑에서 자라는 딸아이가 성년이 될 때까지 저승에서라도 지켜보기 위해 이곳을 떠나지 못합니다. 아이를 보살피지 못한 죄의식으로 그는 이곳에 온 사람들이 행복한 기억을 지니고 영원으로 떠나는 걸 성심껏 돕지요.

니시무라라는 고운 얼굴의 한 할머니는 별 말이 없이 꽃이나 나무에만 관심을 보입니다. 가와시마는 그 할머니가 무슨 일인지 9살쯤에서 기억이 멈춘 것 같다고 진단하지요. 그럼에도 가와시마는 니시무라 할머니를 위해 정성껏 꽃을 준비합니다. 니시무라는 자신이 영원으로 떠나는 세팅에 필요한 종이 벚꽃을 비닐봉지에 가득 담아 아무 말없이 가와시마에게 건네고 영원으로 갑니다. 이런 미묘한 관계맺기는 저승에서도 의미가 있습니다.

이상한 일이지, 그렇지 않아?
한 사람의 삶이 그토록 많은 다른 사람들 삶과 얽혀 있으니 말이야.
그 한 사람이 없어지면 그는 엄청난 빈자리를 남기는 거야.
– 천사 클라렌스 (It's A Wonderful Life!)

110

모치즈키는 영원으로 떠나지 못하고 몇 십 년째 다른 사람들을 영원으로 보내는 일을 돕고 있지요. 영화는 모치즈키의 비밀을 서서히 드러내며 마침내 그가 영원으로 떠나는 클라이맥스를 향해 진행되고 있는 느낌을 줍니다.

어느 월요일 그는 와타나베라는 인물을 배정받습니다. 그는 성실한 회사원으로 교꼬라는 여자와 결혼하여 평범하게 산 인물입니다. 그런데 그가 좀처럼 행복한 기억을 고르지 못합니다. 모치즈키는 와타나베를 위하여 그의 전 인생을 비디오테이프에 담아 제공하며 그가 인생에서 행복했던 순간을 고를 수 있도록 돕습니다.

모치즈키는 필리핀전선에 배치되었다가 22살에 전사했지요. 살았더라면 와타나베와 거의 동년배입니다. 와타나베와 대화 중에 모치즈키가 '우리'라는 표현을 쓰는 걸 계기로 와타나베와 모치즈키, 그리고 와타나베의 부인 교꼬에 얽힌 비밀이 드러납니다.

와타나베는 모치즈키가 전사한 날짜와 매년 아내가 자신과 결혼 전의 정혼자였던 사람을 기리던 날짜가 같다는 것을 알게 되지요. 모치즈키도 와타나베의 비디오를 보며 그의 아내가 자신의 정혼자였던 교꼬라는 걸 알게 됩니다. 그럼에도 모치즈키는 내색을 하지 않고 와타나베가 행복한 기억을 고를 수 있도록 돕지요. 마침내 와타나베는 행복한 기억을 선택해서 떠납니다. 그리고 모치즈키에게 긴 편지를 남깁니다. 교꼬에 대해 알고 있으면서도 내색하지 않아 자신이 교꼬와의 행복한 기억을 지니고 영원으로 떠날 수 있었다고.

시오리도 망자들이 연옥을 떠나는 일을 도우며 영원으로 떠나길 주저하고 있습니다. 그녀는 모치즈키를 혼자 연모하며 그가 이곳을 떠날까 두려워하지요. 그럼에도 모치즈키와 교꾜의 관계를 알게 된 시오리는 와타나베보다 3년 전에 죽은 교꾜의 자료를 찾아내지요. 모치즈키는 교꾜가 입대 직전 정혼자였던 자신과 공원 벤치에 앉아있던 기억을 선택했음을 알게 됩니다. 1920년대이긴 하지만 입대를 앞둔 연인과 손도 잡지 않고 공원 벤치에 떨어져 앉아있던 그 순간을 영원히 함께하고 싶은 기억으로 선택한 거죠. 모치즈키는 교꾜의 행복한 기억을 자신의 가장 행복한 기억으로 선택하며 영원으로 떠납니다.

그런가하면 평생 성적 쾌락을 찾아 이 여자 저 여자를 전전하던 남자도 있습니다. 그는 쾌락의 절정을 경험했던 순간을 선택했을까요? 그 남자는 관계했던 많은 여자들을 떠올리지만 막상 선택을 주저합니다. 그러다 그는 자신이 감기에 걸렸을 때 쌀을 불려 죽을 쒀줬던 여자를 떠올립니다. 식은 밥에 물을 부어 끓인 죽과는 달랐다지요. 따뜻한 한 그릇의 죽은 돈으로 살 수 없는 따뜻한 배려였고, 그 남자가 성매수자가 아닌 한 인간으로서 존재에 대한 대접을 받은 순간이었지요.

영화에서는 달에 대한 언급이 여러 번 나옵니다. 달을 쳐다보며 참 아름답다고 하지요. 달은 초승달과 그믐달, 온달 등 여러 모습을 보여주지만 달의 모습은 한 가지입니다. 다만 보는 사람의 각도에 따라(영화 속의 표현입니다) 달리 보일 뿐이죠. 이 점을 강조하기라도 한 듯 영화 속에서 여러 개의 거울 같은 소품이 달을 대신하고 있습니다. 죽은 자들이 얼 그레이 맛에 탄복하는 이 곳에서 왜 유독 달은 여러 모습의 유리 조각이 대신할까요? 날짜에 대한 언급도 없으니 꼭 그믐에 그믐달이 보름에 보름달이 뜨는 것도 아닌

듯합니다. 이곳의 망자들이 기록과 기억은 다르다고 말하는 것과
도 관계있지 않을까요?

"영화를 본 사람이 일상으로 돌아갈 때, 그 사람의 일상을 보는
방식이 변하거나, 일상을 비판적으로 보는 계기가 되기를 언제나
바랍니다." 고레에다 히로카즈가 "영화를 찍으며 생각한 것"에서
남긴 말입니다. 2시간 남짓한 영화가 끝나면, 영화 속 주인공들의
인생은 엔딩 크레딧과 더불어 끝나지요. 하지만 우리들의 인생은
여전히 현재 진행형입니다. 현실은 바꿀 수 없지만 그의 영화로
현실을 보는 방식은 바꿀 수 있지 않을까요?

사람들은 왜 현재를 사랑할 수 없는지 모르겠어.

추운 겨울 날 따뜻한 찻잔을 가운데 두고 창가에 앉아 별 말없이
서로를 보기도 하고 창밖을 보기도 하는 지금 이 순간이 바로 영
원을 함께할 그 순간이 될 수도 있지요. 히로카즈 감독은 2016년
영화 〈태풍이 지나간 후에〉에서 한 인물의 말을 빌려 말합니다.
"사람들은 왜 현재를 사랑할 수 없는지 모르겠어. 사람들은 무엇
인진 몰라도 자신들이 잃어버린 걸 끊임없이 찾아 헤매거나… 아
니면 닿을 수 없는 꿈을 찾아 헤매고 있으니 말이야." 지금 이 순
간의 현실을 최대한 충만하게 사는 것! 아마도 고레에다 히로카즈
가 아니더라도 영화에 대해 진지한 생각을 지닌 어떤 감독도 영화
를 만드는 궁극적인 의도이리라는 생각입니다

시크릿 머신이라는 미국의 록밴드는 미국이 이라크에 파병하며 테
러와의 전쟁을 선포했던 당시의 분위기를 "Now here is nowhere."

(지금 여기란 아무데도 없다)라며 시대의 불안과 혼란을 노래에 담았습니다. 본래 "no+where"를 "now+here"로 받아들인 거죠.

『신과 나눈 이야기』를 쓴 닐 월시 역시 'nowhere'를 'now+here'로 받아들이고 있습니다. 그러나 그는 허무가 아니라 천국을 보지요. 그는 "'nowhere'라는 단어의 w와 h 사이를 띄어 쓰자. 그러면 지금 여기서 천국을 볼 것이다"라 합니다.

'nowhere'라는 같은 단어를 두고도 전혀 다른 두 개의 의미를 이끌어 내는군요. 어떤 시인의 말처럼 인생이 지옥의 가장자리를 걷는 일이라 하여도 눈을 들어 하늘을 볼 것인지, 지옥의 심연을 들여다 볼 것인지는 선택의 문제겠지요. 스티브 잡스는 "죽음은 삶이 만든 최고의 발명품"이라 했습니다. 아마 죽음은, 메멘토 모리가 그러하듯, 삶을 변화시킬 수 있는 최대의 동인이 될 수 있기 때문이겠지요. 잡스는 이어서 말합니다. "여러분의 삶에도 죽음이 찾아옵니다. 인생을 낭비하지 말기 바랍니다." 다른 모든 것을 버리고 선택할 수 있는, 영원히 함께하고픈 행복한 기억이 있다면, 혹은 누군가의 행복한 기억 속에 내가 있다면 〈완다푸루 라이푸〉 아닐까요!

차별과
위선

헬프

The Help, 2011

감독   테이트 테일러 (Tate Taylor)

출연   엠마 스톤 (Emma Stone)

제시카 차스테인 (Jessica Chastain)

바이올라 데이비스 (Viola Davis)

브라이스 달라스 하워드 (Bryce Dallas Howard)

옥타비아 스펜서 (Octavia Spencer)

| 흑인여성 차별의 미시사

> 편견은 과거를 어지럽히고, 미래를 위협하며,
> 현재에 다가가지 못하게 만드는 짐이다.
>
> ─ 마야 안젤루(Maya Angelou)

이 영화는 캐더린 스토킷(Kathryn Stockett)이 쓴 소설 『더 헬프』를 원작으로 하고 있지요. 소설은 2009년 출판과 더불어 "새로운 고전의 탄생"이라는 찬사를 받으며 아마존과 뉴욕 타임즈에서 100주 이상 연속 베스트셀러에 오르는 기록을 세우기도 하였습니다. 영화 〈헬프〉는 20세기에도 여전한 인종차별과 아울러 성의 차별 문제를 과하지 않은 방식으로 다루고 있습니다.

헬프는 흑인하녀를 이르는 말입니다. 이들은 흑인으로서 동시에 여성으로서 이중적 차별에 노출되었습니다. 영화는 흑인민권운동의 태동시기에 헬프들이 그들만의 방식으로 차별에 저항하는 모습과 아울러, 지금은 우스꽝스럽기까지 한, 백인들의 차별화 시도를 살펴볼 수 있는 작품입니다.

영화의 배경은 흑인민권운동이 태동하기 시작하던 1963년 남부 미시시피주의 수도 잭슨시입니다. 결혼이 최우선이었던 당시 미국 상류계층의 여성과는 달리 주인공 스키터는 작가의 꿈을 이루기 위해 지역 신문사에 취직합니다. 그녀는 살림살이에 대한 자잘한 질문들에 답해주는 칼럼을 맡게 됩니다. 하지만 살림에 대해 전혀 알 턱이 없는 그녀는 친구의 집에서 가정부로 일하고 있는 흑인하녀 에이블린에게 도움을 요청하면서 서서히 마음을 열며 신뢰를 쌓아가게 됩니다.

에이블린은 평생 17명의 백인아이를 돌본 육아의 베테랑이지만 정작 자신의 아들은 백인이 낸 교통사고로 잃은 사람입니다. 스키터는 이런 아픈 사연을 지닌 에이블린의 삶에 대해 알게 되면서 성인이 될 때까지 자신의 삶의 버팀목이 되어 주었던 가정부 콘스탄틴을 떠올리게 됩니다. 이를 계기로 스키터는 헬프라 불리던 그들의 삶을 글로 쓸 결심을 하게 됩니다.

스키터는 집필을 위한 자료를 모으기 위해 에이블린에게 인터뷰를 청합니다. 하지만 흑인이 자신의 삶을 공개하고 익명으로라도 백인의 행동을 비판하는 것은 그 당시 매우 위험한 일이었기 때문에 거절당하지요. 하지만 곧 여러가지 억울한 사건을 접하게 되면서 에이블린은 스키터의 제안을 수락하고, 때마침 주인이 쓰는 화장실을 썼다는 이유로 부당해고를 당한 동료 가정부 미니도 이에 동참하게 됩니다.

스키터의 시도는 초기엔 난항을 겪지만 당시 흑인민권운동의 지역 총책임자가 살해 당하면서 분노한 다른 흑인가정부들도 참여하게 되지요. 마침내 이들의 생생한 경험이 책으로 출간되어 즉각적으로 베스트셀러가 됩니다. 이들 흑인 헬프들을 고용했던 백인여성들의 비열함과 편협함, 위선과 부도덕함이 백인사회에 코믹한 파문을 일으키면서 뜻밖의 시원한 복수도 하지요.

스키터는 흑인하녀들과 인종을 넘어선 우정을 다지게 됩니다. 그녀들은 일상에서 겪는 수모와 멸시, 차별의 내밀한 이야기를 풀어내어 사실적이고 풍성한 정보를 담은 책이 완성되는 데 결정적 기여를 합니다.

영화의 플롯은 비교적 단순하고 60년대의 패션과 헤어스타일 등을 보는 잔잔한 재미와 더불어 배우들의 뛰어난 연기를 보는 재미도 있습니다. 영화 속에서 화자를 맡은 주인공 에이블린 역의 바이올라 데이비스의 연기와 한 성질 하는 미니의 코믹한 연기는 압권이었지요.

차별의 미시사

원작은 흑인하녀의 세계를 다룬 미시사라고 할 수 있습니다. 미시사는 '줌인'(zoom-in)의 역사 즉, 특정 집단이나 개인의 삶에 렌즈를 최대한 당겨 특정 지역의 독특한 사회, 문화적 조건에 처한 사람들의 생존전략이나 가치관을 면밀하게 관찰하는 방식이지요. 이러한 미시적 접근은 복잡미묘하고 다층적인 인간의 정서와 감정, 욕망과 좌절 등 삶의 전체적 모습을 더 잘 포착해낼 수 있지요. 뿐만 아니라 세밀하게 들여다보는 작은 역사를 통해 바깥에 있는 보다 큰 역사적 흐름에 대한 이해를 높일 수 있는 방법이기도 합니다.

이 작품의 지리적 배경이 남부의 미시시피주라는 점은 매우 중요합니다. 미시시피주는 소위 딥 사우스(Deep South)로 불리는 주입니다. 이 지역에서는 엄청난 노동력을 필요로 하는 목화가 주요작물로 노예에 의지하지 않을 수 없는 경제구조를 지니고 있었지요. 이들 지역은 남북전쟁 후 경제적 타격을 심하게 받았던 지역으로 흑백갈등 문제를 두고 미국의 다른 지역과 첨예하게 대립했던 곳이기도 합니다.

이들 주에서는 소위 짐 크로우 법(Jim Crow laws)이 시행되고 있었습니다. 이 법은 소위 "분리되어 있지만 평등하다"(separate but equal)는 것을 표면적으로 내세우고 있지만 실상은 사회 전반에서 벌어지고 있던 흑인에 대한 열등한 처우를 미화하는 것이었지요.

지리적 배경 못지않게 중요한 것은 1962-1963년이라는 시대적 배경입니다. 그 당시는 흑인민권운동이 막 태동되던 때입니다. 이 영화 속에서도 여러 번 흑인민권운동이 언급되지요. 예를 들어 에이블린이 일을 끝내고 집으로 가는 도중 갑자기 모든 흑인들이 버스에서 강제로 하차를 당하지요. 흑인 한 명이 자신의 집 앞에서 총을 맞아 죽었기 때문입니다.

살해당한 흑인의 이름은 메드가 이버스(Medgar Evers)입니다. 흑인민권운동을 하던 사람이었죠. 1963년 6월 12일의 일이었습니다. 그 바로 몇 시간 전에는 케네디 대통령이 흑인민권에 대한 기념비적 연설을 했지요. 그는 미국이라는 국가와 국민이 "도덕적 위기"에 처해있다고 하면서 흑인의 시민권을 보장하는 법 제정을 촉구했지요. 이후 1963년 11월 22일 케네디 대통령은 암살당하지만 마침내 1964년 흑인민권법(Civil Rights Act)이 제정됩니다.

모든 여자들 전공이 그거 아니겠어? 남편 헌팅 전공.

이 영화는 흑인하녀들에 관한 내용이기도 하지만 여성에 관한 이야기이기도 합니다. 1960년대까지 흑인이나 소수민족들이 차별과 냉대를 받은 것처럼 미국 여성들도 백인남성에 비해 동등한 권리를 누리지 못하였습니다. 물론 흑인에 비해 차별의 방식은 달랐지요. 예를 들어 여성들은 우아함과 정숙, 검소함과 사랑스러움을 미덕으로 교육받았고 가사와 육아, 내조가 여성들에게 기대되는 역할이었습니다. 흑인뿐만 아니라 여성도 일종의 약자였습니다. 주인공 스키터의 엄마는 대학을 졸업한 딸이 취직을 했다고 하자 그야말로 경악과 실망에 몸져 누울 정도이지요. 1960년대에도 미국, 특히 남부에서는 고학력의 여성일수록 결혼해서 가정을 이루는 것이 당연시되었지요.

1960년대 남부는 남성 위주의 사회였고 여성들이 우위를 느낄 대상은 흑인, 특히 가까이서 접하는 흑인여성들뿐이었다고 할 수 있지요. 흑인여성들은 인종과 성이라는 이중의 차별을 받았지요. 〈헬프〉는 인종차별이 여전하고 여성에 대한 편견이 공고했던 남부 상류사회를 배경으로 "분리되어 있으나 평등한"이라는 이중적 가치관으로 자신들의 행동을 옹호하거나, 불의인 줄 알면서도 기존의 가치관에 타협하는 백인들의 위선적인 모습을 담아내고 있습니다.

이들 상류층 여성들이 파워를 행사하는 대상에는 하층계급 여성도 포함되지요. 소위 "백인 쓰레기"(White trash)라 불리는 계층이지요. 당시 여성들에게는 결혼이 유일한 선택지이자 신분 상승, 또는 유지 수단이었지요. 이런 의미에서 하층계급의 여성이 상류층 남성과 결혼한 경우는 이들에게 실질적인 위협, 경계, 질시의 대상이었습니다.

셀리아 푸트가 그런 경우입니다. 상류층 백인여성들의 차별과 따돌림, 모멸적인 행동에 그녀는 자신이 살던 곳으로 돌아가려는 생각까지 하게 되지요. 자신을 진실로 사랑하는 남편이 있는데도 말이죠. 이 집에 가정부로 들어온 미니와 연대하여 그녀가 위선적인 백인여성들에게 통쾌한 펀치를 날리는 장면도 압권이지요.

〈헬프〉는 1960년대 초반이 배경입니다. 공전의 히트작인 〈바람과 함께 사라지다〉의 시대적 배경과 100여 년의 차이를 두고 있습니다. 〈바람과 함께 사라지다〉는 노예를 기반으로 한 남부의 경제적 토대는 물론 경제적 기반에 근거한 남부의 귀족적 문화를 비롯한 모든 것이 바람과 함께 사라졌다고 말하고 있습니다.

그러나 흑인이 노예의 신분으로부터 해방되었다고 해서 흑인에 대한 정치적 차별이나 사회, 문화적 차별이 사라진 것도, 그리고 근본적으로 흑인을 바라보는 백인의 시선이 바뀐 것도 아니었습니다. 영화 전편에서 보여주고 있듯이 구조적, 제도적 차별이 완화되자 보다 은밀하고 개인적 차원에서의 차별이 있었죠. 흑인 헬프들이 일하는 백인 상류층의 집안에서는 터무니없는 차별이 은밀하게 진행되고 있었지요. 불과 50여 년 전쯤의 일이지만 KKK단의 횡포와 흑인테러, 민권운동가 살해 등이 공공연히 일어났고 특히 잭슨은 악명 높은 곳이었지요.

메 모블리: 에이비가 내 진짜 엄마야!

스키터와 힐리를 비롯한 이 영화의 상류층 백인여성들은 흑인 가정부 손에서 자랐고 그들을 엄마보다 더 따르며 자랐지요. 힐리의 경우를 보면 알 수 있지요. 그녀도 흑인 헬프의 손에 컸지만 성인이 되어서는 흑인에게 인종적, 계급적 우위를 행사하지요. 성별과 인종의 차별적 계급이 구조적 폭력으로 악순환 되는 곳이 남부여성의 세계였습니다. 미국 남부는 특히나 가부장적 가치가 공고했습니다. 여성의 사회진출이 용이하지 않았고, 여성들은 남편의 사회적 지위에 기댄 존재였지요. 그들이 좌절과 스트레스를 해소할 수 있는 손쉬운 대상이 헬프였습니다.

영화는 내내 불편한 대사와 행동으로 차별로 얼룩진 사회에 대해 끊임없는 문제제기를 하지요. 마치 숨을 쉬듯 자연스레 일상에 스며있는 차별에 의문을 제기하며 차별을 폐지해야 한다는, 차이가 차별의 근거가 되어서는 안 된다는 메시지를 던지는 영화라고 생각합니다. "강자의 이익이 정의이다"라는 말에 쉽게 동의하는 세상입니다. 그럼에도 불구하고 역사는 약자들의 작은 저항이 불씨가 되어 변화해왔지요.

흥행과 재미라는 두 마리 토끼를 다 잡은 영화이지만 영화에 대한 비판이 없는 것은 아닙니다. 모두에서 설명한 것처럼 이 영화

는 흑인민권운동이 본격적으로 태동하기 시작하던 시기를 배경으로 하고 있습니다. 영화 속에서 미시시피의 잭슨시에서 흑백분리 정책 및, 차별에 맞서 싸우던 메드가 이버스가 바로 자신의 집 앞에서 살해당하는 장면이 나오지요. 원작에서는 스키터 집안의 헬프인 파스카굴라가 이 사건을 목격하며 이야기의 주체로 등장합니다. 그러나 영화에서는 스키터가 이 사건을 계기로 흑인 헬프들을 인터뷰하는 식으로, 백인을 전면에 내세우지요. 이런 식의 플롯 전개에 대해 많은 비난이 있었지요.

에이블린 역의 바이올라 데이비스는 특히 강하게 불만을 제기하였습니다. 그녀는 뉴욕 타임즈와의 인터뷰에서 "결국 이 영화는 흑인하녀들의 목소리를 전혀 전달하고 있지 않다"며 강한 불만을 제기하였지요. 그녀는 이런 이유로 이 영화가 그녀 자신은 물론 흑인들을 배신하고 있다고 여러 차례 유감을 표하기도 했습니다.

특히 영화에서 최고의 악역인 힐리 역의 브라이스 달라스 하워드도 후일 "지금이라면 영화에 출연하지 않을 것"이라 했습니다. 그녀는 "백인의 관점에서 본, 압도적으로 백인화자에 의해 만들어진 작품"이라는 점을 이유로 들며 영화가 흑인들의 저항을 제대로 표현하지 못하고 있고, 따라서 비교육적이라고 항변하기도 했지요.

흑인 헬프들이 보다 주도적으로 차별에 맞서지 않는다든지, 또 이들이 백인아이들을 헌신적으로 돌보는 장면에서는 영화 〈바람과 함께 사라지다〉 속의 흑인하녀처럼 백인에게 무조건적으로 충직한 모습을 연상시키는 불편함이 있는 것도 사실이긴 합니다. 영화 〈헬프〉가 흑인하녀들이 집안일을 돌보던 시절, 혹은 그러한 제도를 지나치게 낭만적으로 묘사하고 있다는 비판을 받는 이유입니다.

영화 속에서 스키터와 그 집안의 하녀 콘스탄틴의 관계도 그러한 예이지요. 스키터는 자신의 어머니보다도 하녀인 콘스탄틴과의 정서적 유대가 훨씬 강합니다. 그녀는 스키터를 정서적으로 지원하고 매사에 조언을 하는 등 그녀를 실질적으로 양육하는 존재일 뿐만 아니라, 나아가 뛰어난 교사의 면모도 보여 주었지요. 순종적이고 충직하며, 적절한 삶의 지혜를 갖춘, 낭만적으로 이상화된 하인이었죠. 콘스탄틴 역을 맡은 배우는 원작 소설 속의 콘스탄틴 역에 대한 묘사가 "정서적으로 고통스러웠다"며 소송을 제기하기도 했습니다.

또 한편으로는 흑인남성에 대한 스테레오타입화된 부정적 묘사도 비판을 받았습니다. 흑인남성은 부재하거나 폭력적이라는 건데요. 미니의 폭력적인 남편의 경우가 그런 예이지요.

그러나 인종문제를 그야말로 불편한 시선으로 다룬 영화들에 비해 〈헬프〉는 대중적 인기를 끌며 잘 알려지지 않았던 흑인하녀들의 문제를 알리고, 우리가 미처 인식하지 못하고 간과하는 차별에 관심을 갖도록 한 것도 사실입니다.

2000년대에 들어서며 흑인문제를 다룰 때 소위 백인 구원자라는 서사의 문제점들이 지적되지요. 백인 구원자는 말 그대로 백인이 흑인의 구원자 역할을 한다는 것입니다. 백인관객을 위해 백인 등장인물들이 나오는 영화를 만들었던 영화사 초기부터 일종의 관행으로 이어져오던 것이었다 할 수 있지요. 흔히 흑인들이 많이 다니는 도심의 위험지대에 있는 학교에서 학생들을 지도하는 백인교사라든지, 흑인운동선수의 가능성을 알아보고 그들의 잠재력을 이끌어내는 백인코치, 억울한 누명을 쓴 흑인 의뢰인을 돕는 백인변호사 등이 그러한 예이지요.

이러한 영화들은 초기에 영화의 완성도와는 별개로 인종문제를 진지하게 다루었다는 평가를 받았지요. 할리우드가 흑인문제에 전혀 관심을 보이지 않을 때 적어도 차별받으며 소외된 흑인의 문제를 다루었으니까요. 흑인들은 자신들의 민권을 쟁취하기 위해 피를 흘리며 투쟁하였지요. 그러나 백인 구원자를 내세우면서 흑인들의 민권은 스스로 쟁취한 것이 아닌, 주어진 게 되었지요. 대중을 주요 타깃 관중으로 하는 영화가 주요 관객층인 백인들의 위선을 적나라하게 정면으로 공격할 수는 없었던 이유도 있었지요.

그러나 시간이 지나며 이러한 영화들은 백인 대 비백인을 대칭구도로 특히 흑인이 백인에게 의존하는 플롯을 지니고 있다는 지적을 받게 됩니다. 또한 조연인 백인이 주연인 흑인을 구원하는 서사를 지니고 있다는 점도 비판받기에 이르렀지요. 〈헬프〉 역시 백인 여성 스키터를 주인공으로 내세움으로써 백인 구원자라는 주제의 테두리를 벗어나지 못했다는 비판이 제기되기도 하였습니다.

핍박받는 소수의 목소리에 초점을 맞추어 그들의 목소리가 더 크게 들려야 한다고 주장하기는 쉽습니다. 그러나 다양한 인종 간의 갈등이 팽배한 상황에서 자신들이 미처 의식하지 못하거나, 알고도 어쩔 수 없는 현실이라며 자신들의 편견을 반성하지 않는 백인들의 모습을 화면에서 보는 것도 의미가 있지요. 영화의 사회적 역할이 이런 것 아니겠습니까? 넌지시 너희 자신을 되돌아보라고 하는 것이죠.

백인 구원자가 등장하는 영화가 비록 인종적 평등에는 못 미치고, 분명 비판의 소지가 있지만 기여한 바가 없지는 않습니다. 백인들이 자신들의 위선과 편견, 안이한 타협을 스스로 살펴보는 계기가 된 것이죠. 그에 못지않은 실질적인 변화가 있기도 했습니다. 영화 〈헬프〉와 더불어 함께 보면 좋을 영화인 〈히든 피겨스〉(The Hidden Figures)나 〈노예 12년〉(12 Years A Slave)에는 유명 배우가 분한 백인 구원자가 등장하지만 주연인 흑인 연기자의 보조 연기자로 등장하는 것을 감안한다면 백인 구원자 캐릭터에도 변화가 있었지요. 백인 제작자나 백인배우가 백인관객들을 위해 영화를 만들던 영화사 초창기의 규범은 나름대로 절실했고 의의가 있었지만 다양성의 시대가 되면서 영화도 다양해지고 있습니다.

이러저러한 비판에도 불구하고 백인 구원자가 나오는 영화가 고질적이고 강고한 인종차별 문제에 작지만 돌파구가 되어준 면도 있습니다. 우선 흑인을 비롯한 비백인 배우들에게 중요한 역할이 주어졌다는 점이죠. 〈헬프〉의 경우 미니 역의 옥타비아 스펜서는 이 영화로 배우 인생의 화려한 2막을 열며 확실하게 이름을 알렸지요.

모나리자 스마일

Mona Lisa Smile, 2003

감독   마이크 뉴웰 (Mike Newell)

출연   줄리아 로버츠 (Julia Roberts)

커스텐 던스트 (Kirsten Dunst)

매기 글렌할 (Maggie Gyllenhaal)

| 미소 짓고 있는 그녀는 행복했을까?

난 내일의 지도자들을 길러내는 곳에 오는 줄 알았어요.
그들의 아내가 아니라.

흔히 여성판 〈죽은 시인들의 사회〉라는 평을 받는 영화입니다. 웰튼 프렙스쿨을 웨슬리 여대로, 열정적인 남성 문학교사를 서부 출신의 여성 미술사교수로 바꾸었을 따름이라 할 정도로 비슷한 포맷을 지니고 있지요. 1년의 기간제 여자강사가 보수적인 여자 대학에 부임하며 벌어지는 갈등을 담은 여성주의 영화입니다.

영화의 시대적 배경은 2차 대전 종전 후 전반적으로 안정을 찾아가는 풍요의 시기였던 1950년대입니다. 미국정부는 참전 후 귀향한 남성들에게 일자리를 돌려주고, 여성들은 가정으로 돌아가 아이를 낳고 살림을 하는 것이 최고의 미덕이라는 가치관을 조장하였지요. 풍요의 시대이자 소위 타자지향적 사회였습니다. 사람들은 각종 매체가 쏟아내는 광고에 열광하고 남들이 사는 모습을 따라하며, 쏟아져 나오는 신식 소비재의 소유와 과시적인 소비에 열광하였던 시대였습니다.

베티: 우리의 어머니들은 자유를 위해 산업현장의 부름에 응했
지만 우리는 우리의 전통을 내일로 이어갈 아이를 양육하
며 가정에서 우리의 위치를 찾는 것이 우리의 의무이자
책임이지요.

1870년에 건립된 웨슬리 여대는 힐러리 클린턴, 매들린 올브라이트 전 국무장관, 장제스의 부인 쑹 메이링 등이 나온 미국 최고의 여자대학이지요. 이 영화의 제작진이 이 대학을 방문했습니다. 그곳에서 제작진은 1956년도 대학연감에 실린 한 장의 사진을 보게 됩니다. "결혼이 최고의 학생을 만든다"는 제목하에 여학생이 한 손엔 책을, 다른 손엔 프라이팬을 들고 있는 사진이었습니다. 주체적인 자아형성과 독립적인 여성이 아니라 좋은 아내, 좋은 엄마, 현명한 가사 담당이 여성의 마땅한 목표가 되어야 한다는 메시지를 담은 사진이었지요. 〈모나리자 스마일〉은 이 사진 한 장이 계기가 되어 철저한 고증을 걸쳐 웨슬리 여대를 무대로 1950년대 미국사회와 문화를 담아냈지요. 영화는 1950년대를 분기점으로 전통을 고수하려는 기성세대와 새로운 시대에 도전하는 젊은 세대와의 갈등을 담고 있기도 합니다.

　영화가 시작되면 미술사교수 캐서린 왓슨이 캘리포니아를 떠나 뉴잉글랜드의 명문 웨슬리여대에 부임합니다. 은근히 동부와 서부를 비교하며 서부에 대한 편견을 드러내기도 하고 서부를 폄하하는 걸 대수롭지 않게 드러내는 곳이지요. 캐서린은 동부의 명문 여대에서 강의할 기대감에 들떠 있지요. 그러나 학생들은 당시 미 동부 상류층 여성들의 보수주의적 가치관으로 똘똘 뭉쳐 있습니다. 그들은 서부에서 온 캐서린의 자유분방한 사고방식을 시험하고 저항합니다.

　이 대학의 새 학기는 독특한 행사로 시작됩니다. 학생대표가 문을 노크하면, 총장이 "밖에 온 여인이 누군가"라 묻습니다. 그러면 학생대표는 "나는 세상의 모든 처녀들입니다"라고 답하는 일종의 개강의식이지요. 여자들에게 공부할 기회를 주겠다는 이 대학의 가치관은 얼핏 평등주의에 기반한 것 같지만, 곧 드러나듯 지독한 가부장적 편견에 사로잡힌 것이지요.

영화 초반 캐서린이 동부로 가는 기차 안에서 슬라이드 필름으로 꺼내 보는 그림이 피카소의 게르니카입니다. 스페인내란을 주제로 전쟁의 비극성을 표현한 피카소의 대표작이지요. 게르니카는 캐서린이 부딪치게 될 고난을 예고해주는 상징이지요.

미국 최고 명문여대의 학생들은 교과서에 나온 고대 알타미라 동굴벽화에 대해선 달달 외우고 있지만, 당대의 거장 잭슨 폴락의 추상화에 대해선 반신반의의 눈길을 보내지요. 캐서린 왓슨은 그들에게 자신의 삶을 자신의 뜻대로, 독립적으로 사는 진취적 여성의 모습을 보여줍니다.

동부 상류층의 명문 여대생들이 서부출신의 노처녀 교수에 저항하는 방식은 독특합니다. 그들은 캘리포니아 출신의 진취적인 미혼 여성교수에게 그녀가 첫 수업에 준비해간 모든 걸 철저히 예습하는 방식으로 기선제압을 시도합니다. 그러나 캐서린이 현대 전위미술의 슬라이드를 보여주며 창의적인 토론을 요구하자 이들의 지식은 곧 바닥을 드러내고 말지요. 대부분 중상류층 가정 출신인 그녀들이 얻고자 하는 교양이란 하버드나 예일대 등 당대의 상류층 남편을 만나기 위한 장식에 불과했던 것이었습니다.

조   앤: 대학을 졸업하면 전 결혼할 예정이예요
캐서린: 그리고는?
조   앤: 그리고는… 결혼해 있겠죠.

보수적인 학교의 방침과 진보적인 교수의 수업방식의 충돌이 비단 캐서린에게만 벌어지는 것도 아닙니다. 그들은 대학신문을 무기로 대학이 지향하는 보수주의적 가치관에 불순한 기미를 보이는 교수들에 대해 마녀사냥도 서슴지 않습니다.

동문회 회장의 딸이자 대학신문 기자인 베티는 여학생들에게 피임교육을 한 것이 무분별한 섹스를 권장했다는 식으로 엮어서 한 여교수를 해고시키기도 했지요. 학생들뿐만 아니라 캐서린이 마음을 주었던 사람들도 그 사회의 주류 가치관에 굴복하여 결국 그녀를 배신합니다. 마침내 캐서린도 그녀의 결혼관 때문에 마녀사냥을 위한 심판대에 올려집니다.

여러 학생들 중에서도 베티는 지성적인 면모가 돋보이는 학생입니다. 그녀는 가장 보수적인 인물의 전형으로 캐서린과 갈등의 양축을 이루지요. 그녀는 매사에 감성보다 이성이 먼저이고, 가부장적인 제도에 철저히 순응하며, 여자는 자고로 현모양처가 제일이라는 전통적 여성관을 고수하는 인물입니다. 그녀는 막강한 부모의 권력을 업고 있는데다 뛰어난 글솜씨로 대학신문의 편집장이기도 합니다. 이를 바탕으로 여론몰이에도 뛰어난 능력을 발휘합니다.

이외에 명석한 두뇌의 소유자로 법학을 전공하는 조앤, 자유분방하고 반항적인 아웃사이더로 시대를 앞질러 프리섹스 물결에 빠진 지젤, 뛰어난 첼리스트이지만 남녀관계에는 숙맥인 콘스탄스 등이 캐서린이 만나는 대표적인 학생들입니다. 이들은 각기 개성은 다르지만 모두 결혼만이 여자 인생의 최고 목표라고 믿고 있지요.

자신의 의지와 주관이 뚜렷한 캐서린은 똑똑하고 능력있는 상류층 여대생들이 진부하고 보수적인 가치관을 답습하며 오로지 결혼을 최고의 목표로 삼고 있다는 점에 놀랍니다. 이들이 받는 교양강좌는 에티켓과 훌륭한 내조법 등 그야말로 신부수업이라 할 수 있지요.

재학 중에 명문가 아들과 화려한 결혼식을 올리는 베티는 모두의 선망의 대상입니다. 그녀는 결혼과 더불어 학업을 뒷전으로 제치고 당시로는 최첨단의 가전제품을 사들여 자랑하며 남들이 부러워하는 주부의 일상으로 바쁘지요. 수업은 뒷전입니다. 조앤 역시 예일대 대학원에 합격하고도 남편을 따라 학업을 포기하고 필라델피아로 가기로 결정합니다.

미소를 짓고 있는 모나리자는 과연 행복했을까요?

시간이 흐른 후 조앤은 자신의 선택이 옳았다며 미소를 지을 수 있을까요? 베티는 어떨까요? 그녀는 결혼 후 자신을 만지지도 않는 남편에 절망합니다. 자신이 맹신했던 가치관에 철저히 배신당한 경우이지요. 결국 그녀는 집안의 반대에도 불구하고 이혼을 선택하게 됩니다. 타인의 눈에 아름다운 삶과 결별하고 진정으로 자신을 향해 흐뭇한 미소를 지을 수 있는 그런 삶을 찾기 위해서지요.

캐서린은 최고의 학부를 나온 수재들이 수학과 물리학 지식을 좋은 세제를 고르거나, 다리미대 높이를 정하는 데 쓰며, 좋은 속옷을 고르는 데 쓰는 모습을 보게 됩니다. 그녀는 현모양처의 모습을 강조하는 광고사진들을 교재로 쓰며 현모양처 양성을 교육

목표로 하는 명문여대의 모습을 비판합니다.

그녀는 교과서의 기존 미술지식을 외우는 것으로 죽은 지식을 통달하고 그것에 안주하던 학생들에게 새롭게 대두되던 추상미술 등 현대미술을 소개합니다. 학생들에게 자유롭고 창의적인 생각을 이끌어 내려는 시도였지요.

캐서린: 예술이란 무엇이죠? 예술의 좋고 나쁨을 가르는 게 무엇이죠, 그리고 누가 그걸 결정하나요?

그림은 완고한 가부장적 가치관에 다른 가치관의 가능성을 열어주는 창으로 작용합니다. 캐서린이 보여주는 그림 중 인상적인 것이 미국의 추상화가 잭슨 폴락(1912~1956)의 '연보랏빛 안개'라는 작품입니다. 거대한 캔버스에 물감을 무질서하고, 어지럽게 뿌려 놓은 듯한 추상화입니다. 캐서린이 갤러리에서 이 그림을 보여주자, 정물화처럼 단정하게만 커 온 학생들은 도저히 무슨 그림인지 이해할 수 없다고 말하지요. 그러자 캐서린은 "아무 말도 하지 말고 그림만 보라"고 말합니다. 주입되고 강요된 것이 아닌, 자신만의 느낌, 자신만의 시선으로 세상과 자신을 보는 법을 일깨워주기 위한 것이지요.

잭슨 폴락은 1950년대 미국뿐만 아니라 세계적으로 센세이션을 일으킨 진보적인 화가이지만 보수진영으로부터 거센 배척을 받았지요. 캐서린은 폴락의 작품을 통해 다른 세계를 보라고 권유합니다. 〈모나리자 스마일〉에는 폴락 외에도 파블로 피카소, 빈센트 반 고흐 등 당대에는 크게 인정받지 못했지만 시간이 지날수록 위대한 예술가로 평가받는 화가들이 등장합니다.

모나리자의 미소는 무엇을 뜻하는 것일까요? 캐서린이 모나리자를 보여주자 학생들이 서로 다른 생각들을 드러냅니다. 가장 보수적인 성향의 베티는 인형처럼 살아온 자신을 돌아보며 모나리자와 오버랩 시킵니다. "그림 속의 그녀처럼 행복해 보이기만 하면 되는 건가요? 보이는 그대로가 다는 아니예요. 그녀는 행복할까요?" 그녀는 남에게 보여지는 삶이 중요한 것이 아니라는 사실을 비로소 깨닫게 되었지요.

50년대 미국은 외형상 경제적 풍요와 새롭게 쏟아지기 시작한 각종 소비재가 넘치는 지상낙원으로 여겨졌지만 사실은 여성이나 흑인 같은 타자들에 대한 미묘한 억압과 편견이 숨겨져있던 시대였습니다. 모나리자의 스마일이 여성에게 가해진 억압의 상징이라면 모나리자처럼 옅은 미소를 짓던 줄리아 로버츠가 영화의 마지막 장면에서 이를 드러내며 활짝 웃는 모습은 저항의 제스처라고 할 만합니다. 〈모나리자 스마일〉은 50년대를 배경으로 하지만 21세기에도 여전한, 여성을 비롯한 모든 약자와 타자를 향한 억압에 맞서며 "진정한 인간성이란 바로 변화하려는 몸부림, 혼란된 모순, 실패하는 용기"에 있다고 말하는 듯합니다. 영화보다 영화의 메시지가 더 매력적인 영화가 〈모나리자 스마일〉입니다.

파워 오브 도그

The power of the Dog, 2021

감독	제인 캠피언 (Jane Campion)
각본	제인 캠피언
출연	베네딕트 컴버배치 (Benedict Cumberbatch)
	커스텐 던스트 (Kirsten Dunst)
	제시 플레몬즈 (Jesse Plemons)
	코디 스밋 맥피 (Kodi Smit-McPhee)

| 파멸을 부르는 말할 수 없는 비밀의 무게

내 영혼을 칼로부터 구원하시고
내 사랑을 개의 힘으로부터 구하소서.

〈파워 오브 도그〉는 검은 화면에 "엄마를 돕지 않으면 난 사내도 아니지"라는 미스터리한 문구 위로 아빠가 돌아가신 후에 엄마의 행복을 바란다는 소년의 보이스오버가 중첩되며 시작됩니다. 특별한 감정이 묻어있지 않은 건조한 목소리는 시작과 더불어 영화의 서늘하고 음울한 분위기를 예상케 하지요.

영화의 배경은 1차 세계대전이 끝난 직후인 1925년, 미국 서부의 몬태나주입니다. 우리에게 대중문화를 통해 익숙한 카우보이 시대의 끝자락인 시점입니다. 말과 자동차가 공존하는 시대였지요. 세계적으로도 구체제가 막을 내리고 자본주의 시대로 전환되는 시기였습니다.

이곳에서 필과 조지 형제는 거대한 규모의 목장을 운영하고 있습니다. 필은 언뜻 카우보이의 전형처럼 보입니다. 그는 1500마리나 되는 소를 맨손으로 혼자 거세하는 거친 서부사나이입니다. 언제나 카우보이 복장을 하고 담배를 입에 달고 사는 인물이지요. 그는 의리와 동료애를 항상 강조하며 대농장주로서 위압적인 행동을 보이며 주변인들을 통제하려는 모습을 보입니다.

반면에 동생 조지는 외양도 형과 다르지만 늘 단정한 양복을 입고 차를 몰고 다니죠. 말을 탈 때조차도 검정색 양복에 중절모를 쓰고 있습니다. 성격도 유순하고 인내심도 많고 형과 달리 깔끔한 성격입니다. 그는 불 같은 형의 성격을 잘 참아내며 목장일보다는 관련된 외부 일을 주로 담당하고 있지요.

언뜻 이 두 형제는 문명과 야만, 백인과 인디언, 대 목장주와 갓 이주한 사람들, 법 집행자와 불법자, 동부와 서부 등 이분법적 갈등 구도를 지닌 전형적인 서부극의 인물들처럼 보입니다. 그러나 심지어 고전 서부극에서도 표면적인 갈등은 보다 깊은 갈등의 원인이 복잡하게 얽혀 있지요. 이 형제들의 삶에 로즈와 그의 아들 피터가 끼어들며 이들 모두의 삶은 예상치 못한 감정과 힘의 소용돌이에 빠지게 되지요.

이 영화의 서사를 입체적으로 이끌어 가는 숨은 힘은 등장인물들의 겉으로 드러나는 외면의 모습과 숨겨진 내면의 모습 사이의 긴장감입니다. 필은 대규모 농장을 감독하는 카우보이이자 압도적인 카리스마로 리더의 역할을 맡고 있지요. 그러나 마초적인 외향과는 달리 그는 예일대학에서 고전문학을 전공한 엘리트입니다. 수준급의 밴조 연주를 하기도 하지요. 그는 그야말로 저택이랄 수 있는 큰 집에서 동생 조지와 트윈 침대를 두고 비좁은 방에서 함께 지냅니다. 그와 조지의 관계는 집착인지, 가부장으로서 동생을 보호하려는 건지 모호합니다.

조지는 자신과 정반대 성향의 형과 그런대로 참고 지내다 마을 레스토랑의 주인 로즈에게 반하게 됩니다. 그는 가족들에게 알리지도 않고 로즈에게 청혼하고 둘만의 결혼식을 올린 후 로즈를 형과 함께 사는 집으로 데려옵니다.

조지의 예상치 못한 선택에 필은 과도하게 예민한 반응을 보입니다. 로즈는 그야말로 필의 잠자리를 차지한 인물입니다. 그러나 조지는 더 이상 묵묵히 인내하던 동생이 아니지요. 필은 과거에 연연하며 예전의 동생 조지를 기대합니다. 그러나 조지는 새로운 인연에 눈물을 흘릴 정도로 로즈와의 결합에 진심입니다. 조지를 뚱보, 멍청이라고 대놓고 폄하하면서도 조지의 귀가가 늦으면 안절부절못하며 애증을 보이던 필은 이제 로즈와 그녀의 아들 피터를 공격대상으로 삼게 됩니다.

로즈는 의사였던 남편이 자살로 생을 마감한 후 마을에서 식당을 운영하며 살았습니다. 그녀는 조지의 청혼을 받아들여 필과 조지가 함께 사는 저택으로 옵니다. 그녀는 필과 대면하는 첫 순간부터 필의 공격을 받습니다. 필의 눈에 그녀는 돈 많은 남자를 유혹한 창부에 불과합니다. 조지가 외로운 로즈를 위해 피아노를 선사합니다. 조지는 사업상 중요한 손님들을 초대하여 로즈를 소개하고 그녀의 피아노 연주도 자랑하려 합니다. 그러나 거의 가스라이팅이랄 수 있는 심리적 괴롭힘으로 로즈는 제대로 피아노 연주를 못 하게 되지요. 로즈는 조지의 아내이지만 이 집의 실질적인 권력자인 필에게 철저히 무시당하면서 점차 술에 의지하게 됩니다.

로즈가 필의 집요한 정신적 괴롭힘 속에 허물어지던 중에 의대에 진학한 그녀의 아들 피터가 방학을 맞아 이 집에 오게 됩니다. "엄마를 돕지 않으면 난 사내도 아니지"라는 보이스오버의 당사자입니다. 피터와 필은 만난 적이 있는 사이입니다. 필의 무리가 로즈의 식당을 찾았을 때 마침 피터가 식당일을 돕고 있었지요. 피터는 정성껏 만든 종이꽃으로 식당을 장식하고 열심히 손님접대를 합니다. 그러나 필은 호리호리한, 갸냘픈 몸매의 피터를 미스 낸시라고 조롱하고 급기야 그가 만든 종이꽃으로 담뱃불을 붙이기도 하지요.

표면적으로 필은 자신의 남성성을 온 몸으로 드러내는 전형적인 서부사나이처럼 보입니다. 거친 카우보이들을 이끄는 수컷 우두머리가 필의 모습입니다. 이런 그의 모습은 마초 코스프레를 하는 듯 때로 과해 보이기도 합니다. 과장된 남성성에 집착하는 그의 모습이 실은 억눌린 욕망을 포장하기 위한 것임이 드러납니다. 자신의 정체성을 극도로 억압하고 있는 자신과 달리 주변의 시선에 아랑곳하지 않는 듯한 피터는 그에게 용납할 수 없는 대상이었지요.

피터와 필, 이 두 사람은 겉모습으로는 남성성의 극단과 여성성의 전형을 보여주는 인물로 보입니다. 피터는 카우보이 부츠가 아니라 하얀 테니스화를 신고 다니는 샌님 같은 소년입니다. 그 또한 숨겨진 내면과 외양의 간극이 큰 인물이지요. 그는 과거에 목을 매 자살한 부친의 시신을 직접 수습하기도 한 인물입니다. 그는 다친 토끼를 쓰다듬는 듯하다 한 번에 목을 꺾어 죽이지요. 그는 우연히 집 안에 뛰어들어온 토끼를 아무런 표정의 변화도 없이 해부하기도 합니다. 토끼에게 주려고 당근을 들고 들어온 하녀가 경악하는 모습은 그의 숨겨진 이면과 겉모습의 괴리를 보여주지요.

피터는 엄마가 필의 정신적 학대 속에 술로 허물어져 가는 모습을 보며 엄마를 지키기 위해 필에게 접근하지요. 그럴수록 로즈는 자신의 아들을 필로부터 보호하려고 애쓰지요. 아마도 그녀는 필과 피터의 성적 성향을 어렴풋이나마 눈치채고 있었겠지요. 피터는 엄마를 안아주며 말합니다. "엄마 걱정하지 마. 내가 다 알아서 할게." 아들이 힘들어하는 엄마에게 무심코 한 듯한 이 한마디가 이 순간부터 영화의 플롯을 이끌어가게 됩니다.

〈파워 오브 도그〉는 네 명의 인물들이 밧줄처럼 서로 얽히고 꼬이는 이야기입니다. 밧줄은 피아노와 더불어 이 영화의 가장 압도적인 이미지입니다. 피터와 필! 이름도 비슷한 피터와 필은 예상치 못한 방식으로 얽히게 되지요.

이 영화에 등장하진 않지만 강력한 존재감을 발휘하는 인물이 있습니다. 브롱코 헨리입니다. 필은 지속적으로 그를 언급하지요. 브롱코 헨리는 이들 형제가 오늘날 거대한 목축업자로 성공하는 데 도움을 준 스승과도 같은 인물입니다. 하지만 필이 그를 그리워하는 모습은 단순히 정신적 스승을 넘어 애정의 대상인 듯이 보입니다.

영화의 배경이 되는 1925년은 전형적인 서부영화의 배경이 되는 시기이기도 하지요. 게리 쿠퍼와 존 웨인으로 상징되는 남성다운 남성이 시대의 아이콘이었던 때였습니다. 필은 카우보이들의 우두머리로 살며 '진짜' 남자 브롱코 헨리를 우상으로 여깁니다. 이 둘은 개인적으로 긴밀하게 얽힌 과거가 있지요.

필이 채 성인이 되기 전에 추운 겨울에 일어난 일입니다. 필이 황야에서 길을 잃고 위험에 처했을 때 브롱코 헨리가 그를 구해주었고 둘은 같은 침낭에서 서로의 체온으로 몸을 녹여 살 수 있었다는 겁니다. 그런데 두 남자가 몸을 섞었던 기묘하고 짜릿했던 경험은 필의 인생 전체를 관통하게 됩니다. 앞서 언급했듯이 그가 입에 물고 있던 거세용 칼을 빼들고 혼자 1500마리나 되는 소를 거세하는 장면은 그가 자신의 남성성을 과시하며 동시에 거세하는 이중적 아이러니를 지닌 장면으로도 보입니다. "남성성에 대한 치명적 집착이 그를 옥죄는 감옥"이 되지요. 남성성에 대한 카우보이의 신화와 동성애 코드가 복잡하게 얽혀 있음을 이해해야 겨우 필을 이해할 수 있을 듯합니다.

필은 피터와 조우하면서 마초적 외피 이면에 숨겨왔던 동성애적 성향을 드러내게 됩니다. 필이 겉으로 과시하는 사내다움도, 피터의 여성스러운 외양 속에 숨긴 사내다움도 왜곡된 남성성에 대한 집착이지요. 남성성과 섹슈얼리티에 대한 편견과 집착이, 마치 탄저균처럼, 독성이 되어 파국으로 치닫습니다.

1925년도 몬태나주라는 영화의 배경이 심상치 않지요. 100여 년 전, 외진 극서부에서 성적지향에 대한 사회, 문화적 편견과 차별은 상상을 초월하는 것이었습니다. 〈파워 오브 도그〉의 영화적 파급력은 인물과 세계와의 갈등이 당시의 시대상과 결부되며 확장됩니다. 무시하고 조롱해 마지않던 피터의 여성스러움이 숨긴 사내다움은 칼이 되어 필을 겨눕니다. 필의 사내다움도 피터의 여성스러움도, 모두 왜곡된 남성성이지요. 그 왜곡된 남성성이 1925년 몬태나 농장의 비극을 잉태합니다. 과연 그 비극은 1925년 미국만의 것일까요?

혐오의 기원에는 정작 그 혐오대상에 대한 애증이 자리하고 있지요. 제인 캠피온 감독은 필이라는 인물을 통해 집요하게 그 혐오의 실체에 주목합니다. 필에게 로즈는 자신의 정체성을 억압하면서까지 이루어 낸 공동체를 위협하는 '개'의 세력이지요.

필: 다른 남자를 향한 남자의 감정도 진정한 것일 수 있지.

필은 주위 사람들에게 철저하게 자신을 은폐합니다. 피터와 만나기 전까지는 위장에 성공적이었지요. 그는 가끔씩 거친 카우보이 무리에서 홀로 떨어져 나와 자신만의 비밀 장소에서 브롱코와의 사연이 깃든 스카프로 자신의 벗은 몸을 애무합니다. 피터는 필이 숨겨둔 잡지에서 필이 칭송하던 전설적 카우보이 브롱코 헨리의 나신을 보게 되지요. 필의 강렬한 남자다운 카리스마와 공격성이 그의 억압된 욕망에 대한 반작용이었음을 짐작하게 하는 장면입니다. 피터는 필의 숨겨진 아이덴티티를 확신하는 순간 담배를 나눠 피우며 그와 교감을 시도합니다. 서부극에 흔한 전형적인 남성적 연대처럼 보이기도 합니다.

제인 캠피언 감독은 이 장면에 대해 러브씬이라고 표현하고 있지요. 남성성의 전형처럼 보이던 남자 필이 자신의 가장 내밀한 감정을 섬세하게 드러내는 장면에서 그는 말합니다. "한 남자의 다른 남자에 대한 감정도 진정한 것일 수 있지. 나와 브롱코 사이가 그랬어. 나 자신도 혼이 나갈 정도로 놀랐으니까." 필이 말하고 피터는 듣고 있습니다. 어쩌면 이 순간만은 사랑이었을지도 모릅니다.

필의 비밀공간에 들어간 뒤 피터와 필은 서로 교감하며 친해집니다. 필이 밧줄 만드는 법을 알려주고, 같이 말을 타고 나가기도 하고, 심지어 필은 피터를 브롱코 헨리가 쓰던 안장에 앉히기도 하지요. "이건 브롱코 헨리의 안장이지. 내가 아는 가장 위대한 카우보이였던"이라 설명합니다. 이제 필은 자신이 브롱코 헨리가 되어 피터와의 관계를 이어가기를 바라지요.

필은 자신의 비밀을 이해하는 듯한 피터에게 호의를 보입니다. 필과 피터는 앞산에서 커다랗게 입을 벌리고 있는 개의 형상을 보게 됩니다. 피터가 아가리를 벌린 개의 형상을 알아보는 순간, 필은 피터를 브롱코 헨리와 자신으로 이어지는 같은 무리로 보게 되지요. 필은 피터를 통해 브롱코 헨리와 자신의 관계를 부활시키려는 욕망을 감추지 못하고 드러냅니다. 하지만 필이 피터를 호의로 대하자 로즈의 불안감은 더욱 증폭되고 피터는 엄마를 구하려는 자신의 계획을 보다 적극적으로 진행하게 되지요.

브롱코 헨리와 필 자신 외에는 아무도 인식할 수 없었던 개의 이미지는 금기로 꼭꼭 밀봉되어 있던 시대적 편견에 대한 보편적인 두려움을 상징하는 듯합니다. 그 당시에 동성애적 성정체성을 가진 인물이라면 세상의 시선이 마치 사냥감을 잡아먹으려고 입을 벌리고 달려드는 개처럼 느껴졌을 수도 있었겠지요.

이 영화의 주요 등장인물은 모두 밧줄과 연관이 되어있습니다. 브롱코 헨리가 필에게 밧줄 만드는 방법을 알려주었고 이 밧줄은 필에게 두고두고 브롱코 헨리를 추억하는 수단이지요. 필이 밧줄에 집착하는 이유이지요. 또한 밧줄은 피터의 아버지 고든 박사가 자살에 사용한 도구이며 피터 본인이 그 밧줄을 자른 인물입니다.

어느 날 로즈는 필이 밧줄을 만들기 위해 모아 두었던 가죽을 인디언들에게 강박적으로 팔아 넘깁니다. 필은 당연히 엄청나게 분노하지만 이 일은 중요한 전환점이 됩니다. 피터는 필에게 자신이 지니고 있던 가죽을 건네고 이 일로 필과 피터가 급속도로 친해지지요. 필은 피터에게 밧줄 꼬는 법을 가르치기도 합니다.

필은 피터에게 새로운 안정감을 느끼며 그와 브롱코 헨리와의 관계를 재현하려고 하지요. 피터 역시 필과의 교감을 통해 둘의 사이가 나아지는 모습을 보여줍니다. 피터와의 교감에 확신을 가지게 되자 필은 피터에게 받은 가죽으로 그에게 줄 밧줄을 만듭니다. 밧줄을 통해 필은 피터와 이어지기를 바라지요. 그러나 피터는 이 밧줄을 필을 옭아매어 파멸시키는 도구로 사용합니다.

피터가 건넨 가죽은 그가 탄저병에 걸려 죽은 소를 애써 찾아서 조심스럽게 갈무리해 놓았던 것입니다. 엄마를 지키기 위한 피터의 계획의 일환이었지요. 필은 탄저균이 묻은 가죽으로 밧줄을 만들다 감염되어 죽음에 이르게 되지요. 이 치명적 밧줄은 로즈도 연관되어 있다 할 수 있습니다. 애초에 필의 허락 없이 가죽을 처분한 사람이 로즈이니까요.

영화의 제목 〈파워 오브 도그〉는 "내 영혼을 칼로부터 구원하시고 내 사랑을 개의 힘으로부터 구하소서"라는 성경에서 따온 구절입니다. 토머스 새비지(Thomas Savage)의 원작 소설인 『파워 오브 도그』는 출판 당시에는 필과 피터의 관계가 뚜렷하게 선악을 상징한다고 보았지요. 성경에서 개의 존재가 악을 상징하는 대표적인 이미지인 까닭도 있겠지요.

이러한 해석이 쉽게 받아들여지는 것은 작가 자신의 실제 삶이 소설에 녹아있기 때문이기도 합니다. 토머스 새비지의 다른 소설들처럼 〈파워 오브 도그〉 역시 작가의 가족사가 짙게 드리워져 있습니다. 작가의 어머니는 그가 어릴 때 이혼한 후 부유한 목장주와 재혼했습니다. 새비지는 어머니를 따라 몬태나주로 이주했지요. 소설 속의 조지는 그의 새아버지가 모델이며, 필은 새아버지의 둘째 형 에드가 모델입니다. 새비지의 큰아버지인 그는 재혼한 동생의 부인인 작가의 어머니를 교묘하게 모욕하고 괴롭혔지요. 소설가가 된 새비지는 이 인물을 사악한 인물로 그리면서 문학적 복수를 합니다.

그렇지만 과연 필이 순수 악이고 피터가 선이라고 말할 수 있을까요? 필은 철저하게 자신의 본 모습을 가린다는 점에서 이중적인 인물입니다. 부유한 엘리트이자 남성미 넘치는 무리의 우두머리로 두려움과 존경의 대상이지만 약한 상대방을 무자비하게 조롱하고 괴롭히는 데도 주저함이 없지요.

그러나 필은 동성애자로 대표적인 사회적 억압과 탄압의 대상입니다. 보수적인 1920년대 미국사회에서 동성애를 드러내는 것은 사회적 죽음을 자초하는 것이지요. 위생관념이 철저했던 필이 탄저병으로 죽은 것으로 판명되며 그는 사회적 죽음은 피했지만 금기시된 사랑의 덫에 빠지며 어이없는 파멸을 맞게 되지요.

밧줄은 억압과 동시에 유대의 상징일 수도 있습니다. 필은 밧줄이 브롱코와 자신을 이어주었듯 피터와도 이어지길 기대했지요. 필이 피터에게 주기 위해 맨손으로 가죽을 애무하듯 주무르며 밧줄을 꼬는 장면은 상징적이지요. 필은 자신에게 다가와 자신의 깊은 내면을 알아준 인물에게 진심을 다합니다.

제인 캠피온은 극찬을 받았던 전작 〈피아노〉에서도 인간의 순수한 감정은 결코 억누를 수 있는 게 아니라는 걸 그렸지요. 영화 제목 개의 힘은 악의 힘이라기보다 인간을 파괴하는, 통제할 수 없는 깊은 충동에 가까운 듯합니다. 필은 마지막까지 자신이 완성한 밧줄을 피터에게 주기 위해 애를 쓰지만 허망하게 밧줄을 놓을 수

밖에 없었습니다. 금지된 사랑을 갈망하는 것만으로도 파멸에 이를 수 있다는 은유인 듯합니다.

피터의 기억 속에 밧줄은 자신의 아버지를 죽게 한, 죽음을 떠올리는 올가미였지요. 피터는 필이 마치 브롱코의 살결이 닿는 것을 회상하는 듯, 자신과 그러한 관계를 상상하는 듯, 맨손으로 밧줄을 꼬는 모습을 지켜봅니다. 그것은 자신이 힘들여 찾아 건넨, 탄저균에 오염된 가죽이었지요. 피터에게 밧줄은 억압과 증오의 올가미입니다. 그는 이 올가미로 개의 세력으로부터 자신의 엄마를 구하겠다고 다짐하고 그 다짐을 이루어 내지요. 〈파워 오브 도그〉의 마지막 장면에서 피터는 필이 만들었던 밧줄을 장갑을 끼고 만지고 있습니다. 그리고 그 밧줄을 조심스레 자신의 침대 밑에 두지요. 그에게 밧줄이 단순히 죽음의 도구 그 이상인 듯이 보이죠.

개는 누구? 혹은 무엇일까요?

필이 죽은 후 피터는 자신의 방 침대에 걸터앉아 성경책을 펴고 시편의 "내 영혼을 칼로부터 구원하시고 내 사랑을 개의 힘으로부터 구하소서" 부분을 읽고 있습니다. 성경을 읽는 장면에 이어 피터는 창문으로 필의 장례식에 참석하고 돌아오는 로즈와 조지를 봅니다. 그들의 행복한 포옹을 보며 피터는 옅은 미소를 짓습니다. 표면적으로 필이 개의 힘이고 그가 죽음으로써 나머지 사람들을 죽음에서 구해 냈다는 해석이 가능하지요.

그러나 성경에서 시편 22장은 다윗이 하나님에게 구원을 호소하는 내용입니다. 앞서 시편 16장에서는 "개가 나를 둘러싸고, 사악한 자들의 무리가 나를 조여오며, 그들이 나의 손과 발을 물어 뜯는다"고 하지요. 소설에서는 보다 명확하게 피터의 입을 통해 "이제 그 개는 죽었다"고도 합니다. 피터를 구원자 예수로 보는 해석과 상통하지요. 그러나 성경에서는 하나님에게 구원을 호소했다면 피터는 스스로 '칼'을 들어 악을 처단합니다. 피터를 예수의 이미지와 중첩시키기에는 무리가 있는 듯합니다.

컴버배치가 연기한 필의 카리스마가 강렬하긴 했어도 그를 강력한 악의 힘으로 단정짓기 어려운 면이 있습니다. 겉으로 드러나는 그는 잔인할 정도로 자신의 동생도 비아냥대고, 로즈를 알코올 중독에 빠지게 하고, 연약한 피터를 살인이라는 극단적 방법을 동원하게 만드는 원인 제공자이기는 합니다. 그가 주변 인물들에게 심리적 압력을 행사하는 것은 사실이지만 물리적인 힘을 발휘해서 실제적 위협을 가하지는 않지요. 물리적 힘을 겨루는 정통 서부극의 주인공과는 다른 모습입니다. 몬태나의 거대한 대자연을 배경으로 카우보이 복장을 한 주인공을 내세우지만 이 영화를 서부극이 아니라 심리적 스릴러로 보는 주장이 설득력을 지니는 이유이지요.

뿐만 아니라 이 영화의 주인공은 피터가 아니라 필입니다. 만일 피터가 주인공이라면 그가 필을 처단함으로써 악당을 물리치는 기본 공식에 충실한 평범한 서부극이 되었겠지요. 그러기에는 필의 존재감이 두드러질 뿐더러 단순한 악당이라고 하기엔 그는 내면이 너무도 복잡한 인물입니다. 진정한 자신의 모습을 감추어야 하는 그는 깊은 외로움과 슬픔을 지니고 있지요. 자신의 사랑을 인정하지 않는 세상에 그가 맞서는 방식은 냉소와 냉혹함이었지요.

그는 피터에게 자신이 두르고 있던 마초적 남성의 외피를 벗으며 사랑을 갈구합니다. 그러나 그가 연약함을 드러내는 순간 그는 먹잇감이 되며 파멸에 이르지요. 피터는 필의 동성애에 확신이 서자 그를 정서적으로 조종하며 냉혹하게 그를 파멸로 이끄는 계획을 실천에 옮기지요.

영화에서 필이 자신의 상처난 손을 내보이는 장면은 상징적입니다. 그는 자신의 연약한 부분을 드러내 보이며 사랑을 갈구하지만 탄저균이라는 치명적인 독으로 돌아오지요. 필에게 연민을 느끼지 않을 수 없는 이유입니다. 필은 피터로부터 받은 가죽 선물을 결코 의심하지 않았지요. 그 가죽으로 밧줄을 엮어 피터와 단단한 관계의 끈을 이어가리라 생각하며 진심으로 받아들였지요. 그러나 그 가죽은 탄저균에 감염된, 치명적 독을 지니고 있는 가죽이었지요. 환대를 냉대로 갚은 피터야말로 '개'일 수도 있겠다는 생각입니다.

필의 죽음은 카우보이로 상징되는 야성의 세계가 종언을 고하고 피터가 상징하는 세계로의 전환을 상징한다고 볼 수도 있겠습니다. 의학도로서 사실과 이성에 충실한 피터는 철저한 준비로 필의 세계를 무너뜨립니다. 피터는 나약해 보이지만 여성성을 드러내는 걸 주저하지 않을 정도로 강인했고, 필은 강력한 카리스마의 지도자였지만 타인에 시선에 갇혀 파괴적 방식으로 자신을 위장했지요. 영화는 서부극의 신화와 더불어 치명적인 남성성에 대한 해부로도 읽힙니다.

이 영화는 허망하다고 할 정도로 돌연한 파국으로 끝나버립니다. 주인공(들)의 과거와 연결지어 그들을 이해할 수 있는 정보도

극히 제한되어 있습니다. 필의 과거와 가장 강력하게 연결된 인물인 브롱코 헨리도 필의 대화 속에 언뜻언뜻 뿌려지는 정보가 전부입니다. 엄마를 지키겠다는 피터의 결심도 어디에 뿌리를 두고, 언제부터 시작된 것인지 모호합니다. 피터의 아버지의 죽음도 그의 말로 간단히 전달되는 것이 전부입니다.

과거를 회상하는 플래시백 기법은 얽히고 설킨 과거를 현재로 소환하는 기법이지요. 이 기법은 현재의 주요한 갈등을 설명하고 이해하게 만드는 데 아주 효과적이지요. 〈파워 오브 도그〉에는 플래시백 장면이 없습니다. 캠피언 감독은 이 기법이 너무 쉽게 갈등을 설명해버린다는 이유로 이 기법을 사용하기 꺼린다고 밝혔습니다. 인물이 지닌 내밀한 감정적 억압과 딱 부러지게 설명하기 힘든 감정의 화학작용을 묻어버리고 단순화시키기 때문입니다. 캠피언의 〈파워 오브 도그〉는 깊고 내밀한, 궁극적으로 파멸로 이끄는, 그러나 억제할 수 없는 인간정신의 심연을 들여다보려는 시도로 읽을 수 있겠습니다. 개의 힘이란 너나 그가 아닌 내 안에 있는 것인 듯합니다.

연대의
아름다움

바그다드 카페

Bagdad Cafe, 1987

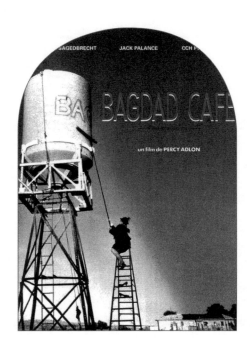

감독	퍼시 애들런 (Percy Adlon)
각본	퍼시 애들런
출연	마리안느 세이지브레흐트 (Marianne Sägebrecht)
	CCH 파운더 (CCH Pounder)
	잭 팔란스 (Jack Palance)
음악	밥 텔슨 (Bob Telson)

| 땀에 젖은 여자와 눈물 훔치는 여자가 피워낸 사막의 꽃

바그다드 카페는 연옥 탈출기이다.

– 퍼시 애들런

퍼시 애들런 감독은 독일인입니다. 1984년 크리스마스 무렵 그는 가족과 함께 미국 66번 국도를 따라가는 여행을 합니다. 〈바그다드 카페〉는 이 여행에서 영감을 받은 작품입니다. 그가 직접 〈바그다드 카페〉의 대본을 쓰고 감독했지요. 이 영화는 유럽에서는 〈로젠하임으로부터〉(Out of Rosenheim)라는 제목으로 공개되었지요. 독일인 감독이 미국에서 영어로 찍은 이 영화는 그 당시로는 유럽에서 가장 많은 수입을 올린 것으로 알려져 있습니다.

66번 도로는 미국 시카고에서 로스앤젤레스로 이어지는 국도입니다. 1926년에 완공되었지요. 지옥의 고속도로라는 별명이 있을 정도로 사고가 잦은 도로이기도 하지요. 유난히 영화나 뮤직비디오의 촬영지로 인기 있고 롤링 스톤즈의 노래에도 나올 만큼 많은 매체에서 자주 언급되는 도로입니다.

애들런 감독은 66번 도로의 서쪽에서 여행을 시작했던 것 같습니다. 영화의 주제가인 "콜링 유"를 통해 유추해보면 할리우드가 있는 로스앤젤레스와 환락과 도박의 도시 라스베가스를 거치는 여정이었을 듯합니다. 그는 여행 중 캘리포니아주의 바스토우라는 작은 마을에 들렀는데 그때의 느낌이 "연옥" 같았다고 회상하고 있지요. 그는 실제로 지도에서 바그다드라는 지명을 보고 그곳에 들렀습니다. 가서 보니 사막의 한가운데 나무 몇 그루와 폐허로 방치된 주유소뿐이었다고 합니다.

감독은 여행 중 받은 인상을 중심으로 유럽과 미국, 신대륙과 구대륙, 그리고 사막 가장자리와 미국의 꿈의 가장자리에 대한 느낌을 중심으로 대본을 구상했다고 합니다. 감독 자신이 이러한 의도를 밝히기는 하였지만 이러한 의도가 영화에서 선명하게 두드러지지는 않습니다. 영화 속 모든 인물들의 의도나 동기들이 딱 부러지게 어떤 의미를 찾기 힘든 것이 오히려 매력이라고 할 정도입니다.

다만 그는 사막이 황량하고 부정적으로 보이기는 원하지 않은 듯합니다. 그는 이 영화의 사막장면이 살바도르 달리의 그림처럼 보이길 원했다고 합니다. 감독은 특수필터를 이용해서 보랏빛 태양과 붉은 저녁 노을, 선명한 무지개 등을 영상에 담아냈지요. 그 결과 꼭 살바도르 달리를 환기하지 않더라도 황량하지만은 않은, 아름다움을 품고있는 사막을 담아냈지요.

부부로 보이는 한 쌍의 남녀가 라스베가스 인근 모하비사막을 달리고 있습니다. 무슨 까닭인지 부부는 티격태격하더니 급기야 여자가 큰 트렁크를 든 채 차에서 내려 걷기 시작합니다. 쫓겨난 것인지 스스로 내린 것인지 명확하지 않습니다. 남자는 사막 한가운데 여자를 내려 둔 채 혼자 차를 타고 가버립니다.

길 위에 홀로 남겨진 여자는 내리쬐는 태양 아래 무거운 짐가방을 질질 끌며 발이 빠지는 모래밭을 걸어 갑니다. 한참을 걸으니 사막 한가운데 카페 간판이 보입니다. 바그다드 카페입니다. 주유소와 모텔이 있고 카페도 딸려 있는 곳이지요. 한눈에도 낡고 퇴색하여 운영 중인지 하는 의문이 드는 곳입니다. 명색이 카페인데 커피기계가 고장 나 커피주문도 받지 못하는 카페입니다.

이 곳은 브렌다가 운영하는 곳입니다. 그녀는 깡마른 데다 머리카락은 마치 스파이크처럼 삐죽삐죽 제멋대로 솟아 있습니다. 그녀는 흑인입니다. 그녀는 고장난 커피기계의 부품을 구하든지 새로 마련하든지 남편에게 해결을 부탁했던 듯합니다. 남편은 길에서 주웠다며 보온병을 들고 나타납니다. 이 일로 부부는 다투게 됩니다. 그녀가 남편을 쫓아냈는지 바가지 긁는 아내를 피해 남편이 집을 나온 건지 이 집 부부도 사이가 좋지 않습니다. 남편이 집을 나가자 그녀는 감정이 복받쳐 애써 참았던 눈물을 터트립니다. 이때 뜨거운 사막을 걸어온 여자가 땀을 닦으며 카페에 들어섭니다. 한 여자는 눈물을, 한 여자는 땀을 흘리며 조우합니다.

검정색 정장차림에 머리를 깔끔하게 올려 얹은 이 여자는 야스민입니다. 한 눈에도 푸짐한 덩치에 하얀 피부의 백인입니다. 첫 대면부터 브렌다는 야스민을 탐탁지 않아합니다. 두 여자는 인종과 외모 모두 대조적입니다. 황량한 사막 한가운데 있는 카페에 차도 없이 걸어온다는 게 수상할 수밖에 없지요. 게다가 정장차림에 커다란 짐가방까지 들고 나타났으니까요.

두 여자의 만남은 그렇게 시작됩니다. 야스민이 바그다드의 중심가가 어디냐고 묻습니다. 브렌다가 답합니다. 여기가 바그다드의 중심가라고. 황량한 사막과 주유소, 낡은 모텔, 텅 빈 카페, 흙먼지가 가득한 이곳. 바그다드 카페가 있는 이곳이 바그다드의 중심가라는군요.

브렌다: 차도 없이 지도 한 장 안 들고 느닷없이 나타났다니까
        요. 남자 옷만 잔뜩 든 트렁크 하나가 전부예요. 도대체
        왜요? 마치 여기서 계속 살 것처럼 이상하게 행동하고
        요. 옷도 없어요. 이해가 안 돼요. 아니, 아니, 아니, 아
        니요! 절대 이해 못 해요!

　야스민이 카페에 딸린 모텔에 묵은 다음 날, 브렌다는 청소를 하
러 야스민의 방에 들어갑니다. 방안에는 남자옷이 잔뜩 걸려 있습
니다. 싸우다 차에서 내릴 때 남편 가방을 잘못 들고 내린 듯합니
다. 그러나 처음 봤을 때부터 그녀를 마뜩잖아 하던 브렌다는 보
안관에게 연락하지요. 신원을 확인한 보안관은 별일 아니라며 돌
아가지만 그녀는 의심의 눈초리를 거두지 않지요.
　브렌다가 집을 비운 사이 카페를 둘러보던 야스민은 청소를 하
기 시작합니다. 그녀는 브렌다의 사무실에도 들어가 쌓여있는 쓰
레기를 말끔히 들어내고 구석구석 쓸고 닦습니다. 잠시 후 브렌다
가 돌아오고 그녀는 말끔해진 사무실을 보고 화를 냅니다. 좋아할
줄 알았다는 야스민의 말에 브렌다는 "손님이 주인의 행복에 신경
쓰신다고"라며 어이없어합니다. 원상복구하라며 화를 내기도 하
지요.
　브렌다의 암묵적 허락을 받은 후 야스민은 양동이와 대걸레로
구석구석을 쓸고 닦습니다. 다른 사람들은 놀라긴 하지만 아무도
거들지 않고 멀뚱거리며 쳐다볼 따름이지요. 그럼에도 야스민은
카페는 물론 다른 객실, 나아가 그 주변까지 열심히 쓸고 닦습니
다. 마치 청결의 수호신인 듯 우렁각시인 듯 바그다드 카페를 깨

끗하게 변모시킵니다. 그리고 브렌다의 남편이 주워 왔던 보온병에서는 언제고 항상 커피가 나오지요. 바로 야스민이 사막에 떨어뜨렸던 보온병이었습니다. 그것은 마르지 않는 요술항아리였을까요?

그러는 사이 브렌다가 처한 상황이 서서히 드러납니다. 남편은 별 도움이 되지 않고, 아들은 온종일 손님 없는 카페에서 피아노만 치고 있습니다. 채 걷지도 못하는 아이의 아빠이기도 하죠. 애 엄마는 어디에도 보이지 않습니다. 딸은 집안일이 어떻게 돌아가든 신경 쓰지 않고 밖으로만 나돕니다. 아이는 울어대고, 손님 없는 카페의 유일한 직원은 낮잠 자는 게 일이죠.

점점 이곳 카페를 중심으로 살아가는 사람들의 모습이 드러납니다. 브렌다 가족 외에 자칭 할리우드 세트미술가 출신이라는 중년의 남자, 트럭기사들을 상대로 문신을 해주는 여자. 그리고 근처에 텐트를 치고 부메랑을 던지며 혼자 노는 젊은 남자가 있습니다. 가끔씩 방문하는, 머리를 두 갈래로 땋아 내린 인디언 보안관과 딱히 혈통을 짐작하기 힘든 카페 직원이 그들이지요. 야스민은 독일 로젠하임 출신입니다. 과연 인종의 도가니라 할 수 있을 정도지요. 전혀 관계없는 사람들이 모여 따로 또 함께 사는 곳이 바그다드 카페이지요. 이들 중 어느 누구도 전통적인 남녀관계와 가족을 이루며 사는 사람도 없지요. 야스민과 브렌다도 남편과 결별한 상태입니다.

이들 인물들은 보안관을 제외하고는 이렇다 할 직업도 없어 보입니다. 그들은 모두 사막의 가장자리까지 떠밀려온 듯한 인물들입니다. 브렌다는 카페를 운영하지만 상황이 좋지 않기는 마찬가지입니다. 사무실 책상에는 밀린 고지서들이 쌓여있고 돌보지 않는 아이는 울어대지요.

독일인 감독의 눈에 비친 미국의 모습이 썩 긍정적이지는 않습니다. 흔히 미국 하면 미국의 꿈을 떠올리지만 모하비 사막 어딘가에 다양한 인종이 모여 살고 있는 이곳에서 미국의 꿈은 빈말이거나 더 이상 작동하지 않는 것처럼 보입니다. 바그다드 카페의 인물들은 미국사회의 주변부에 있는 사람들입니다. 그들은 흑인이거나 인디언, 그리고 자본주의 사회에서 밀려난 사람들입니다. 야스민은 외국인이지요. 이 카페의 고장 난 커피기계가 이들이 처한 상황에 대한 메타포인 듯하지요.

독일인 감독의 영화답게 이 영화는 독일을 암시하는 여러 장치들이 있지요. 대표적으로는 바흐의 초상화와 브렌다의 아들이 치는 바흐의 곡입니다. 좀 더 자세히 보면 타투를 해주는 여자는 『베니스에서의 죽음』이라는 독일 작가 토마스 만의 작품을 읽고 있지요. 퇴폐적이고 종말론적 분위기를 지닌 이 소설은 이 영화와 어떤 관계가 있을까요? 연옥처럼 보였던 미국에 대한 비유일까요? 딱히 미국이 아니라도 무책임한 남편과 말썽부리는 자식들, 퇴락한 카페를 운영하며 생활고에 치인 브렌다의 지친 정신과 몸을 비유하는 것으로도 보이지요. 어쩌면 『베니스에서의 죽음』을 읽는 여자를 설명하는 것일 수도 있습니다. 그녀는 완벽한 해피엔딩으로 보이는 이 영화의 마지막에 바그다드 카페를 떠나는 유일한 인물입니다. 떠나는 이유도 "지나치게 화목해졌어요"입니다.

영화는 대사가 지극히 절제되어 있습니다. 이 곳까지 흘러 들어와 사는 사람들의 사연에 대해 딱히 주어진 정보도 없습니다. 그들은 서로 사적인 대화를 나누지도 않지요. 언어를 통한 정보가 제한된 상태에서 관객은 막연히 추측만 할 수 있을 따름이지요. 영화는 인물들의 시선과 표정, 사막을 쓸며 부는 바람소리, 누군가의 발소리, 피아노 소리, 아이의 울음, 개 짖는 소리, 그리고 다양한 색깔, 부메랑, 커피기계, 장미꽃, 무지개와 인물들의 의상 등으로 언어를 대신하고 있습니다. 처연하게 울려 퍼지는 주제가는 대표적으로 영화언어를 대신하고 있지요.

주제가 "콜링 유"(Calling You)는 이 영화를 위해 특별히 작곡된 곡입니다. 이 노래를 빼고 〈바그다드 카페〉를 생각할 순 없을 정도로 영화전반에 스며들어 영화의 분위기와 정서를 받쳐주고 있지요.

나는 그대를 불러요.
그대가 내 목소리를 듣고 있다는 걸 알아요.
내가, 내가 그대를 불러요.

마치 사막의 모래알처럼 버석거리며 서로 겉돌듯 사는 이들 사이에 어느 날 사막을 걸어온 야스민이 합류합니다. 그녀는 청소를 하고 브렌다의 아들, 딸과도 잘 어울리지요. 브렌다의 손주를 돌보기도 하지요. 화가의 모델이 되기도 하며 주위 사람들에게 다가갑니다. 밤에는 마술세트를 꺼내 마술연습을 하기도 합니다. 혼자 놀던 청년에게 다가가 부메랑 던지는 걸 배우기도 합니다. 그녀가 다시 돌아오리라는 암시이기도 하지요.

까칠하던 브렌다도 서서히 야스민에게 마음을 엽니다. 주제가 "콜링 유"의 "내가 그대를 불러요"는 누가 누구를 부르는 걸까요?

한 사람은 땀범벅이 되어, 또 한 사람은 눈물바람을 하며 만났던 두 사람은 서로의 상처를 어루만지며 서로를 치유합니다. 야스민은 아예 카페에 나와 일을 돕고 손님들 앞에서 마술쇼를 보여주기도 하지요. 입소문이 나며 바그다드 카페는 손님들로 북적이게 됩니다. 자신의 아이도 돌보지 않고 피아노만 치던 브렌다의 아들은 카페에 음악을 더하고, 밖으로만 나돌던 딸은 애교를 부리며 서빙을 하며 엄마를 돕지요.

그러던 중 관광비자 기간만료를 통보받은 야스민이 독일로 돌아갑니다. 그녀가 떠나자 카페는 삭막하던 이전으로 돌아갑니다. 그리고 어느 날 하릴없이 졸던 브렌다가 전화벨 소리에 놀라 잠을 깨서 전화를 받지만 이미 끊긴 후였지요. 힘없이 카페 밖으로 나오던 그녀의 눈에 야스민이 보입니다. 처음과 달리 둘은 반갑게 포옹하지요.

우리 둘 다 변화가 다가오고 있는 걸 알아요.
가까이 다가오고 있어요, 감미로운 해방이.

바그다드 카페는 다시 손님들로 북적이고 웃음소리가 가득합니다. 브렌다의 아들, 딸도 제 몫을 톡톡히 해냅니다. 야스민을 화폭에 담으며 연정을 보였던 화가는 그녀에게 청혼합니다. 브렌다와 야스민의 마술쇼는 날이 갈수록 유명해지며 손님이 많아집니다. 브렌다는 웃음을 되찾았고 딸은 엄마를 도와 카페일을 하며, 아들은 마음껏 피아노를 칩니다. 화가는 야스민을 모델로 그림을 그리며 예술적 열정을 되찾았고, 브렌다의 남편은 집으로 돌아옵니다. 먼지 쌓인 황량한 카페가 사람들의 웃음소리 넘치는 바그다드의 중심이 되지요.

이러한 변화의 중심에는 야스민이 있습니다. 그녀의 이름 야스민은 유난히 향기가 좋은 꽃이지요. 야스민이 유독 꽃마술을 많이 부리는 것도 그녀의 이름과 관계가 있는 거겠지요. 그녀는 브렌다에게 장미 꽃다발을 안기기도 하고, 테이블에 앉은 손님들 눈앞에서 소담한 꽃을 피워내기도 합니다. 사막에 꽃을 피워내는 마술! 야스민이 일으킨 변화에 대한 더할 나위 없는 메타포이지요. 그야말로 미국의 꿈의 변방인 바그다드를 중심으로 만드는 마술이지요.

애들린 감독은 이 영화를 한 편의 동화라 합니다. 그리고 동화 같은 분위기를 위해서 사막의 빛깔에 많은 신경을 썼다고 합니다. 영화가 그리는 사막은 칙칙한 회색빛의 사막이 아니라 가득 품은 햇빛을 발산하듯 아름답지요. 무지개가 뜬 적도 있지요.

동화 같은 요소는 색채만이 아닙니다. 야스민도 동화에서나 나올 듯한 존재이지요. 그녀는 신데렐라 이야기 속의 요정 같기도 합니다. 그 요정이 호박마차를 황금마차로 만들 듯 야스민은 느닷없이 나타나서 퇴락한 카페를 손님들로 북적이는 화기애애한 카페로 변모시키지요. 야스민은 정서적으로도 사막과 같은 상태의 사람들을 보살피고 보듬는 어머니와 같은 존재이지요. 그녀의 풍만한 체형도 어머니 여신을 상기시킵니다.

야스민이 마술을 한다는 것도 우연이 아닙니다. 신데렐라가 왕자님을 만나듯 브렌다 역시 남편을 다시 맞아들이고 야스민은 청혼을 받습니다. 동화 같은 변화는 이들에게만 국한되는 것은 아닙니다. 브렌다의 아들은 음악의 아버지 바흐의 사진을 걸어 두고 피아노를 연주하여도 아무도 몰라주던 천덕꾸러기였지요. 야스민의 격려와 칭찬으로 그는 이제 마음껏 피아노를 치며 예술적 기량을 발휘합니다. 브렌다의 딸은 불량소녀 같았지요. 야스민은 패션을 매개로 그녀의 마음도 얻습니다. 이제 그녀는 엄마를 열심히 도우며 손님들의 사랑을 받습니다. 재투성이 신데렐라가 아름다운 공주로 변신하는 마법이 일어났지요. 브렌다도 인생의 짐 같았던 아이들을 사랑스러운 시선으로 쳐다봅니다. 이쯤 되면 그야말로 동화 같지요.

하지만 〈바그다드 카페〉는 단순히 동화 같은 인생반전 스토리만은 아닙니다. 여성들의 연대라는 페미니즘적 읽기도 가능하지요. 야스민과 브렌다는 인종도, 생긴 모습도, 자라온 문화도, 기질도 대조적입니다. 두 여인의 유일한 공통점은 남편의 부재입니다. 오죽하면 첫만남에서 야스민은 자신이 커다란 솥에 담겨있고 아프리카 흑인들이 주위를 빙빙 돌며 춤을 추는 환상을 보았을 정도이지요. 그러나 이들의 상반된 성향은 영화의 스토리를 밀고 나가는 추진력이 됩니다.

야스민은 수수께끼 같은 인물입니다. 영화가 끝나도록 그녀에 대한 이렇다 할 정보는 없습니다. 그녀가 참 외로운 사람이라는 점이 두드러져 보이는 게 다입니다. 그러나 그녀는 특유의 친화력으로 주변 사람들에게 다가가지요. 그녀로 인한 브렌다의 변화가 두드러지지만 그녀 역시 거듭나는 모습을 보여줍니다.

영화의 시작에서 그녀는 검정색 정장에 목까지 단추를 꼭꼭 잠그고 머리카락이 한 올도 흘러내리지 않게 틀어올린 모습이었죠. 검은 색 모자까지 쓰고 있었지요. 그러던 그녀가 헐렁한 셔츠와 바지 차림을 하게 되고 머리도 풀어 내리지요. 브렌다에게 다시 돌아올 때 그녀는 가슴이 약간 드러나는 하얀색 원피스를 입고 머리는 자연스럽게 풀어헤치고 있습니다. 자신을 옭아매었던 경직된 여성성의 압박으로부터 풀려난 것이라 할 수 있지요. 그녀는 자신에게 호감을 보이는 화가를 위해 옷을 벗고 자신의 풍만한 모습을 그대로 드러내기도 합니다. 그녀가 브렌다의 아들과 딸, 손주를 돌보며 행복해하는 모습은 주변에 전염될 정도이지요. 그리고 무엇보다 그녀는 자주 웃습니다.

그녀의 변화하는 모습은 그녀를 담은 그림에서도 선명하게 부각되지요. 총 8점의 그림 속에서 그녀는 처음의 경직된 모습에서 점점 부드럽고 편안한 모습으로 변해갑니다. 뿐만 아니라 스스로 자신을 드러내면서 풍만한 어머니 여신의 모습으로 표현되지요.

영화 초반에 수북하게 쌓여 있는 각종 독촉장과 고지서가 말해주듯 브렌다의 삶은 미국의 꿈과는 거리가 멉니다. 그녀는 팍팍한 세상살이에 아무렇게나 뻗친 그녀의 머리카락처럼 공격적이고 냉소적입니다. 야스민의 웃음은 브렌다에게, 브렌다의 웃음은 야스민에게 번집니다. 이들의 우정과 연대는 모래알 같던 주변 사람들을 함께 모으며 일종의 확대가족과도 같은 공동체를 형성하지요. 〈바그다드 카페〉가 일종의 여성 버디영화로 읽힐 수 있는 지점이지요.

주제가 "콜링 유"는 "내가 너를 부른다"가 여러 번 반복되지요. "나"는 누구일까요? 서로가 서로를 향해 부르는 것 아니었을까요? 그렇게 서로가 서로의 부름에 반응하며 연대를 이루어 나가는 과정이 별로 대사가 없는 이 영화의 주제 아닐까요? 브렌다와 야스민이 "그래요, 기쁨에 모험을 걸어보자고요. 새로운 세상의 맵찬 바람 속에서"(루이즈 글릭)라고 눈을 찡긋 하는 모습이 연상되는 영화입니다.

브렌다를 맡은 배우 파운더는 영화를 본 많은 팬들이 자신에게 편지를 보내 감상을 전했다고 하지요. 그녀는 말합니다. "〈바그다드 카페〉는 자신을 어떻게 보는지, 그리고 자신들이 처한 삶의 현실을 어떻게 생각하는지에 대해 정말 많은 사람들의 삶을 변화시켰지요. 전 소박한 한 편의 영화를 찍었다고 생각했어요. 제가 받은 메일들은 전부 영화가 어떻게 자신들의 인생을 바꾸었는지에 관한 것이었는데 그건 정말 멋진 일이죠." 영화 〈바그다드 카페〉를 사막에서 꽃을 피워낸 기적에 관한 영화로 보는 것! 멋진 일이죠.

원스

Once, 2007

감독	존 카니 (John Carney)
각본	존 카니
출연	글렌 한사드 (Glen Hansard)
	마르케타 이글로바 (Markéta Irglová)
음악	글렌 한사드 & 마르케타 이글로바

| 당신의 멜로디를 내가 따라 부를께요

> 눈 앞에 당장 보이지 않아도 사랑이다
> 어느 길 내내 혼자서 부르며 왔던 어떤 노래가
> 온전히 한 사람의 귓전에 가닿기 만을 바랐다면
> 무척은 쓸쓸했을지도 모를 서늘한 열망의 가슴이 바로 사랑이다.
> – 「멀리 있어도 사랑이다」, 정윤천

한 편의 뮤직 다큐 같은 영화 〈원스〉입니다. 상업성보다는 음악성에 초점을 맞춘 작품입니다.

남자는 낮에는 아버지를 도와 청소기 수리일을, 밤에는 버스킹으로 푼돈을 벌지요. 여자는 거리에서 꽃을 팔기도 하고 악기상에서도 일합니다. 틈나는 대로 가게의 피아노를 연주하는 혜택이 있기 때문이기도 하지요. 남자는 매일 밤 더블린의 거리에 나와 노래를 부릅니다. 마침 그 거리를 지나던 여자가 그의 노래를 듣습니다. 더블린의 그라프톤 거리에서 흔히 생길 수 있는 일이지요. 하지만 이들에게는 운명이 되는 순간이었지요. 우연히 만난 남자와 여자는 작곡과 작사, 음반 발행에 이르는 작업을 함께 하며 서로에게 특별한 사람이 됩니다.

영화는 이렇다 할 갈등구조가 없는 독특한 플롯을 지니고 있습니다. 남자의 애인은 런던으로 떠난 상태입니다. 여자에게는 아이가 있고 아이의 아빠는 이들과 떨어져 있습니다. 이제 사랑은 더 이상 없을 거라고 믿었던 그 남자와, 삶을 위해 꿈을 포기했던 그 여자가 더블린의 밤거리에서 만나며 마법 같은 인연이 시작됩니다. 사실 남자와 여자에게 이름이 주어지지 않았다는 점이 이 영화에 동화 같은 분위기를 더하기도 합니다. 옛날 옛적에 왕자와 공주가 있었어요. 그런 느낌이지요. 하긴 모든 동화는 이 영화의 제목처럼 "옛날 옛적에"(Once upon a time)로 시작되잖아요.

남자와 여자는 서로 영혼의 이끌림을 느끼지만 흔한 애정표현도 없습니다. 영화는 이들의 사랑이야기는 물론 이들이 음반작업을 하는 과정까지 특별한 사건, 사고 없이 잔잔하게 진행됩니다. 결말은 해피엔딩이지만 흔히 예상하는 그런 해피엔딩은 아니지요.

영화를 보고나면 세상이 살 만한, 따뜻한 곳이구나, 세상이 이랬으면 좋겠다는 생각이 듭니다. 남자와 여자 사이에 오늘날도 이런 사랑이 있구나, 따뜻한 배려가 진짜 사랑이구나 하는 생각이 들지요. 이야기도 음악도 아름답습니다. 한 평론가는 "음악이 이야기를 만나는 가장 아름다운 방식"이라고 이 영화를 평했습니다. 사실 아일랜드 토박이 남자와 체코 출신 이민자를 엮을 이렇다 할 인연을 생각하긴 쉽지 않습니다. 애초에 이들의 인연이 시작된 것은 국적이나 언어를 초월하는 음악 때문이었지요. 음악이 음악에 대한 자기 증명을 했다고 볼 수 있겠지요.

그 남자 역의 글렌 한사드는 아일랜드의 인디밴드인 "더 프레임스"의 보컬 및 기타리스트이며, 감독인 존 카니 역시 같은 밴드에서 활동했던 전력이 있습니다. 그 여자 역의 마르케타 이글로바역시 체코 출신의 뮤지션입니다. 예술적 재능이 뛰어난 감독과 배우가 뭉쳐 "뮤지컬의 진정한 미래"라 평가받는 작품을 만들었습니다. 음악영화라면 으레 떠올리는 화려한 시각적 요소나 플롯에 맞춘 음악이 아닌, 진솔하고 평범하게 그 남자와 그 여자의 진심을 녹여낸 노래들이 나오지요.

영화 속의 모든 삽입곡이 많은 사람들에게 사랑받고 있습니다. 특히 'Falling Slowly'는 영화를 못 본 사람들에게도 익숙한 주제가입니다. 음악을 사랑하는 두 사람의 사랑이 노래가 된 경우이지요. 이 노래는 제80회 아카데미 시상식에서 '최고의 오리지날 노래'상을 받았습니다. 영화의 시작과 끝을 장식하는 노래는 "당신의 멜로디를 내가 따라 부를께요"라 하고 있습니다. 이 노래는 가수 겸 배우인 그 남자와 그 여자가 직접 작사하고 작곡한 명곡입니다.

자본주의 사회에서 거대한 자본에 기대지 않고도 대중에게 인상적인 작품을 만든다는 것은 거의 역설이랄 정도로 돈의 힘은 막강하지요. 그 여자 역의 마르케타 이글로바는 아카데미 시상식에서 말합니다. "오늘 우리가 여기 서있다는 사실, 우리가 이 상을 손에 쥐고 있다는 사실은 우리가 아무리 꿈으로부터 멀어져 있다 하더라도 꿈을 이룰 수 있다는 것을 증명하고 있죠. 감히 꿈을 꾸고 포기하지 않는 사람들에게 그것이 옳다는 것을 말이예요. 이 노래는 희망에 관한 거예요. 우리가 서로 아무리 다르다 해도 결국은 우리가 이어지리라는 희망 말이예요." 저예산 독립영화 〈원스〉는 음악에 대한 열정과 진지한 고민만으로 감동적이고 세련된 작품이 가능하다는 것을 보여준 드문 예입니다.

영화의 제목 〈원스〉에 대해 감독인 존 카니가 직접 의미를 밝혔습니다. 그는 주변에서 재능 있는 예술가가 현실의 벽에 부딪치며

168

자신의 예술적 열정을 포기하거나 기약 없이 유예하는 모습을 많이 보았다고 하지요. 그들은 '일단'(once) 이 일을 해결한 후, '일단' 돈을 벌고 나서 하는 식으로 당면한 현실적 필요에 압도되어 꿈을 내일로 미루며 살아간다는 거죠. 그러다보면 예술적 열정을 펼칠 그 '내일'은 오지 않지요. 꼭 예술적 열정이나 엄청난 꿈이 아니더라도 우리 대부분은 "한 고비만 넘기면 진짜 내 인생 나올 거라며" 살아가지요. 카니는 이 영화에서 이름 없는 두 주연, 특히 그 남자가 이 경우에 해당된다고도 했지요. 꿈을 포기한 듯했던 그 남자와 그 여자가 함께했을 때 '일단'이라는 핑계가 무력해지며 〈원스〉라는 기적이 일어났지요.

사실 5분 남짓 냅킨에 끄적인 아이디어로 단 17일 만에 고작 120,000달러 정도의 초 저예산으로 영화를 만들 생각을 한 것 자체도 작은 기적이겠지요. '일단'을 핑계로 꿈을 포기하는 예술가들을 염두에 둔 듯 이 영화의 남녀 주인공들은 이름도 없이 그 남자 그 여자로 불립니다. 너무 가난해서 피아노도 없는 피아노 연주자와, 버스킹으로 번 몇 푼을 털어 달아나는 사람을 끝까지 쫓아가는 그 남자의 모습처럼 이들에게 현실은 압도적입니다.

낡은 기타로 노래하는 그 남자에게 자신이 일하는 가게에서 점심시간에만 피아노를 연주하는 여자가 손을 내밉니다. 그들은 그저 서로를 어떻게 생각하는지, 그리고 자신들이 무엇을 함께 하고 싶은지를 확인한 것이 전부였지요. 그렇게 그 여자 작사, 그 남자 작곡으로 그들은 꿈에 다가갑니다.

그들의 연주는 관객을 위해서 하는 연주가 아니라 말로 할 수 없는, 서로를 향한 절절한 열정을 서로에게 말하는 듯합니다. 제대

로 된 키스장면조차도 없는 이들의 사랑은 노래에 실려 전달되지요. 대사는 그저 노래 중간에 잠시 끼어들 따름이지요.

그 여자는 남자를 자신의 집으로 초대하지만 그 여자의 엄마는 영어를 못 하고, 좁은 집에는 TV를 보려 몰려든 동네사람들로 매일 북적입니다. 영화는 키스로 쉽게 사랑을 확인하거나 남편과 아이를 등장시켜 이야기를 복잡하게 만들지도 않지만 그럴 처지도 되지 않는다고 말합니다. 그러한 상황은 그저 그 여자의 당면한 현실로 제시될 따름이지요.

짧지만 아일랜드인의 유머코드가 반짝하는 장면도 있습니다. 남자와 여자가 데모 CD를 만들기 위한 스튜디오를 빌릴 돈을 대출받기 위해 함께 은행에 가는 장면이지요. 직업 없는 남자와 거리에서 꽃 파는 이민자 여자에게 선뜻 대출을 해 줄 은행은 찾기 힘들지요. 대출담당 직원은 어설픈 대출상담을 하는 남자와 여자에게, 대부분의 경우에 그러했듯, 막 '대출불가'라는 말을 하기 직전이었지요. 직원은 남자와 여자가 음악을 한다는 말을 듣자 벌떡 자리에서 일어나 한바탕 노래를 불러 제낍니다. 자신도 음악을 하고 싶었다면서요. 아마 이 남자도 '일단' 당면한 삶을 위해 꿈을 유예하며 적성에 맞지 않는 일을 해왔겠지요. 꿈을 미루다가 마침내 꿈을 잃어버린 남자는 꿈을 이루려는 남자와 여자에게 대출을 승인합니다. 느닷없이 노래를 부르는 그 남자의 모습은 재미있기도 하지만 짠한 느낌이 들게도 하지요. 우리 대부분도 '일단'이라는 말을 마음에 품고 꿈을 미루며 살고 있기 때문 아닐까요?

둘의 사랑의 결실은 그들이 여느 평범한 커플처럼 함께하며 아이 낳고 사는 것으로 이어지지 않습니다. 둘은 함께 그 남자의 꿈에 다가갈 수 있게 도와줄 데모 CD를 완성하려 합니다. 그 여자는 그저 피아노 연주를 해주는 것을 떠나 완벽한 프로듀서가 됩니다. 여자는 거리의 다른 음악가들을 섭외하고, 녹음실을 싼 값에 빌리는 수완을 발휘하기도 합니다. 음악을 위해서, 그들의 사랑을 위해서이지요. 이들이 사랑을 표현하는 방식입니다. 사랑과 섹스를 혼동하는 할리우드 영화에서는 기대하기 어려운 장면이지요. 책임보다 자신의 사랑, 혹은 욕정을 앞세우는 현실 남녀도 많지요. 〈원스〉는 이들의 사랑도 사랑이라고, 그냥 다른 종류의 사랑이라고 말하는 듯합니다.

음반작업을 마무리하기 전 남자와 여자는 잠깐 바람을 쐬러 나갑니다. 남자가 여자에게 묻습니다. 아직 남편을 사랑하느냐고. 여자는 체코말로 답합니다. "밀루유 떼베"(Miluju tebe). 영화에는 이 말에 자막이 붙어 있지 않습니다. 체코말을 모르기는 관객이나 그 남자나 마찬가지입니다. 사랑의 신비와 예측불가한 인간의 얽

힘도 알 수 없는 것 아닐까요? 이 영화의 연인들은 짧은 인연이었지만 깊고 진지한 감정의 교류가 이토록 아름다울 수 있구나 하는 것을 보여 줍니다. 〈원스〉는 서로를 탐하는 열정이 아니라 진정으로 서로가 원하는 서로의 모습에 다가갈 수 있도록 서로를 격려하고 배려하는 사랑을 보여준 영화였습니다. 우연한 만남이 아름다운 인연으로 이어지는 세상을 잠시 엿보며 흐뭇함을 느낄 수 있다는 것만으로도 볼 만한 영화입니다. "밀루유 떼베"는 "당신을 사랑해요" 였습니다.

자본주의의 꿈과 꿈꾸는 자본주의의 세계

모래와 안개의 집

House Of Sand And Fog, 2003

감독 바딤 펠렐만 (Vadim Perelman)

출연 제니퍼 코넬리 (Jennifer Connelly)

벤 킹슬리 (Ben Kingsley)

쇼레 아그다슐루 (Shohreh Aghdashloo)

| 우유는 상했고 꿀은 도둑 맞은 후였어

이곳은 아이를 키우기에 최고로 훌륭한 집이에요.
숨바꼭질하기에 딱 좋은 캄캄한 구석도 있고,
팝콘을 만들 수 있는 벽난로에다
지루하게 비가 오는 날 뛰어놀기 좋은 다락방도 있어요.
게다가 계단에는 매끈하고 촉감 좋은 손잡이 난간도 있답니다.

인용문은 소설 『키다리 아저씨』에서 17세까지 고아원에서 자란 주인공이 친구의 집에 처음 갔을 때 받은 인상을 묘사한 글입니다. 주인공은 오랜 손길로 손 닿은 것들에 반들거리는 윤기가 나고, 포근하고 음식냄새가 서려 있는 곳을 좋은 집이라고 합니다. 그리고 좋은 집은 무엇보다 아이들이 뛰노는 곳이고, 캄캄한 구석도 무섭지 않은 곳이라고 하는군요. 이런 집은 돈으로 살 수 없는 것들에 속하겠지요.

우리말 '집'은 'house'라고 불리는 건물, 재산으로서의 물리적 집과 'home'이라는 나와 가족의 보금자리라는 심리적 집을 둘 다 품고 있지요. 그러나 시장지상주의 시대에 살고 있는 우리에게 자산으로서의 집의 의미가 압도적으로 커져 이제 집은 대표적으로 돈이 있어야만 살 수 있는 것이 되어 버렸지요.

우리에게 있어 집이란 무엇일까요? 인간을 인간이게끔 하는 세 가지 요소로 의식주를 들지요. 이 세 가지 중에서도 특히 우리가

빛의 속삭임

175

집착하고 욕심내는 것이 바로 집입니다. 집은 삶의 핵심적 요람이 며 동물적 인간이 사회적 인간으로, 문화적 존재로 재창조되는 곳 입니다. 추위와 더위를 가리고, 위험을 피해 편안히 잠을 자고 밥을 먹으며 함께 온기를 나눌 수 있는 장소로 잘 길들인 공간이 집이라고 할 수 있겠지요. 인간은 정주하면서 문화의 꽃을 피웠지요. 삶의 기억과 경험이 세대를 통해 전수되고 문화로 형성되기 위해서는 한곳에 오래 거주하는 것이 절대적이기 때문이지요. 집에 사람의 자취가 오래 쌓이며 집은 인격을 부여받기도 하지요. 은행나무 집, 파란 대문 집 하면 누구를 말하는지 다 알던 시절도 있었지요. 집도 절도 없는 인생을 막장인생이라 폄하하는 것도 이러한 생각이 자리하고 있기 때문이겠지요.

집 vs 부동산

영화 〈모래와 안개의 집〉은 한 허름한 집의 소유권을 다투는 갈등이 그리스 비극의 크기로 증폭되는 과정을 다루고 있습니다. 그 과정에 현대인의 집에 대한 인식과 자본주의 사회의 이면, 계급갈등과 아울러 이민자를 비롯한 현대 미국사회의 어두운 이면을 드러내 보이지요. 이렇다 할 악당이 등장하지 않으면서도 처절한 비극으로 치닫는 영화 〈모래와 안개의 집〉은 집(house)이 아닌, 집에 사는 사람들과 이들이 이루는 집(home)에 대한 가치를 역설적으로 강조하는 영화이기도 합니다.

미국, '우유와 꿀이 흐르는 곳' 그게 바로

우리 고향에서 이 나라에 대해 말하던 거였지.

그러나 그들은 우유는 상했고 꿀은 도둑 맞았다는 건

말해주지 않았어.

위의 말은 캐시가 일하던 술집의 아일랜드 출신 바텐더가 그녀에게 했던 말입니다. 그녀는 집에서 쫓겨나고서 이 말을 떠올리지요. 이 말은 이 영화에서 벌어지는 일련의 사건에 대한 예언이자 보다 크게는 미국의 꿈이라는 신화에 대한 서술이기도 하지요.

바다가 내려다보이는, 고즈넉한 집 한 채. 캐시가 홀로 이 집에 살고 있습니다. 캐시는 남편과 이혼했고 알코올중독에서 간신히 헤어나오고 있는 상황이지요. 가정부로 하루하루 버티는 그녀는 집으로 날아온 차압통지서도 제때 챙기지 못할 정도로 정신적으로 피폐해져 있는 상태입니다. 그녀가 세금을 체납하고 행정착오가 겹치며 그 집은 곧장 경매에 넘겨집니다.

어느 날 주정부 직원이 들이닥쳐 캐시의 집에 세금체납을 이유로 압류를 행사합니다. 여기에다 비극의 실마리가 되는 우연도 한몫 합니다. 절차상의 실수까지 겹치며 집은 곧바로 경매에 부쳐지게 됩니다. 그녀는 행정적인 실수만 제대로 고쳐지면 집을 쉽게 되찾을 수 있으리라 여깁니다. 그녀가 그 집을 다시 되찾을 수 있는 법적 기한은 15일입니다. 그녀는 백방으로 집을 되찾을 돈을 찾아 헤맵니다. 그리고 겨우 돈을 마련해서 법원을 찾았을 때는 이미 만 하루 정도의 법정기한이 지난 후였고 그 사이 집은 이미 다른 사람에게 소유권이 이전되었지요.

미국의 꿈 vs 미국의 악몽

틈틈이 경매사이트를 샅샅이 뒤지던 중년의 남자는 캐시의 집을 본 즉시 응찰하여 낙찰 받지요. 이 중년 남자는 이란 출신의 베라니입니다. 그는 아메리칸 드림을 꿈꾸며 온가족과 함께 미국으로 이민 온 사람입니다. 그는 꿈을 이루기 위해 밤낮을 가리지 않고 일하지만 성실함이 꿈의 실현을 보장하지는 않습니다.

미국에는 전세제도가 없으니 우리처럼 갭투자 같은 건 없지요. 그래도 이곳이든 그곳이든 집을 매개로 한 꿈의 실현 욕구는 팽배합니다. 베라니는 애초에 거주 목적으로 이 집을 매입한 것이 아닙니다. 그는 이 집을 리모델링해서 시세차익을 얻으려 하지요. 그는 이 시세차익이 그의 남루한 인생을 바꾸어 줄 유일하고 확실한 기회라고 생각합니다.

베라니는 이란의 상류계급 출신입니다. 그는 이슬람혁명으로 이란의 정권이 바뀌자 탄압을 피해 고국을 탈출해서 미국에 정착하였지요. 이란에서의 그는 밖에서는 명령을 내리고 지휘하는 고위 장교였고, 집에서는 책임과 권한을 완벽하게 지닌 가부장이었습니다. 그에게 경매로 낙찰받은 이 집은 단순히 미국의 꿈에 가까워질 기회 그 이상의 것입니다. 그는 이 집이 자신이 생각하는 자신의 본모습으로 돌아갈 수 있게 해줄 것이라고 믿었지요.

미국에서 그는 낮에는 막노동으로, 밤에는 초콜릿바로 끼니를 때우며 편의점 알바를 합니다. 퇴근하는 그의 모습은 그가 현재의 삶을 얼마나 굴욕적으로 생각하고 있는지 보여주지요. 퇴근하기 전 그는 화장실에서 막노동의 흔적을 철저하게 지우고 신사복 정장으로 갈아 입은 후 번쩍이는 고급 차를 타고 집으로 갑니다.

한때 부자였던 사람이 끝까지 포기하지 못하는 것 중의 하나가 자동차라고 하지요. 값싸고 경제적인 소형차보다 중고차라도 크고 번쩍이는 차. 차는 한눈에 경제적 위상과 사회적 신분을 여과 없이 보여주는 수단이기 때문이지요. 그러나 그가 큰 차를 몰면서 밤에도 일을 하는 것은 그의 통장잔고가 바닥을 보이고 있음을 반증합니다. 비싼 월세를 내야 하는 집에 살고, 비싼 차를 타고 다니지만 딸을 시집보내며 그의 가계는 이미 파산 직전입니다. 그는 이러한 상황을 오로지 혼자 감내하고 있습니다. 그가 막노동으로 감당할 수 없는 생활방식을 유지하고 있다는 것은 가족조차도 모르지요.

> 신은 항상 우리의 기도를 들어 주신다.
> 단지 우리가 잘못된 기도를 할 따름이다.
> – 마리아 칼라스(Maria Callas)

매달 내야 하는 집세, 고국 이란에서의 우아한 삶에 연연하는 아내, 대학 진학을 앞둔 아들, 시댁에 체면을 지키려는 딸 등 지켜야 할 것과, 지키고 싶은 것을 위한 베라니의 노력은 이미 한계상황에 이르렀습니다. 그에게 이 집은 아내와 아들, 그리고 결혼한 딸에게 아버지로서, 가장으로서 체면과 권위를 지킬 수 있는 신의 선물처럼 보였지요.

그는 이 집을 잘 수리하면 산 가격의 4배 정도의 차액을 챙길 수 있으리라고 계산합니다. 그는 실제로도 캐시의 집을 낙찰 받고 "신의 축복"이라고 표현합니다. 동시에 그는 고국 이란에서도 경매제도가 있다고 하면서도 그곳에선 경매제도를 "합법적 강도짓"이라고 표현한다고 덧붙입니다. 그가 경매로 낙찰받은 집을 되팔아 차익을 실현하려는 자신의 계획에 대한 윤리적 함의를 잘 알고 있다는 것을 뜻하지요.

캐시에게 아버지의 추억이 서려있고 아버지의 30년 노동의 땀냄새가 고스란히 배어있는 이 집은 그녀에게 확실하게 남은 전부입니다. 그야말로 부동의 자산이지요. 남편이 자신의 곁을 떠났을 때도 캐시는 이 집이 있었기 때문에 버틸 수 있었지요. 그녀는 오빠에게 도움을 청하려 전화하지만 바쁘다는 오빠에게 아버지의 평생이 들어있는 집을 잃었다는 말을 차마 하지 못합니다. 떨어져 사는 그녀의 엄마는 딸의 이혼 사실도, 집을 잃었다는 사실도 모른 채 이모와 함께 그녀를 방문하겠다고 합니다. 이제 그녀는 집을 되찾으려는 절박함에 홀로 내몰립니다.

어린시절부터 살아온 집에서 추방당한 캐시는 이제 공중화장실에서 몸을 씻고 차에서 잠을 잡니다. 변호사의 자문을 구하던 캐시는 자신의 집(이었던)에 갔다 이미 개조 중인 것을 목격하게 됩니다. 흥분한 캐시는 공사를 중지시키려고 집 안에 들어가다 못에 발을 찔리게 되고, 자세한 영문을 모르는 베라니의 아내와 아들이 그녀를 정성껏 치료합니다.

한편 캐시를 돕다 그녀와 사랑에 빠진 보안관 래스터는 국외추방을 거론하며 베라니와 충돌합니다. 그러는 사이 베라니의 아내와 아들은 베라니의 무리한 집착에 대해 알게 되고 캐시에게 연민의 마음을 가지게 되지요.

베라니의 집착 앞에 더 이상 집을 되찾을 가망이 없어지자 캐시는 자기 파괴적 결심을 하지요. 그녀는 그녀의(혹은 베라니의) 집 앞에 가서 래스터의 권총으로 자살하려 합니다. 마침 그녀를 목격한 베라니가 그녀의 행동을 제지하고 그녀를 집 안에 들여 온가족이 그녀를 정성껏 간호합니다. 그러나 욕실에서 그녀는 또다시 약을 먹고 자살을 시도합니다. 그러나 베라니의 아내 나디의 개입으로 그녀의 시도는 미수에 그치게 됩니다. 이어 래스터가 캐시를 찾으러 오지만 베라니 가족을 믿지 못하는 그는 가족들을 욕실에 가두지요.

베라니는 주정부로부터 자신이 집에 지불한 돈을 돌려받으면 캐시에게 집을 돌려주겠다고 약속합니다. 래스터와 베라니, 베라니의 아들 이스마엘이 약속을 이행하기 위해 함께 관청으로 갑니다. 관청 앞에서 의견 차이로 래스터와 베라니가 다투고 자신의 부친이 협박을 받고 있다고 여긴 이스마엘이 래스터의 권총을 빼앗아 그에게 총을 겨누고, 이를 본 경찰들은 이스마엘을 사살합니다.

마지막 장면에서 집의 소유자를 묻는 경찰의 질문에 캐시는 자신의 집이 아니라고 합니다. 권한을 남용한 래스터는 체포됩니다. 캐시를 위해 자신의 아내와 아이를 버렸던 그는 직장까지 잃게 되지요. 아들을 잃은 베라니는 아내와 동반자살을 합니다. 집과 관련된 모든 사람이 집과 가족을 다 잃지요. 부동산으로서의 집을 향한 집착은 결국 물리적 집과 심리적 집을 다 잃게 하는 비극적 힘이 됩니다.

가족과 집. 우리말로는 둘 다 집으로 표현할 수 있지요. 가족이 한데 모여 사는 곳이 집이라는 생각이 배어있는 단어입니다. 이런 의미에서 캐시는 집을 잃어버린 현대인을 상징하는 인물로 보이기도 합니다. 그녀에게 집은 비를 피하고 잠을 잘 수 있는 곳 그 이상의 의미를 지니고 있지요. 캐시에게 이 집은 자신의 유년의 기억이 고스란히 묻어 있는 곳이며, 소원한 가족을 이어주는 끈이기도 합니다. 당장은 하루하루를 부유하듯 살고 있는 그녀를 지탱해주는 닻이기도 하지요. 이 집을 되찾으려는 캐시와 경매로 산 집이 일생일대의 기회가 되어주리라고 확신하는 베라니, 둘 다 결코 집을 포기할 수 없습니다. 그리고 둘 다 정당한 이유로 소유권을 주장하지요.

선과 악을 분명히 나누는 것은 대개의 영화에 통용되는 공식입니다. 관객은 고민할 필요없이 악한 쪽을 징계하고 선한 편을 응원합니다. 현실에서는 이 공식이 적용되지 않는 경우도 많고 선과 악을 분명하게 구별하기 힘든 경우도 많지요. 애매하고 어정쩡한 감정을 덮고 살기 일쑤입니다. 그러니 영화를 보며 마음껏 악을 징벌하며 정의의 사도가 되어보는 것도 영화를 보는 숨은 동기이기도 합니다. 무엇보다 영화는 악이 평정되고 선이 승리하리라는 믿음이 보장되는 세계이기도 하니까요.

〈모래와 안개의 집〉은 평범한 영화의 공식을 거부합니다. 대중성을 염두에 둔 영화에서 아주 드문 경우이지요. 주요 등장인물 중 어느 누구도 일방적으로 비난하기 힘들지요. 물론 그들도 결함이 있고 실수도 합니다. 그러나 영화는 그들의 마음 속을 들여다보며 그들을 다독여주고 싶은 마음이 들게 합니다. 고전비극에서처럼 그야말로 삶을 송두리째 뒤흔드는 사건에 휘말린 그들에게 공포와 연민을 동시에 느끼게 하지요.

그리스 비극은 한 사람이 태어나 자신이 쌓은 업에 따라 그에 상응하는 상벌이 주어지는 세계가 아닙니다. 태어나면서 이미 일생의 경로가 정해져 있지요. 이것이 운명입니다. 운명은 피할 수도, 바꿀 수도 없습니다. 개인은 다만 주어진 인생에 자신만의 방식으로 대응할 따름입니다. 이는 운명이라는 대전제가 없으면 그리스 비극이 가능하지 않은 이유이기도 합니다.

오늘날 우리는 신탁을 믿지 않습니다. 하지만 운명 같은 일은 있습니다. 우연이 겹치면서 필연이 되는 경우이지요. 역사에는 인간의 의지가 작동하겠지만 사람 사는 일은 사람 뜻대로 되지 않는 조건에 비틀리는 경우도 많지요. 거기에 우연이 겹치기도 하구요. 이 때문에 설명하기도 어렵고, 책임을 묻기도 어려운 비극이 생기기도 합니다.

이 영화의 엄청난 파국은 애초에 캐시가 집에 배달된 우편물을 제때 열어보지 않은 자그마한 실수로 시작되었습니다. 그리고 베라니가 조정관의 조언을 받아들여 자신이 산 값을 받고 계약을 철회했더라도 베라니 가족 전부의 죽음으로 이어지지는 않았을 것입니다. 〈모래와 안개의 집〉은 사소한 실수와 집착이 최악의 우연과 겹치며 엄청난 힘으로, 마치 운명처럼, 파국으로 치닫는 내용입니다.

캐시와 베라니 둘 다 고전적 영웅이 지닌 인물의 크기를 지닌 사람들은 아닙니다. 그리고 이들이 하는 행동이 초월적 가치에 근거하고 있지도 않지요. 그렇다고 이들이 특별히 악하거나 선한 사람도 아닙니다. 그저 보통의 욕심과 보통의 가치를 지닌 사람들입니다. 그러나 이들은 나쁜 상황이 더 나쁜 상황으로 이어지며 최악의 상황으로 치닫는 상황에 처하게 됩니다. 정교하게 일이 꼬인다는 느낌보다는 이야기 자체의 힘으로 나락으로 곤두박질친다는 느낌을 주지요. 영화의 마지막 장면은 제목 〈모래와 안개의 집〉이 자기 실현적 암시였음을 처절하게 증명합니다.

페렐만 감독은 끝까지 결코 어느 누구의 편도 들지 않습니다. 감독은 두 사람에게 다 각자 자신의 것을 지켜야 할 이유를 부여하고, 둘 모두의 행동에 동일한 당위성을 부여하지요. 감독은 조물주처럼 인간을 시험하면서 갈등의 심연 속으로 모두를 같이 끌어내립니다.

미국의 꿈을 그리며 온 베라니는 아들을 잃고 난 후 아내와 함께 죽을 결심을 하고 아내에게 말합니다. "이제 우리는 이스파한의 꽃밭으로 돌아갈거요… 쿰의 모스크… 그리고 옛 테헤란의 멋진 호텔로 가는 거요. 난 우리 가족을 너무나 멀리 우리 길을 벗어난 곳으로 데려왔소. 그러나 이제는 돌아갈 시간이요. 우리의 운명으로, 집으로 갈 시간이요." 그는 "It is time for us to go home"이라는 표현을 합니다. 이제야 횡재의 기회로서의 집(house)이 아닌, 집(home)에 대한 깨달음을 얻지요. 우리는 아직도 집을 카지노칩으로 보고 있는 건 아닐까요?

2019년 영화 〈기생충〉이 아카데미상을 받았지요. 우리는 잠시 우리 영화에 대한 자신감과 기쁨에 들떴었지요. 흥분이 가시고 오래도록 남는 여운은 상상하기 힘든 반지하와 상상을 초월하는 대저택, 그리고 피로 범벅된 처절한 결말입니다. 피보다 섬뜩한 것은 그러고도 이어지는 집에 대한 동경입니다. 끔찍하게 비극적이지만 비극이랄 수는 없는 게 우리 시대의 비극이지요. 〈기생충〉에서 각성과 윤리적 책임은 찾기 힘듭니다. 우리는 집이 아니라 안개 속의 신기루 같은 것을 좇고 있는 건 아닐까요?

글렌가리 글렌 로스

Glengarry Glen Ross, 1992

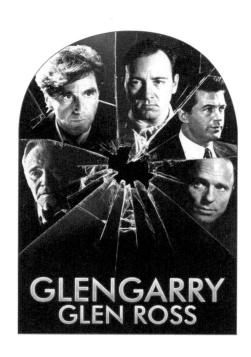

감독	제임스 폴리 (James Foley)
각본	데이빗 매밋 (David Mamet)
출연	알 파치노 (Al Pacino)
	잭 레몬 (Jack Lemmon)
	에드 해리스 (Ed Harris)
	알란 아킨 (Alan Arkin)
	케빈 스페이시 (Kevin Spacey)
	알렉 볼드윈 (Alec Baldwin)
	조나단 프라이스 (Jonathan Pryce)

| 탐욕은 좋은 것이다

가진 사람은 독을 퍼트리고,
못 가진 사람은 허기에 빠지게 하는 게 돈이다.
― 「돈」, 로렌스(D. H. Lawrence)

처절한 경쟁으로 작동되는 자본주의사회에서 밥벌이를 위해 고군분투하는 현대인의 자화상을 보여주는 영화입니다. 제목은 부동산 개발용지 이름이자 기획부동산 회사를 뜻합니다. 이 작품은 유사한 사무실에서 근무한 작가 매밋 자신의 경험에 기반하고 있지요.

무한경쟁에 내몰린 기획부동산 중개업자들을 그린 이 작품은 현대판 〈세일즈맨의 죽음〉으로 호평을 받으며 1984년 퓰리처상을 수상하였습니다. 원작자인 매밋 자신이 각본을 쓰고 제임스 폴리가 감독한 이 영화는 단 한 명의 여자나 아이도 등장하지 않고 밥벌이의 최전방에 내몰린 남자들만으로 그린 비정하고 냉혹한 세계이지요.

영화 전체의 60% 이상이 사무실을 배경으로 촬영되었고, 그럴듯한 눈요기 장면 하나 없이도 배우들의 뛰어난 연기로 이 영화는 비평가들의 극찬과 대중의 공감을 받았습니다. 세일즈맨이라면, 혹은 밥벌이의 최전선에 내몰린 사람들이라면 누구나 공감할 수 있는 내용에다 연기의 신이라 불릴 만한 대배우들 덕분이기도 했지요. 개봉당시 흥행실적은 저조했지만 현재는 거의 컬트 수준의 평가를 받는 작품이지요.

"탐욕은 좋은 것이다."(Greed is good) 영화 〈월 스트리트의 늑대〉에 나오는 유명한 대사이죠. 1980-1990년대 주식시장을 다룬 이 영화는 휴지조각이나 다름없는 주식을 팔아 그야말로 천문학적 액수의 돈을 벌었던 실존인물을 다루고 있지요. 영화의 주인공 고든 게코는 탐욕은 좋은 것이라며 이어서 말합니다. "탐욕은 정의이며, 탐욕은 유효하게 작동한다"고. 그리고 탐욕은 "진보적 정신의 정수를 포착"하는 것이라고도 합니다. 나아가서는 탐욕이야말로 제대로 작동하지 않는 미국이라는 기업을 구원할 것이라고도 하지요.

이 세계에서는 딱 한 가지만 의미가 있지:
그들에게 점선 쳐진 곳에 서명을 하게 만드는 것이야.

〈글렌가리 글렌 로스〉에는 주식중개인 대신 세일즈맨이 나옵니다. 불량주식이 아닌 쓸모없는 늪지를 파는 사람들이지요. 주식중개인도 주식 매수, 매도의 수수료와 차익을 챙기니 주식 세일즈맨이라고 할 수 있겠지요. 세일즈맨은, 고든 게코의 표현을 빌리면, 자본주의 문화의 진수를 보여줍니다.

흔히 〈글렌가리 글렌 로스〉와 함께 언급되는 작품이 아서 밀러(Arthur Miller)의 〈세일즈맨의 죽음〉(Death of a Salesman)입니다. 밀러의 작품이 20세기 중반의 미국의 모습을 보여준다면 〈글렌가리 글렌 로스〉는 20세기가 거의 끝나갈 무렵을 배경으로 하지요. 경제가 내리막으로 접어들며 꿈이든 부동산이든 팔기 힘들었던 시절이었습니다.

밀러와 마찬가지로 매밋 역시 〈글렌가리 글렌 로스〉로 퓰리처상과 토니상을 수상하며 작품성을 인정받았지요. 밀러의 작품이 발표 이후 지금까지도 가장 자주 공연되는 작품 중의 하나이고 매밋의 작품 역시 1984년 첫 공연 이후 꾸준히 무대에 올려지고 있는 작품이지요. 두 작품 다 그만큼 작품이 지니는 호소력이 크기 때문이겠지요. 세일즈맨을 다룬 이야기가 미국인들에게 꾸준히 특별한 관심을 받는 이유는 무엇일까요?

르빈: 남자는 직업으로 말하지.

밀러의 〈세일즈맨의 죽음〉이 1969년 우리나라에 번역되어 소개될 당시 번역자는 세일즈맨이라는 단어에 합당한 우리말을 찾지 못해 그냥 세일즈맨으로 번역했다고 합니다. 우리에게 세일즈맨이라는 직업이 없었기 때문이겠지요. 일찍 자본주의를 꽃피운 미국에서는 어떨까요? 밀러의 작품에서 늙은 세일즈맨 윌리는 자신의 직업에 자부심이 대단합니다. 한마디로 세일즈맨이라는 직업은 미국의 꿈을 이룰 수 있는 훌륭한 수단이었지요.

세일즈맨은 물질만능 사회에서 물건을 팔아 미국의 꿈에 다가갈 수 있게 해주는 직업이지요. 신분과 학력이 아닌, 자신의 능력과 노력만으로 별다른 자본이나 물질적 토대 없이도 성공을 보장받는 듯했으니까요. 적어도 〈세일즈맨의 죽음〉의 주인공 윌리는 그렇게 믿었습니다. 자본주의와 민주주의가 최상의 시너지를 낼 수 있는 직업이 세일즈맨이었지요. 한마디로 미국의 꿈을 이룰 수 있는, 꿈을 파는 직업이었지요.

이 비극적 세계에서 절박한 상황에 내몰린 인간들은 돈을 위해서라면 어떤 행동도 마다하지 않습니다. 세일즈맨의 세계에서 성공이란 고객들을 잘 속이는 데에 있습니다. 그들의 물질적 욕망에 관한 편집증적인 집착이 그들의 정체성을 형성해주고, 이 정체성은 곧 판매하는 능력이 되지요. 그들의 세계가 사업가와 사기꾼의 구별이 모호한 사회라는 것이 더 정확한 표현일 수도 있겠습니다. 그들은 경제적 이익을 위해 속임수를 쓰거나 도둑질을 하는 것도 마다하지 않지만 그들의 약탈적 행동들은 사업의 한 방식일 뿐이라며 정당화되지요.

매밋의 작품에서도 절박한 상황에 내몰린 기획부동산 회사의 직원들은 거래를 성사시키기 위해 상대가 듣고 싶어 하는 어떤 말도 해줄 준비가 되어있습니다. 글렌가리 글렌 로스는 아무 쓸모없는 땅을 낭만적인 이름으로 포장한 것입니다. 작품 속 세일즈맨들은 꿈에 그리던 삶을 보장한다며 물건을 팔지만 사실은 애초에 그런 물건 자체도 없습니다. 악어가 어슬렁대는 늪지가 있을 따름이지요.

이 블랙 코미디는 세일즈맨들이 해고의 위험에 처한 순간을 다루고 있습니다. 꿈을 파는 악몽의 세계, 그리고 꿈이 악몽이 되는 세계가 작품 〈글렌가리 글렌 로스〉입니다. 관리자와 세일즈맨, 세일즈맨과 세일즈맨, 세일즈맨과 소비자를 맞붙여 최후의 강자만 살아남을 때까지 무한경쟁으로 내모는 세계이지요. 이 세계에서 사기꾼이나 다름없는 등장인물들은 자본주의 체제의 냉혹함과 비인간성을 증오하며 동시에 스스로 비열함과 냉혹함을 드러내며 무너지지요.

영화는 일단 기라성 같은 명배우들이 함께 출연한다는 점만으로도 볼 만하지요. 배우들 때문에 보는 영화라 할 정도입니다. 작품이 연극무대에서 스크린으로 옮겨지기까지 무려 8년의 시간이 흘렀는데 제작비의 문제도 있었지만 제임스 폴리 감독이 알 파치노를 고집한 것이 이유라고 하지요.

알 파치노가 도저히 시간을 내기 힘들어지자 폴리 감독은 알렉 볼드윈을 섭외했는데 그때서야 알 파치노의 합류가 가능해졌다고 합니다. 이런 사정으로 합류한 배우가 볼드윈입니다. 매밋은 볼드윈을 위해 원작에 없는 역을 특별히 다시 만들어 내었지요. 볼드윈은 영화에 나오는 장면은 10분 남짓이지만 강렬한 인상을 남겼지요.

배우들끼리의 경쟁도 치열해서 자신의 촬영이 없는 날도 나와서 서로를 모니터링 했다고 하지요. 출연했던 모든 배우들이 자신들의 최고의 작품으로 꼽았을 정도입니다. 배우들의 연기에 대해서 탁월하다, 완벽하다, 최상이다, 환상적이다 등등 최고의 수식어를 동원한 찬사가 있었지요. 그리고 이들의 앙상블 또한 경지에 이르렀다는 평을 받기도 했습니다. 이 영화가 무려 아카데미상 25개 부문에 노미네이트 된 것으로도 영화의 완성도를 짐작할 수 있지요. 출연한 배우 모두 한 개 부문 이상에 노미네이트 되는 진기록을 세우기도 했습니다.

〈월 스트리트의 늑대〉와 〈글렌가리 글렌 로스〉의 또 다른 공통점을 들자면 엄청난 욕설이 난무한다는 점입니다. 전자가 당시 욕설의 신기록을 세웠다면 후자의 경우도 그에 버금갈 정도입니다. 글로 옮기기 힘들 정도입니다. 30여 년 전의 영화이지만 요즘 영화와 비교해도 심하다는 느낌이 들지요. 욕설, 그야말로 쌍욕을 예술의 경지로 구사해냈다는 평을 받지요. 여배우 한 명 안 나오고, 칼부림과 총질도 없는 이 작품이 R 등급을 받은 이유입니다.

등장인물들은 한 두 마디 건너 욕설이나 거짓, 진부한 훈계나 뻔한 감탄사를 강박적으로 입에 담습니다. 이들의 대사는 자신들도 모르는 이들의 진면목과 더불어 이들이 사는 세계, 우리가 사는 20세기 말의 세계를 보여주기도 합니다. 보다 중요한 점은 이들의 대사가 단순한 감정의 배설에 그치지 않고 이들이 처한 상황의 절박함을 드러내며, 아무리 타락한 인물들이라 할지라도, 그들의 처지에 공감과 연민을 불러일으키기도 한다는 점이지요.

커피는 계약을 성사시킨 사람만!

영화가 시작되면 허름한 중국식당에 모여 있던 세일즈맨들이 사무실로 호출됩니다. 때마침 비까지 주룩주룩 내리는 밤입니다. 본사에서 실적을 점검하고 독려하려 온 블레이크가 4명의 세일즈맨들에게 실적에 따라 포상하겠다고 말합니다. 이 영화의 첫 장면에 르빈이 커피를 따라 마시려 합니다. 그때 블레이크가 제지하며 말합니다. 계약을 성사시킨 사람만이 커피를 마실 자격이 있다는 거지요. 세일즈를 독려하기보다 실적이 좋지않은 세일즈맨에게 망신을 주기 위한 말이지요. 비인간적이고 살벌한 이 장면은 영화가 그리는 세계의 모습을 함축하고 있지요.

블레이크는 1등은 캐딜락, 2등은 스테이크용 나이프 세트, 3등은 해고, 즉 절반은 해고하겠다고 선포합니다. 블레이크는 세일즈의 핵심 공식을 반복적으로 얘기하기도 합니다. 그것은 ABC입니다. 실적이 저조한 이들을 분발시키기 위해 본사에서 온 블레이크는 "ABC. A – Always. B– Be. C – Closing. Always Be Closing."를 주문처럼 반복합니다. "항상 계약을 성사시켜라"는 뜻이지요. 지금도 세일즈맨을 교육시킬 때 쓰는 말이라고 합니다.

요즘 실적이 좋은 로마(Al Pacino)는 신경쓰지 않지만 모스(Ed Harris)는 발끈하며 반발하고, 그나마 덜 약삭빠른 조오지(Alan Arkin)는 자기연민에 빠지며 불평을 늘어놓지요. 하지만 뾰족한 타개책은 없습니다. 해고가 거의 확실시되는 두 명은 무자비한 회사에 복수하기 위해 구입가능성이 높은 고객명단을 훔쳐 경쟁사에 넘기기로 합니다. 비인간적 처우와 배신에 따른 회의나 고민은 찾기 어렵습니다. 이들의 부도덕함은 그들이 블레이크와 존과 같은 관리자들의 약탈적이고 비인간적인 행태의 희생자라는 점을 감안한다고 할지라도 공감하기 어렵지요.

블레이크는 불평하는 모스에게 다가가 팔목을 걷어 자신의 시계를 보여줍니다. 내 시계는 네가 타고 다니는 고물차보다 훨씬 비싼 것이라는 거지요. 사람의 값어치는 차고 다니는 시계와 타고 다니는 차로 결정된다고 포효하듯 말하지요. 90년대라 모스가 타고 다니는 차를 싸구려 한국산이라며 폄하하는 게 우리 귀에 거슬리지요. 요컨대 대접받고 싶은 만큼 돈을 벌어들이라는 말입니다.

그러면서 블레이크는 덧붙입니다. 그는 쇠구슬이 두 개 달린, 고환 모양의 종을 흔들며 돈을 벌지 못한다는 것, 경쟁에서 처지는 것을 남성성과 연결 지으며 남자로서의 자존심을 무지막지하게 긁기도 합니다. 돈을 벌지 못하면 제대로 된 사내가 아니라 내시라며 조롱하는 거지요. 모멸감에 사로잡힌 모스는 결국 복수를 획책합니다.

지금까지의 실적이라면 해고가 거의 확정될 인물 중에 셸리 르빈(Jack Lemmon)이 있습니다. 그는 한때 '기계'라 불린 사람이었지만 요즘은 실적이 엉망일뿐더러 가정사도 겹쳐 나락에 빠져 있는 상태입니다. 그는 60을 목전에 둔 적지 않은 나이에다 딸이 아파 병원에 입원한 상태이고 주머니에는 달랑 30달러가 전부이지요. 그는 고객명단을 관리하는 존(Kevin Spacey)에게 매달립니다. 우수고객 명단을 달라고, 그럼 커미션을 나눠주겠다고.

르빈을 연기한 잭 레몬은 앙상블 연기임에도 이 영화에서 독보적이었지요. 협박에 비굴하게 협상을 시도하다가 버럭 화를 내기도 하고, 삶에 지친 피폐한 모습을 보이는가 하면 거들먹거리기도 하지요. 그의 모습은 애잔하기도 하고 뻔뻔해 보이기도 합니다.

요즘 실적이 가장 좋은 로마는 블레이크의 소환에 응하지도 않고 고객을 대상으로 현란한 말솜씨로 끈질기게 회유하고 있습니다. 결과는 성공이었지요. 르빈은 계약을 유지하게끔 로마를 도와주고 자신도 8만 달러짜리 계약을 성사시킵니다. 그는 존의 코앞에 계약서를 흔들며 "남자는 성과로 말한다"거나 "남자는 직업으로 말하는 거야"라며 우쭐거리지요. 극도로 위축되어 존에게 매달리던 그가 잠시 자신감을 회복합니다. 그러나 다음 날 로마의 고객이 계약철회를 요구합니다.

이들의 세계에서 실적이 좋은 사람은 계약성사 확률이 높은 고객 명단을 제공받고, 그렇지 못한 사람은 계약 가능성이 거의 없는 고객을 대상으로 세일즈를 해야 합니다. 이게 바로 이 세계의 모두스 비벤디입니다. 세일즈맨들은 처우에 대해 불평하지만 블레이크와 존은 1등에게만 우수고객명단을 주겠다고 하며 사무실을 나가지요. 그날 밤 사무실에 도둑이 들어 고객명단과 아울러 로마가 어리숙한 고객 링크를 갖은 회유를 다해 계약한 서류가 사라집니다.

경찰이 들이닥치고 사건의 전모가 드러납니다. 르빈이 모스와 공모하여 벌인 일이었지요. 르빈은 존이 모른 체 해주면 자신이 받을 커미션의 상당한 부분을 나눠주겠다고 제안합니다. 존은 르빈에게 폭탄발언을 합니다. 계약자로부터 받은 수표는 지불 능력이 없는 공수표였다고. 승자 없이 패자들만이 무한경쟁에 내몰린 세일즈맨들의 세계가 〈글렌가리 글렌 로스〉입니다.

로마가 자신의 계략에 말려들지 않는 고객에게 하는 말은 그대로 〈글렌가리 글렌 로스〉의 세계관입니다. 한마디로 '도덕이란 없다'였습니다. 올바름과 정의, 공정이란 없다고 공공연히 내뱉는 세계, 살벌하지요. 자본주의의 어두운 뒷면, 미국의 꿈이 미국의 악몽으로 변한 세계 〈글렌가리 글렌 로스〉였습니다.

하워즈 엔드

Howards End, 1992

감독　제임스 아이보리 (James Ivory)

출연　안소니 홉킨스 (Anthony Hopkins)

　　　　바네사 레드그래이브 (Vanessa Redgrave)

　　　　헬레나 본햄 카터 (Helena Bonham Carter)

　　　　엠마 톰슨 (Emma Thompson)

| 단지 연결하라!

4월은 가장 잔인한 달,
죽은 대지에서 라일락꽃을 키워 내고
추억과 욕망을 뒤섞고
잠든 뿌리를 봄비로 깨운다.
겨울은 우리를 따뜻하게 감싸 주었네, 대지를
망각의 눈으로 뒤덮고, 메마른 뿌리로
희미한 생명을 길러 주었다네.
— 「황무지」, T. S. 엘리엇

영화의 배경은 1910년대입니다. 런던은 초기 형태의 자동차들로 북적이고 기차가 영국 전역을 연결하고 있지만 시골에서는 말과 마차가 여전히 주요 교통수단으로 애용되고 있습니다. 19세기 끝자락과 20세기 초입의 가치가 어지럽게 공존하는 일종의 물질적, 정신적 혼란의 시기였지요.

영화는 동명의 E. M. 포스터(E. M. Forster)의 원작에 바탕하고 있습니다. 그는 1879년에 태어나 1970년에 작고했지요. 그의 생애는 20세기에 길게 걸쳐 있지만 창작활동은 대부분 에드워디언 시대에 이루어졌습니다. 벨 에포크라고 불리는 시대와 거의 일치하는 시기이지요. 그를 두고 또 다른 영국 소설가 D. H. 로렌스(D. H. Lawrence)가 "당신은 나에게 마지막 영국인처럼 여겨진다"라고 했을 정도로 그의 소설은 시대를 정치하게 그려냈습니다.

19세기가 끝나고 20세기가 시작되면서, 세계대전이란 끔찍한 공통의 경험을 겪기 직전 정점에 달한 근대정신이 이 시기의 특징입니다. 이성에 근거한 새로운 시대에 대한 희망에 들뜨고, 각종 신문물에 환호하던 시기였지요. 동시에 이 시기는 새로운 시대의 새로운 문제와 옛 시대에서 넘어온 오래된 문제가 공존하던 시기이기도 했습니다. 영화에서 마차와 자동차가 함께 거리를 누비고 있는 것처럼 말이지요. 〈하워즈 엔드〉는 급격하게 변모한 당시 사회의 계층갈등과 소통의 노력을 배경으로 하고 있습니다.

> 루스: 나는 여러 다른 나라의 어머니들을 함께 모을 수 있다면
> 더 이상 전쟁이 일어나지 않으리라고 항상 생각했어요.

영화 〈하워즈 엔드〉는 서로 다른 세 계층의 사람들의 조우를 다루고 있습니다. 영국에서 시작된 산업혁명의 성과로 부를 축적한 신흥 상류층이 새롭게 부상했고, 그들이 운영하는 공장과 사무실에서 일하는 노동자 계층도 형성되기 시작했지요.

헨리 윌콕스와 레너드 바스트가 각각 지배 자본가계층과 노동자계층을 대표하는 인물들이지요. 윌콕스 가문은 아프리카에까지 진출하여 부를 축적합니다. 이들은 매우 실용적이고 이재에 밝지요. 원작자의 말을 옮겨온다면 "전보와 분노"(telegrams and anger)가 그들의 행동코드이자 원동력입니다. 이들은 포스터가 그토록 경멸했던, 세계를 돈으로 주무르는 코스모폴리탄이라는 새로운 계급이었지요.

한편 바스트는 태양이 지지 않는 대영제국을 무대로 하는 자본

주의의 거대한 물결에 올라타지 못한 계층의 일원이지요. 그러나 레너드 바스트는 경제적으로는 열악한 상황이지만 전형적인 하층민과는 다릅니다.

> 슐레겔 가문 사람들은 모두 예외적 존재들이지.
> 물론 뼛속까지 영국인이긴 하지만. 그들의 아버지는 독일인이었어.
> 그래서 그들이 문학과 예술을 사랑하는 거야.

상이한 두 사회계층 사이의 중간계층이 슐레겔 집안입니다. 슐레겔 집안의 자매인 마거릿과 헬렌은 상류층인 윌콕스 가문, 하층민인 바스트와 각각 연결되며 주축이 되어 영화를 이끌어 가지요. 성씨로 알 수 있듯 그들은 독일에서 온 사람들이죠.

이들은 아무런 경제활동도 하지 않지만 물려받은 재산으로 상당히 여유있는 삶을 살고 있습니다. 이들은 독서와 토론을 즐기고 음악을 사랑하며 매우 교양있고 무엇보다 인간관계를 중시하지요. 원작자 포스터의 말을 빌리자면 윌콕스 가문의 사람들이 산문(prose)이라면 이들은 시(poetry)에 해당되는 부류의 사람들입니다. 이들은 또한 사회문제에도 관심을 가져 여성참정권을 옹호하는 등 인습에 구애받지 않는 진보적 사회관을 지니고 있습니다.

포스터는 소설 〈하워즈 엔드〉에 "단지 연결하라"는 헌사를 바쳤습니다. 바스트가 전형인 육체 노동자가 아니라 지적인 인물이라는 점은 상징적입니다. 그는 시와 음악을 사랑하고 자신이 읽은 소설 속 인물처럼 북극성을 보며 동이 터 올 때까지 밤새 걷는 낭만적인 인물이지요. 노동자 계층으로는 매우 예외적인 인물입니다. 애초에 슐레겔 자매와 연결될 수 있었던 것도 음악해설 프로그램을 통해서였지요. 그러나 바스트는 노동자였다가 실업자가 되어 끼니마저 걱정해야 하는 처지로 전락하게 됩니다.

중류계층의 헬렌이 바스트와 연결될 수 있었던 것이 바스트의 교양과 지성이었다는 점은 슐레겔 자매가 지닌 진보적 사고의 한계를 나타내는 것으로 보입니다. 슐레겔 자매는 노동자가 아닌, 지적이고 교양있는 바스트에게 호의를 베푼 거였지요. 그러나 바스트는 그녀들과 연결되며 정신적인 계층상승을 했을지는 몰라도 실제로는 비참한 말로를 맞게 됩니다. 이런 점에서 노동을 하지 않으며 유산으로 풍족한 삶을 누리며 지적으로 하층민과 약자에 동조하는 슐레겔 가문의 이중성과 취약성이 드러나기도 합니다. 자력으로 부를 축적한 헨리 윌콕스는 이러한 점을 꿰뚫어봅니다.

우산이 바뀌는 우연한 일로 바스트가 슐레겔 자매의 집을 방문하게 되지요. 자매와의 대화를 통해 바스트의 꿈이 드러납니다. 그가 지닌 잠재력이 발휘되기 위해서는 경제적 도움이 필요하다고 생각한 자매는 이웃인 윌콕스 가문을 통해 그에게 더 나은 일자리를 알아 봐주려 합니다.

> 헨리 윌콕스: 가난한 사람들을 감상적으로 대하지 말아요. 가난한 사람들은 그냥 가난한 거요. 안되긴 했지만 어쩌겠소.

마거릿은 헨리 윌콕스에게 바스트의 재능과 낭만적 열정에 대해 설명합니다. 윌콕스는 마거릿의 시선이야말로 낭만적이라고 지적합니다. 낭만적이라는 말에는 슐레겔 자매의 행동이 능력 없는 호의에 지나지 않는, 비현실적인 자기 위안이라는 뜻이 숨겨져 있지요. 왜냐하면 슐레겔 자매가 바스트를 위해 해줄 수 있는 게 사실 없기 때문이지요.

헨리 윌콕스는 바스트를 돕고 싶어하는 자매에게 정보를 건넵니다. 바스트가 근무하는 보험회사가 재정악화로 폐업할 위험이 있다는 정보이지요. 헬렌은 바스트에게 이직을 권유했지요. 하지만 호의로 건넨 이 정보는 잘못된 정보임이 드러납니다. 이 일로 바스트는 직업을 잃고 빈곤계층으로 전락하게 됩니다. 마거릿은 어쩔 수 없는 일로 생각하지만 헬렌은 책임감을 느끼며 괴로워하지요.

> 마거릿 슐레겔: 그리스와 달리 영국은 진정한 신화가 없어요.
> 있는 거라고는 마녀와 요정뿐이죠.

자매는 당시 첨예한 계급갈등에 대한 태도를 보여줍니다. 헬렌이 자신이 믿는 가치에 단호한, 이상주의자의 태도를, 헨리가 철저한 현실주의자의 방관적 태도를 취한다면 마거릿은 상반된 가치의 조화를 이루려 노력하지요. 토론을 즐기는 마거릿은 여성의 참정권을 두고도 의견이 나뉘자 어느 한 쪽 편을 들지 않지요. 그녀는 "토론은 집에 활기를 불어넣죠"라 합니다.

엇갈리는 사안을 두고 자기주장만 앞세워 반목하는 건 갈등만 부추길 뿐이지요. 마거릿은 중재자로 나서 혼란의 시간을 유예합니다. 급속한 변화 대신 완충하는 시간을 두어 갈등을 최소화하겠다는 태도입니다. 자신이 신봉하는 가치에 단호한 이상주의자 헬렌과 달리 유연하고 낙천적인 마거릿은 어느 것 하나를 선택하는 게 아니라 둘의 가치를 모두 받아들여 조화를 이루는 데 더 관심이 있습니다.

현실을 무시, 혹은 부정하는 이상주의는 무력하거나 오히려 파괴적인 결과를 초래하지요. 포스터는 현실에 두 발을 단단히 짚고 이상을 추구하는 마거릿에게 희망을 걸고 있습니다. 그녀가 이전 세기의 가치와 새롭게 부상하는 가치를 연결하며 새로운 세기를 맞이할 수 있는 적임자라고 보았지요.

영화 제목과 동명인 저택, 하워즈 엔드는 영화의 또 다른 주인공입니다. 공간적으로 부의 중심지인 런던과 대비되는 하워즈 엔드는 런던 교외에 있는 윌콕스 집안의 전원풍 저택입니다. 에드워디언 시대가 영화의 시간이라면 도시도 농촌도 아닌 근교의 하워즈 엔드는 영화의 공간입니다.

하워즈 엔드는 사실 런던 근교의 낡고 평범한 저택입니다. 요란한 치장으로 과시하지 않은, 조용하고 안전하고 편안한 전원의 집입니다. 영국다움의 진수를 상징하는 곳이지요. 하워즈 엔드는 루스 윌콕스 부인이 태어난 집이자 그녀의 오빠가 그녀에게 물려준 집입니다. 그녀는 북적이고 소란스럽고 공사장 같은 런던을 떠나 이 곳에서 살고 있습니다. 그녀는 영화 시작과 더불어 일찍이 죽지만 마치 하워즈 엔드처럼 영국의 전통과 과거를 상징하는 인물입니다. 우아하고 자애로우며 관대하고 겸손하지요. 루스는 자신의 사후에 아무런 혈연관계도 없는 마거릿에게 하워즈 엔드를 물려줌으로써 진정한 노블레스 오블리쥬를 실천하는 모습도 보여줍니다.

집이 사회계층을 과시하는 수단이기도 하다는 점은 그 때나 지금이나 여기나 거기나 비슷합니다. 루스는 마거릿에게 하워즈 엔드를 물려준다는 유서를 작성했지요. 그러나 유족들은 임종 직전 연필로 쓴, 효력 없는 유언장이라며 이 사실을 함구하고 유언장을 태워버리지요. 냉혹한 자본가의 논리이지요. 루스의 죽음으로 하워즈 엔드는 주인 없는 집이 됩니다. 어떤 의미에서 영화는 주인이 사라진 집 하워즈 엔드의 주인을 찾는 이야기라고도 할 수 있습니다.

하워즈 엔드는 시간의 차이를 두고 루스와 마거릿이 연결되는 공간입니다. 이는 이전의 가치와 새롭게 부상하는 가치가 서로 부딪히고 갈등하는 과정이 궁극적으로 접점을 찾아 연결되는 것을 은유한다고도 하겠습니다. 하워즈 엔드는 세기와 세기를 연결하는 안착의 장소이면서 동시에 두 집안의 화해의 장으로, 나아가 서로 다른 계층을 포용하는 상징으로 작동하지요. 이에 비추어 볼 때 하워즈 엔드는 욕망의 대상이 아니라 영혼의 안식처로서의 집의 의미를 부각시키고 있지요. 영화는 공간적으로 하워즈 엔드에서 시작해 하워즈 엔드로 끝납니다.

집을 같이 쓰면 어떻겠소?

"집을 같이 쓰면 어떻겠소?" 헨리 윌콕스가 마거릿 슐레겔에게 청혼하는 말입니다. 중간에 잔인한 우연도 끼어들지요. 자매를 찾아 하워즈 엔드에 온 바스트는 마침 그곳에 도착한 헨리의 장남 찰스의 칼을 피하다 책장에 깔려 죽게 되지요. 우여곡절 끝에 마거릿은 하워즈 엔드를 물려받게 되고, 마거릿의 사후에는 조카에게 상속한다는 약속까지 받아내지요. 헬렌과 바스트의 아이가 바로 그 조카입니다.

이러한 끝맺음은 루스에서 마거릿으로 연결이 이루어지며 전통의 단절을 극복하고, 새로운 시대의 가치관을 유연하게 수용하는 지혜를 보여주지요. 경제적으로 중간계층인 슐레겔 가문과 자본가 계층인 윌콕스 가문은 하워즈 엔드에서 최종적으로 연결되며 화해할 뿐 아니라 하위계층인 바스트를 품게 되지요.

이런 끝맺음이 사회계층 사이의 갈등을 완전히 해소할 수 있다는 의미는 아니겠지요. 그럼에도 불구하고 "단지 연결하라"는 포스터의 뛰어난 예지가 오늘날처럼 절실한 때도 없는 듯합니다. 역사 소설가인 리차드 휴즈(Richard Hughes)는 히틀러가 소설을 읽었다면 히틀러가 되지 않았으리라고 말했지요. 영화 〈하워즈 엔드〉를 보며 우리 시대가 겪는 갈등과 분열도 아름다운 화해의 방법이 있으리라는 생각입니다.

테크놀로지
디스토피아

트루먼 쇼

The Truman Show, 1998

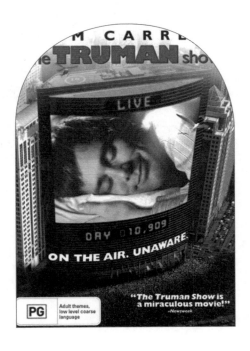

감독   피터 위어(Peter Weir)

출연   짐 캐리 (Jim Carrey)

　　　　 에드 해리스 (Ed Harris)

| 이 쇼는 우리 모두 함께 하는 쇼야

모든 게 변했어, 완전히 변했어.

끔찍한 미인이 탄생했어.

− 「부활절, 1916」, 예이츠

　전세계를 덮친 코로나의 여파로 중단되었던 칸 영화제가 2022년 다시 열렸지요. 칸 영화제의 공식포스터는 영화 〈트루먼 쇼〉의 마지막 장면을 차용하였습니다. 주인공 트루먼이 태어나면서부터 평생을 살아온 가상세계를 탈출하는 장면이지요. 이 영화는 트루먼이라는 한 남자의 삶을 24시간 엿보는 리얼리티쇼입니다. 영화 자체가 남의 삶을 엿보는 것이니 영화라는 장르에 대한 오마쥬라고도 할 수 있겠지요.

　이 영화가 미래를 내다본 작품이 될지는 꿈에도 몰랐다.

　위의 인용문은 〈트루먼 쇼〉를 비롯하여 200편 넘는 작품을 제작한 파라마운트 영화사의 CEO였던 셰리 랜싱(Sherry Lansing)이 한 말입니다. 오늘날 우리는 모두가 자신의 삶을 생중계하며 사는 시대에 살고 있는 듯합니다. 인스타그램에 업로드하는 자신의 일상에 실제 삶보다 더 많은 시간과 노력을 들이기도 하지요.

　사실 요즘 우리는 가상인간, 가상현실, 가상화폐 등 버추얼

(virtual)에 익숙해져 있습니다. 메타버스에서 버추얼 샤넬 백을 사고, 심지어 메타버스에서 버추얼 성폭행을 당했다는 뉴스도 나왔지요.

게다가 모든 사람들이 24시간 손에 카메라를 들고 있으니 요즘은 누가 연출자이고 누가 배우인지도 구분하기 애매한 강력한 가상세계가 구축됐다고 할 수 있지요. 수많은 뉴스와 감정들이 여과되거나 정제되지 않은 채 서로의 삶에 침투하는 일도 다반사이고요. 우리에게 리얼리티란 무엇일까요? 리얼리티라고 믿도록 연출되고 있는 것은 무엇일까요?

우리는 우리에게 제시되는 대로 세상의 리얼리티를 받아들이지.

〈트루먼 쇼〉는 다양한 철학적 개념을 동원해 우리 문명의 미래 모습과 삶을 상상했다는 점에서 각별한 평가를 받는다는 생각이 듭니다. 플라톤의 동굴의 비유가 먼저 떠오르지요. 그에 의하면 동굴 안에 사람들이 갇혀 있고 이들은 몸이 결박되어 고정된 상태로 오직 동굴 안쪽 벽만 바라볼 수 있습니다. 벽에는 온갖 것들의 그림자가 어른댑니다. 벽에 어른대는 것 외에 본 적이 없는 이들은 그 그림자가 세상의 전부라고 믿는 것은 물론 자신들이 묶여 있다는 것도 인지하지 못하지요. 그들은 실재를 인식할 수 없고 동굴 밖 세상의 존재도 모릅니다.

〈트루먼 쇼〉가 발표된 다음 해에 나온 〈매트릭스〉에서 인류는 인공지능을 위한 생물학적 에너지 공급원으로 감금당한 처지입니다. 이들은 결박되어 있지는 않지만 뇌에 매트릭스라는 프로그램이 심겨져 있어, 완벽한 가상현실을 실재로 믿고 살아갑니다. 진실과 허상에 대한 플라톤의 고전적 논의는 현대에 이어 미래까지 이어집니다.

재개된 칸 영화제의 포스터로 〈트루먼 쇼〉의 한 장면을 가져온 것은 리얼리티와 리얼리티의 재현, 허구의 힘은 물론 리얼리티 조작 등 현대인의 삶에 깊숙이 침투해 있는 문제들에 대한 진지한 사고를 촉구하는 선구적 작품에 경의를 표한 것인 듯합니다. 우리가 리얼리티라고 알고 있는 것이 동굴에 어른대는 그림자일 수도 있다는 것이죠.

지금의 미디어 환경은 SF 영화처럼 급속도로 발전하고 있습니다. 뉴미디어 테크놀로지는 리얼리티와 버추얼 리얼리티의 경계를 허물어뜨리면서 진실, 혹은 현실이라는 개념도 애매해졌지요. 일찍이 조지 오웰(George Orwell)은 『1984』에서 전체주의 사회를 가능케 하는 미디어 테크놀로지의 위험을 날카롭게 경고하는 통찰을 보여주었지요.

오늘날 우리는 오웰의 상상을 훨씬 뛰어넘는 영상정보화 사회의 거대한 미디어제국에 살고 있습니다. 디지털과 인공지능은 사이버 세상을 만들어내어 현실의 문턱을 넘어서고 있고, 우리의 일상과 인간관계는 점점 더 온라인과 사이버공간에 의존하고 있지요. 테크놀로지의 발달은 현실을 완벽하게 모방한 가상현실(VR)을 넘어 현실에 없는 것까지 보여주는 증강현실(AR)을 구현하고 있습니다. 진짜와 식별 불가능한 가짜를 손쉽게 만들어내는 딥페이크 기술은 가짜뉴스의 도구가 되어 진짜와의 경계를 없애면서 현실과 가상의 경계를 분간하기 어렵게 만들고 있지요.

관음증적 본능과 매스미디어의 위력이
개인을 얼마나 파괴할 수 있는지를 보여준다.

〈트루먼 쇼〉는 코미디영화로 소비되기도 하지만 미디어 테크놀로지가 고도로 발달한 이 시대에는 오히려 공포영화에 가깝다고할 수 있습니다. 오웰이 소설을 발표했던 1949년 당시 소설 속의빅브라더는 허구의 공간에서 창조된 괴물에 불과하였지만 지금은고도로 발달된 테크놀로지가 빅브라더 이상으로 사회전체를 감시, 통제할 수 있게 되었습니다. 〈트루먼 쇼〉는 타인의 삶을 엿보고 싶어하는 인간의 관음증적 본능과 결합된 매스미디어 테크놀로지의 파괴적 위력을 보여주고 있습니다.

타인의 삶에 대한 관심은 사람이 가진 뿌리깊은 본능이지요. 신화와 성경, 옛 이야기에도 관음증을 경계하는 이야기가 넘쳐납니다. 달의 여신 다이아나의 목욕하는 모습을 훔쳐본 청년은 사슴으로 변해 자신이 사냥할 때 데리고 다니던 사냥개에게 물려 죽는벌을 받았지요. 뒤돌아보지 말라는 신의 명령을 어긴 롯의 아내는구원의 기회를 놓치고 소금기둥으로 변했고요. 중세시대에 고디바 부인의 알몸을 본 사람은 "훔쳐보는 톰"(Peeping Tom)이라는 불명예를 안게 되었지요. 정보수집의 방법이 지극히 제한적이고 기회가 많지 않았던 시절에 타인의 삶에 대한 관심은 생존과도 직결된 중요한 행동이었습니다. 그러나 오늘날은 사정이 다르지요. 대중은 원하든, 원치않든 거대 매스미디어가 쏟아내는 정보에 무력하게 노출되어 있습니다.

나는 수백만의 사람들에게
희망과 기쁨과 영감을 주는 텔레비전쇼의 창조주야.

〈트루먼 쇼〉의 주인공 트루먼은 거대한 세트장인 씨헤이븐에서 열심히 살고 있습니다. 시청자들은 쇼라고 알고 있지만 그 자신만은 쇼인지 모르지요. 깔끔하고 완벽하게 정돈된 세트장인 씨헤이븐은 트루먼에게 지상낙원일까요? 트루먼은 씨헤이븐에서 한 인간으로서 평범하지만 행복한 삶을 누리고 있는 것일까요?

누군가 나를 24시간 지켜보고 있다면 어떨까요? 마치 세계가 하나의 유리어항이고, 나의 삶이 그 속의 물고기처럼 투명하게 노출된다면요? 트루먼은 이 상상할 수 없는 삶을 살아갑니다. 그는 17억 시청자의 관찰대상으로 살고 있습니다. 그는 인격체가 아니라 그저 콘텐츠자료의 하나입니다.

모든 건 진실이야. 모든 게 진짜야. 가짜는 아무것도 없어.
이 쇼에서 보는 어떤 것도 가짜가 아니야. 단지 통제될 따름이지.

영화 속 트루먼 쇼의 연출자 크리스토프는 "씨헤이븐은 조금 통제되기는 하지만 한 사람의 진짜 인생을 다루는 고귀하고 행복한 세상"이라고 주장합니다. 그의 말처럼 영화 속 트루먼이 살고 있는 거대한 스튜디오 씨헤이븐은 완벽하게 통제되는 천국일 수도 있습니다. 우리가 인생에서 마주하는 두려움은 많은 경우 불확실성에 의한 것인데, 그곳의 삶은 예측불가한 돌발상황이 원천적으로 배제되어 있습니다. 해고를 당할 걱정도 없고 집세 때문에 전전긍긍할 일도 없지요. 그는 매일 똑같은 상황을 마주하며 매일 똑같은 인사로 화답하지요.

정말 씨헤이븐은 트루먼에게 지상낙원일까요? 영화는 씨헤이븐의 기만적 모습을 통해 이를 비판하고 있습니다. 우선 거의 완벽하게 통제된 씨헤이븐은 거짓과 기만이 넘치는 곳입니다. 트루먼이 마땅히 누려야 할 모든 인간관계의 기쁨과 슬픔은 거짓으로 점철되어 있고, 트루먼 주변의 모든 사람들은 오직 프로그래밍 되어 있는대로 행동하는 연기자들일 따름입니다. 심지어 트루먼의 아내도 연기자입니다. 그녀는 아이를 갖는 문제로 남편인 트루먼과 얘기하는 중에도 큐사인에 따라 코코아 광고를 합니다. 어릴 적부터 함께 우정을 다져온 친구 역시 트루먼의 고민을 들어주며 맥주 광고를 잊지 않습니다.

17억의 사람들이 그의 일거수 일투족에 슬퍼하고 웃으며 그를 지켜보았지만 그들이 사랑한 건 트루먼이라는 인간이 아니라 트루먼 쇼라는 프로그램이지요. 시청자들의 사랑도 쇼가 끝나면 채널을 돌리듯 쉽게 사라지는 종류의 것이지요.

　어느 날 완벽하게 통제된 세계인 씨헤이븐에 돌발상황이 생깁니다. 하늘에서 조명이 떨어지고 죽은 줄 알았던 아버지가 살아서 거리에 돌아다니지요. 뿐만 아니라 운전 중이던 트루먼은 라디오가 자신의 동향을 생중계하는 걸 듣게 되지요. 트루먼은 의문을 품게 됩니다. '이제껏 리얼리티라고 믿어왔던 모든 것들이 혹시 버추얼 리얼리티가 아니었을까? 혹은 그 모든 것들이 그림자였단 말이야' 하는 의문인 거죠. 트루먼은 첫사랑 실비아를 기억해냅니다. 그녀는 모든 것이 가짜라며 트루먼을 오락성 소비재가 아닌, 인격체로 대해 준 사람이었지요. 그녀는 트루먼에게 세트장을 빠져나오라고 말한 유일한 사람이었습니다. 트루먼은 네오처럼 씨헤이븐이라는 매트릭스를 벗어나는 모험을 감행합니다.

언제라도 떠날 수 있었지만 그러지 않았어.
마음만 먹으면 진실을 알 수 있는데도 시도하지 않았지.

　〈트루먼 쇼〉는 단순히 매스미디어에 대한 강한 비판의식만 담긴 것이 아닙니다. 인간의 자유의지를 다루고 있기도 합니다. 이 영화는 우리가 얼마나 주체적인 삶을 살고 있는가, 우리의 삶을 내가 아닌 다른 누군가에 의해 흘러가게 내버려두지는 않았는가? 짜인 각본대로 연출되는 삶을 사는 사람이 될 것인가, 나의 의지대로 내 삶의 각본을 스스로 쓰는 사람이 될 것인가 하는 질문을 던집니다. 주인공 트루먼이 방송 스태프들의 온갖 방해를 이겨내고

빛의 속삭임

세트장을 탈출하려던 순간, 크리스토프가 트루먼을 회유하려 하지요. 진짜 세상은 위험하다고, 여기는 안전하다고.

트루먼과 만찬가지로 영화 〈매트릭스〉에서 주인공 네오도 가상현실이 가상인 줄 모르고 살아가고 있었지요. 네오 역시 트루먼처럼 선택의 순간을 맞이합니다. 〈매트릭스〉에서 선각자 모피어스는 네오에게 빨간 약과 파란 약을 제시하며 선택하라고 하지요. 선택에 따른 정보도 제공합니다. 빨간 약은 혼돈스럽고 고통스러운 진실의 세계를, 파란 약은 정돈되고 편안한 가상의 세계를 선택하는 것이라고.

주인공 네오는 "무지가 행복"이라는 유혹을 거부합니다. 네오는 스스로의 자유의지로 빨간약을 선택합니다. 〈매트릭스〉가 디지털 세상을 향해 던지는 메시지이지요. 인간은 실재를 인식할 수 있고, 자유의지로 행한 선택을 통해 가짜와 미망의 세계를 바꿀 수 있다는 것이지요. 보다 중요하게는 인간의 위대함은 고통을 감수해야 할지라도 진실을 갈망한다는 것이지요.

우리는 왜 트루먼의 탈출에 공감하고 카타르시스를 느끼는 것일까요? 진실을 향한 트루먼의 고단한 여정은 통제와 억압 속에서 자유를 쟁취하기 위해 분투했던 인간의 역사와 닮아 있습니다. 인류는 지금 우리에게 당연한 것들을 누리기 위해 엄청난 위험과 모험을 기꺼이 해왔지요.

트루먼은 인위적으로 조작된 기억으로 인한 트라우마를 극복하고 거친 바다에 도전합니다. 그는 익사할 위험에 빠지면서도 앞으로 나아가고 드디어 버추얼 리얼리티의 경계 앞에 섭니다. 그리고 혼돈스럽고 고통이 따르더라도 리얼리티를 선택합니다. 콘텐츠자료에서 '진정한 인간' 트루먼이라는 인격체로 거듭나는 순간입니다. 칸 영화제의 포스터도 바로 이 장면을 담았지요.

기술적인 면에서도 〈트루먼 쇼〉는 자연스러움보다는 인위적인 촬영기법을 사용하고 있습니다. 화면에 트루먼이 꽉 차도록 당겨 찍는 줌인 기법과 망원경으로 사물을 관찰하는 느낌의 아이리스 편집이 대표적이지요. 이는 관객에게 트루먼의 일상이 촬영되고 있다는 것을 알려줍니다.

뿐만 아니라 〈트루먼 쇼〉는 시청자들의 모습도 함께 담아내고 있습니다. 영화속에서 〈트루먼 쇼〉의 시청자들은 식사를 할 때도, 욕조에 들어앉아서도 TV에서 눈을 떼지 못합니다. 요즘 휴대전화에 몰두해서 신호등도 안 보고 길을 건너거나 좀비처럼 길을 걷는 사람들을 보면 이 영화가 얼마나 예언적인지 알 수 있지요.

카메라가 있음을 아는 순간 진실은 사라진다.

극도로 상업화된 미디어 테크놀로지가 쏟아내는 수많은 정보 속에는 날것 그대로의 진실이란 없습니다. 대중들의 이상, 두려움, 선호, 추구하는 모든 것이 윤색되고 가공된 형태로 제공되지요. 이러한 미디어에 끊임없이 노출된 대중은 교묘하게 가공, 조작된 정보를 진실로, 미디어가 부추기는 욕망을 자신의 욕망으로 믿게 되지요.

조회수와 시청률을 위해 가짜뉴스를 만들어내고 연예인의 사생활을 파헤치고 스캔들을 생산하는 수많은 미디어들도 크리스토프와 비슷하지요. 〈트루먼 쇼〉는 돈과 시청률을 위해서라면 사생활 침해를 저지르는 건 물론 점점 더 자극적이고 선정적으로 변해 가는 미디어에 대한 비판이기도 합니다. 미디어가 관음증을 부추기고 있지요. 이런 의미에서 트루먼은 TV 프로그램의 주인공이기보다는 대중매체의 폭력성에 노출된 피해자라 볼 수도 있습니다. 사생활 침해는 물론, 그의 인생 전체가 짜깁기된 각본이기 때문이지요.

영화는 불법촬영, 사생활 침해 등과 같은 현실 문제의 일면을 날카롭게 묘사하고 있으며 동시에 이를 소비하는 대중의 문제점도 우회적으로 지적하고 있습니다. '트루먼 쇼'는 거짓으로 꾸민 쇼가 아닌, 한 개인의 일상을 날것 그대로, 솔직하게 보여주는 프로젝트라 선전되지요. 그러나 사실은 돈과 권력이 목적인 리얼리티쇼로 그 속에서 트루먼은 크리스토프라는 쇼의 총괄 제작자가 조작하는 대로 살아가는 실험용 모르모트였을 뿐입니다.

피터 위어 감독은 극도로 상업화된 미디어와 미디어 테크놀로지가 초래할 위험을 암시하고 있습니다. 트루먼이 세트장을 빠져나가자 시청자들은 그에게 환호하지만 쇼가 끝나는 순간 재미있는 프로그램을 찾아 곧바로 채널을 돌려버리지요. 이쯤 되면 시청자들마저 TV에 의해 조종되는 불쌍한 존재로 격하된다는 느낌을 받습니다.

〈트루먼 쇼〉의 이러한 설정은 최근에 방송이 앞다퉈 선보이고 있는 '리얼' 버라이어티쇼의 진정한 끝판왕인 듯합니다. 2023년 현재 우리는 자신의 삶을 생중계하는 데 익숙해져 있습니다. 모두가 '트루먼 쇼'의 주인공이 되길 자처하는 세상이 된 듯합니다. 인스타그램에 업로드하여 보여지는 내 삶이 실제 내 삶보다 더 중요한 가치를 갖게 되고, 수많은 뉴스와 감정들이 여과되거나 정제되지 않은 채 서로의 삶에 침투하고 있지요. 미디어는 대중의 알 권리라는 이유로 도덕적 책임에서 비켜서 있지요. "의도했든 안 했든 우리는 관음증 환자"(수전 손탁(Susan Sontag))입니다.

사람들이 잊고 있는데 이 쇼는 나라 전체 사람들이 함께하는 거야.

영화는 이런 문제의 원인이 매스미디어에만 있다고 말하지는 않습니다. 영화는 관음증에서 헤어나지 못한 채 무려 30년간 트루먼의 인생을 훔쳐본 시청자들의 행태도 꼬집고 있습니다. 일찍이 수전 손탁은 "자극적인 것에 대한 즐거움은 복잡한 사유를 해야 하는 수고로움을 덜어준다"고 간파하였지요. 대중은 사유할 필요를 망각한 채 미디어의 소비자로 전락하였습니다.

영화의 마지막 장면에서 트루먼이 세트장을 탈출하자 어쩔 수 없이 '트루먼 쇼'가 중단되지요. 그러자 쇼를 시청하던 두 사람이 다른 프로그램을 찾아 무심히 채널을 돌리는 장면을 보여주며 영화는 마무리됩니다. 이 장면은 오늘날 숱한 미디어의 역기능에 대한 책임이 미디어 자체에만 있는 것이 아니라, 그것에 호응하고 동조하는 시청자들에게도 있음을 넌지시 보여주고 있습니다.

이 영화는 짐 캐리라는 명배우의 연기에 묻혀버리기 쉽지만 트루먼 이외의 인물, 배경, 소품 등도 다각도에서 해석의 여지가 있습니다. 트루먼(Truman)은 'True man' 즉 진실한 사람이라고 쉽게 해석 가능하지요. 진실을 찾아 나서는 그의 운명을 암시하지요. 트루먼이 세트장을 탈출하기 위해 탄 배의 이름은 산타 마리아호입니다. 컬럼버스가 신대륙을 찾아 나섰을 때의 배 이름과도 같지요. 매트릭스에서 네오가 고통이 따르더라도 빨간약을 선택했듯이 트루먼도 진실이라는 새 세계를 향해 거친 항해를 떠난다는 의미를 담고 있습니다.

거대한 세트장인 씨헤이븐은 이름과 달리 안식처(헤이븐)가 아니라 감옥이고, 리얼리티가 아닌 매트릭스의 세계였지요. 마지막 장면에서 세트장의 출구는 하늘이 배경입니다. 이 때문에 트루먼이 계단을 오르는 모습은 마치 천국으로 가는 것처럼 보이기까지 하지요. 트루먼에게 씨헤이븐이라는 매트릭스와 크리스토프라는 가짜 신에게 벗어나, 그가 사랑하고 그를 사랑하는 연인 실비아가 있는 '진짜' 세상이 천국일 수도 있습니다.

매트릭스는 모든 곳에 있어,
우리 주위의 모든 곳에, 심지어 우리가 있는 방 안에도 있고,
창 밖을 내다봐도 있지.
네가 TV를 켤 때도, 출근을 할 때도, 교회에 갈 때도,
세금을 낼 때도 그것을 느낄 수 있지.
매트릭스는 진실을 보지 못하도록 눈을 가리는 세계야.
어떤 진실을 말하는 거죠? 바로 네가 노예라는 진실.

거대한 세트장을 짓고 트루먼을 가둔 채 그의 일상, 결혼, 직업까지 모든 걸 조종해온 크리스토프는 트루먼에게는 예수를 연상시키는 그의 이름처럼 신과 같은 존재이지요. 그 신이 자신의 곁에 있으면 평안한 삶을 약속하겠다며 자신의 통제를 받아들이라

고 하는 셈입니다. 플라톤의 비유처럼 그 속에 갇혀 사는 대부분의 사람들은 모든 것들이 신의 섭리이거나 혹은 운명으로 받아들이며 살지요. 하지만 트루먼은 평안한 삶을 보장하는 통제보다는 자유의지에 의한 삶을 선택합니다. 크리스토프로 그려진 신은 오랜 기간 개인의 생각과 행동을 가둬 온 종교와 사회 관습 그리고 기성세대의 틀일 수도 있겠습니다.

트루먼은 씨헤이븐이라는 매트릭스를 미련 없이 떠납니다. 그러나 영화 〈매트릭스〉는 모두가 빨간 약을 선택하고 매트릭스를 벗어나려고 하지는 않는다는 것도 보여줍니다. 인공지능은 양질의 전기를 인간에게서 얻어야 하지요. 따라서 인간이 최상의 상태로 잘 살도록 최선을 다하여 통제하려고 할 것이기 때문이지요. 매트릭스에 남기를 선택하는 것이 합리적 선택지의 하나일 수도 있지요. "매트릭스는 가짜야!" 이 말에 매트릭스 잔류를 선택한 사이퍼가 말합니다. "나는 매트릭스가 이 세상보다 더 진짜 같다고 생각해." 사이퍼의 선택에 많은 사람들이 겹쳐 보이는 우리의 현재입니다.

오늘날 우리는 현기증이 날 정도로 빠른 속도로 초기술시대로 진입하고 있습니다. 가상과 현실의 경계는 이미 쉽게 분간할 수 없게 되었지요. 그리고 가상세계에 대한 우리의 의존도 또한 점점 커지고 있습니다. 과연 우리는 고통스럽더라도, 〈매트릭스〉의 네오처럼 빨간 약을, 트루먼처럼, 'True Man'이기를 주저없이 선택할 수 있을까요?

마이너리티 리포트

Minority Report, 2002

감독 스티븐 스필버그 (Steven Spielberg)

출연 톰 크루즈 (Tom Cruise)

콜린 파렐 (Colin Farrell)

맥스 폰 시도우 (Max von Sydow)

| 살인으로 이룬 살인 없는 세상

> 당신을 앞으로 발생할 살인사건의 살인자로 체포합니다.

필립 K 딕.(Philip K. Dick: 1928-1982) 웬만큼 열성적인 SF 독자가 아니라면 생소할 법할 이름이지요. 그러나 영화 〈블레이드 러너〉나 〈토탈 리콜〉의 원작자라고 하면 그 이름이 갖는 무게는 달라집니다. 그는 20세기의 대표적인 SF 작가로 44편의 장편소설과 121편의 중, 단편을 발간했습니다. 이들 중 다수는 영화화되어 각광을 받으며 그는 "할리우드에서 가장 사랑받는 SF 작가"로 인정받게 되지요. 죽은 다음해인 1983년에는 그의 이름을 딴 필립 K. 딕상이 제정되었습니다. 이 상은 현재 휴고상 및 네뷸러상과 함께 세계 3대 SF 문학상입니다.

필립 K 딕은 각종의 공포증과 우울증, 망상증에 시달렸고 마약 남용으로 환각을 경험하는 일도 잦았지만 이런 경험을 내재화하여 표현해낼 수 있는 탁월한 지성의 소유자였습니다. 그의 작품은 SF 작품의 전형적인 클리셰들을 차용하고는 있지만 거기에서 멈추지는 않지요. 그의 작품은 정체성의 혼란, 가상현실, 시뮬라르크, 음모론, 전체주의, 환경오염 등 20세기 특유의 주제와 현실을 함께 녹여내고 있지요.

그의 소설은 흔히 디스토피아적 요소와 형이상학 그리고 통속적인 SF 요소가 혼재되어 있습니다. 그의 소설의 주인공은 영웅이

기보다는 소시민에 가깝고, 많은 경우 존재론적인 고뇌에 빠져 기억의 혼란을 경험하지요. 이러한 상황은 주인공의 현실의 삶에 균열을 일으키며 리얼리티에 대한 물음과 성찰로 이어지지요. 영화 〈매트릭스〉와 〈인셉션〉은 그의 영향을 가장 직접적으로 받은 영화로 평가됩니다.

〈마이너리티 리포트〉는 이 작가의 소설 중 세 번째로 영화화되는 작품입니다. 영화로 만들어진 세 편의 작품들의 공통적인 특징은 미래 초기술사회가 불러올지 모르는 윤리의 붕괴, 공동선의 붕괴, 현실과 환상의 인과관계 붕괴에 대한 경고 또는 점검입니다.

영화의 배경은 2054년 미국의 수도 워싱턴입니다. 범죄가 일어나기 전에 범죄를 예측해 범죄자를 미리 단죄하는 최첨단 치안시스템인 프리크라임(Precrime) 덕분에 시민들은 안전하고 평화롭게 살아갑니다. 프리크라임으로 불리는 이 시스템은 범죄가 일어날 시간과 장소, 및 범죄자를 예측하는 최첨단 시스템입니다. 자동화된 시스템이 앞으로 범죄를 저지를 사람을 지목하면 특수경찰들이 미래의 범죄자를 찾아내 체포합니다.

톰 크루즈가 연기한 주인공 존 앤더튼은 이러한 임무를 수행하는 특수경찰입니다. 영화는 아내의 불륜현장을 목격한 어느 가정집의 남편이 아내를 살인한다는 예측으로 시작됩니다. 존 앤더튼은 프리크라임의 리더로, 살인현장의 영상을 분석해서 어디서 살인이 일어날지를 파악하여, 체포팀과 함께 살인을 할 뻔한 남편을 살인을 저지르기 전에 체포하는 데 성공합니다. 체포된 남성이 자신은 정말 죽일 생각은 없었다며 항변합니다. 철저한 시스템 신봉자였던 존은 남성의 말을 무시하고 체포하지요.

맞아요. 시스템은 완벽하죠. 결함은 인간에게 있으니까요.

영화는 워싱턴에서 효과가 검증된 프리크라임 시스템을 전국적으로 확대하기 직전의 시점에서 시작됩니다. 시스템의 전국확대에 앞서 프리크라임 시스템의 감사를 위해 연방정보국에서 파견된 대니 위트워가 합류합니다.

대니는 프리크라임 시스템의 법적오류를 지적합니다. 살인을 하기 전에 예방적으로 사람을 체포, 구금하는 것은 사법적 오류일 뿐만 아니라 살인을 행하기 직전에 마음을 바꿔 포기할 수도 있다는 겁니다. 그는 미래가 확정되어 있다는 결정론에 회의적입니다. 반면에 존은 지금까지의 경험에 의하면 프리크라임 시스템에 오류가 없음이 드러났다며 대니와 첨예하게 대립합니다. 존은 자신의 아들을 범죄로 잃은 아픈 기억이 있고 그만큼 범죄예방에 헌신적입니다. 대니는 시스템의 작동원리를 설명 들은 후 말합니다. "맞아요. 시스템은 완벽하죠. 결함은 인간에게 있으니까요."

존의 말이 일리가 없는 것도 아닙니다. 결국 일어날 일은 일어날 터이니 이를 예측하여 수많은 사람들의 생명을 구할 수 있다는 것이지요. 그러던 어느 날 프리크라임 시스템은 믿을 수 없는 살인을 예견합니다. 그것은 바로 존 자신이 누군가를 살해한다는 것이었지요. 존의 피해자로 예측된 사람은 심지어 존이 알지도 못하는 사람이었습니다.

이제 프리크라임의 모든 시스템이 존의 추격에 나서고 존은 미래를 바꾸기 위해 직접 미래의 피살자를 찾아 나서게 됩니다. 존은 도망자가 되어 신분을 세탁하고 프리크라임의 창조자를 찾아

갑니다. 그는 뉴로인이라는 마약 중독자의 아이들 중 극히 일부가 미래를 예지하는 능력을 갖게 되었으며, 이들 중 3명이 바로 프리크라임 시스템의 예지자들이라는 것, 또한 메이저리티 리포트와 아울러 마이너리티 리포트도 각각 따로 존재한다는 것도 알려주지요. 아울러 마이너리티 리포트는 폐기되어야 할 부분이기에 안전하게 오직 예지자들의 의식 속에만 저장되어 있다는 사실도 존에게 말해줍니다.

하지만 마이너리티 리포트는 존재 자체가 시스템의 불완전성을 입증한 것이라 내부적으로는 강제로 삭제, 폐기되어 왔습니다. 존은 딜레마에 빠지게 됩니다. 이제 그는 그토록 강하게 믿었던 자신의 신념 즉, 운명 결정론을 버리고 사람이 자유의지로 운명을 바꿀 수 있다는 걸 증명해야 하는 입장이 됩니다.

존은 자신이 살인을 하지 않을 거라는 마이너리티 리포트를 찾아 시스템의 오류를 밝히고 자신의 억울함도 풀 수 있으리라고 생각합니다. 이를 위해 존은 예지자의 몸속에 저장된 마이너리티 리포트를 다운로드 받아야만 합니다. 그는 존이라는 자신의 신원을 감추기 위해 불법 홍채이식 수술을 받지요. 신분을 세탁한 그는 프리크라임 조직 침입에 성공합니다. 주요 예지자인 아가사를 빼돌려 빠져나온 존은 아가사의 뇌를 해킹하지만 충격적이게도 마이너리티 리포트는 존재하지 않는다는 걸 알게 되지요.

신념은 선택이 아니다. 그건 너의 운명이다.

마이너리티 리포트 확보에 실패한 존은 자신이 살인을 저지른다고 예언된 장소로 갑니다. 그곳에서 존은 크로우라는 남자를 만나게 됩니다. 그가 있는 방에는 그가 바로 존의 아들을 죽인 범인이라는 증거들이 쌓여 있었지요. 분노한 존은 그를 죽이려 합니다. 예지자인 아가사는 존에게 말합니다. 당신은 미래를 알고 있으니 원한다면 미래를 바꿀 수 있다고. 아가사는 미래를 아는 자는 선택을 할 수 있다며 살인을 계속 말리지요.

긴장이 감도는 순간, 미리 범행이 예언된 시간에 맞춰 두었던 존의 시계가 울리지만 이성을 되찾은 존은 크로우를 죽이지않고 미란다 원칙을 고지합니다. 그러나 크로우는 존에게 자신을 죽이라고 재촉합니다. 그러면서 그는 사실 자신은 존의 아들을 살해하지 않았고, 누군가와 모종의 거래로 살인범인 척한 것이었으며, 예언이 이루어져야 자신의 가족들이 돈을 받을 수 있다며 자꾸 자신을 죽이라고 재촉합니다. 정확한 증거들이 침대 위에 뿌려져 있었지만 이렇게 친절한 증거들은 조작된 것이었고 함정이었던거죠.

차고 넘치는 증거 앞에 아들을 죽인 범인을 찾았다고 생각한 순간, 크로우의 얘기를 들은 존은 혼란에 빠지게 됩니다. 뜬금없이 자백을 하는 크로우에게 도대체 누가 그런 일을 사주했는지 묻지요. 하지만 자신의 목숨을 담보로 예정된 돈을 가족에게 전달하려는 크로우는 혼란에 빠진 존의 총구를 자신의 배에 갖다 대고, 존은 실수로 총을 발사해 크로우를 살해하게 됩니다. 시간이 조금 지연되긴 했지만 미래를 바꿀 수 있을 줄 알았던 존의 생각은 빗나가고, 예지자의 예언이 그대로 이루어지고 만 셈이 되었지요.

살인으로 이룬 살인 없는 세상!

아가사와 존은 살인현장을 벗어나 도주합니다. 대니와 프리크라임 부서는 크로우의 살해 현장에 뒤늦게 도착하지만 현장에 있는 아이들의 사진 등 지나치게 많은 증거에 대니는 의구심을 품게 됩니다. 게다가 현장에는 존이 놓고 간 아가사의 리포트가 있었지요.

대니는 충격적인 사실을 알게 됩니다. 예지자들의 엄마인 앤 라이블리는 프리크라임의 헛점을 아는 고위간부에 의해 교묘하게 살해당했다는 사실이지요. 이를 알아낸 대니는 프리크라임의 최고책임자 버제스에게 이를 알립니다. 그러나 가장 탁월한 예지자인 아가사가 없어서 프리크라임이 작동하지 않는 것을 알고 있는 버제스는 대니를 살해합니다. 버제스는 이를 존의 살인으로 위장합니다.

사정은 이랬습니다. 프리크라임 시스템을 구축할 당시 예지자들의 어머니 앤 라이블리가 나타나 예지자들의 친권을 주장하며 시스템의 부품처럼 취급되는 아이들을 돌려달라고 주장합니다. 하지만 그들이 없이 프리크라임 시스템은 존재할 수 없기 때문에 버제스는 아가사의 어머니를 없애기로 하지요.

버제스는 누구의 의심도 받지 않고 아가사의 어머니를 죽이기 위해 교묘한 계획을 세웁니다. 그것은 똑같은 살인을 두 번 하는 것이었지요. 그는 이것을 실천하기 위해 살인 청부업자를 고용해 앤을 익사시키도록 교사합니다. 계획대로 1차 살해시도는 프리크라임에 걸려 저지되고, 청부업자는 체포되지요. 경찰이 돌아간 틈을 타 버제스는 청부업자와 똑같은 복장을 하고 똑같은 방식으로 앤을 익사시켜 살해합니다. 두 번째 살해 역시 아가사가 예지를 했지만 판독기술자들은 두 번째 영상과 첫 번째 영상의 차이를 눈

226

치채지 못하고 그저 첫 번째 예지의 잔영으로 여겨 삭제해 버리고 말지요. 버제스는 완전범죄에 성공했다고 생각했습니다.

버제스는 신설된 프리크라임의 최고 자리에 오르게 됩니다. 이 모든 건 프리크라임 시스템을 미국 전역으로 확충하려는 버제스의 계략이었습니다. 시스템에 의심을 품는 사람들을 제거하면서 자신의 입지와 권력을 계속 유지하려고 한 것이었지요. 결국 프리크라임 시스템은 살인으로 이룬 살인 없는 세상이었습니다.

존은 프리크라임 시스템 확대 기념 파티장에 잠입합니다. 이때 시스템은 존의 피살이 예지되고, 존을 발견한 버제스는 그의 뒤를 밟지요. 버제스는 시스템의 완벽함을 증명하기 위해서 예지된 대로 존을 죽이고 감옥에 가거나, 존을 죽이지 않고 프리크라임의 결점을 노출시켜야 하는 딜레마에 빠지게 됩니다. 버제스는 결국 자신이 원했던 최고의 자리에 오르는 취임식에서 선물로 받은 권총으로 자살합니다.

이 영화는 미래에 우리가 살게 될 모습을 과학적 지식을 기반으로 묘사하고 있어서 흥미롭습니다. 영화는 만들어진 시점으로부터 약 50년 후인 2054년의 세계를 그리고 있습니다. 영화 속의 현실처럼 변하고 있는 오늘날 우리 사회와 삶의 모습을 보면 놀라울 정도로 미래예측이 정확한 영화입니다.

영국의 공리주의 철학자 제러미 벤담은 1791년 파놉티콘(panopticon)이라는 이름의 원통모양 교도소를 만들자고 제안했습니다. 파놉티콘은 그리스어 모두(pan)와 보다(opticon)를 합친 단어입니다. 이 원형감옥에서는 교도관은 수감자들의 모든 것을 볼 수 있지만 수감자들은 감시당하고 있다는 것을 알 수 없습니다. 하지만 "최대 다수의 최대 행복"을 위해 파놉티콘이 필요하다는 벤담의 주장은 소수자의 권리를 억누르고 착취를 합법화하는 대명사로 전락되며 역사의 무대에서 서서히 사라졌습니다.

그러나 팬데믹으로 공동체 안전이 위협받으면서 벤담의 유령이 되살아났습니다. 테크놀로지를 이용한 감시장치를 활용하여 각종 범죄를 미연에 방지할 수 있다는 것이지요. 잠재적 범죄를 예방하기 위해 우리 모두 디지털 파놉티콘의 세상에 살자는 말처럼 들립니다. 과연 맞는 말일까요? 철학자 들뢰즈는 어떤 테크놀로지도 인간의 가치와 개인정보를 보호하지 못한다면 결국 통제사회가 될 것임을 경고합니다.

당면한 위험 앞에서 건강과 안보와 공익을 내세우는 정책들을 개인정보나 인권을 이유로 비판하기는 쉽지 않습니다. 그러나 수집된 정보가 어떤 식으로 사용될지 개인이 알고 대처하기는 불가능에 가깝지요. 개인정보 보호를 외치지만 실제로는 감시와 통제를 강화하는 데 사용되는 것을 이미 경험하고 있기 때문입니다.

테크놀로지와 권력이 유착하고 권력이 불안정할 때 디지털 파놉티콘 사회의 위력과 부작용은 상상하기 어려울 정도로 심각할 수도 있습니다. 테크놀로지가 가치중립적이며 그 발전이 만인에게 낙관적 미래를 제시해 준다는 기술발전론적 사고는 이미 너무 순진한 생각임이 판명되었습니다. 이미 우리는 테크놀로지가 사회의 권력관계를 심화시키고 지배를 강화하거나 나아가 인간의 기계종속을 유도하고 있음을 경험하고 있습니다. 통치하고 감시하는 권력의 실체도 모른 채 개인의 인권이 쉽게 희생될 수 있지요. 무분별한 테크놀로지 도입에 비판적 시선을 강화해야 하는 이유입니다.

〈마이너리티 리포트〉는 운명결정론과 자유의지의 대립이라는 오랜 철학적 주제를 다루고 있기도 하지요. 미래의 범죄를 확신하는 존은 운명 결정론자이고 예지자의 오류가능성을 밝히려는 대니는 인간의 자유의지를 신봉하는 쪽이죠. 버제스는 "신념은 선택이 아니다. 그건 너의 운명이다"라 말합니다. 우리는 어떤 세계관이나 신념을 스스로 선택한다고 믿지만, 실제로는 운명에 의해 그 신념을 갖게 되었을 뿐이라는 의미로 결정론적 세계관을 대변하지요.

영화는 존이 자신이 살해하리라고 예측된 인물을 죽이지 않는다든지, 버제스가 결말에서 존에게 용서를 구하며 스스로 죽음을 선택하면서 인간의 자유의지를 옹호하고 있습니다. 인공지능과 빅데이터가 완벽에 가깝게 진보한다 하더라도 그러한 테크놀로지를 움직이고 발전시키는 존재는 인간이지요. 그리고 인간은 결함도 약점도 기타 엉뚱한 욕망과 비열함 그리고 똑같이 고결한 도덕성과 양심을 가진 복잡한 존재이지요.

"감기 치료제는 언제 나오나?" 버제스가 꿀을 탄 허브차를 감기약 대용으로 마시며 하는 대사입니다. 범죄방지 시스템이 작동되는 최첨단의 미래에도 감기만은 어쩔 수 없다는 스필버그식의 유머이지만 테크놀로지 만능 시대에도 테크놀로지가 고전하는 영역이 있군요. 감기라네요. 코로나도 그런 듯합니다.

세상의 끝에서
희망을 말하다

칠드런 오브 맨

Children of Men, 2006

감독   알폰소 큐아론 (Alfonso Cuarón)

출연   클라이브 오웬 (Clive Owen)

줄리안 무어 (Julianne Moore)

마이클 케인 (Michael Caine)

| 놀이터에서 아이들 소리가 사라졌어요

세계는 오늘 지구에서 가장 어린 디에고 리카도의 죽음으로
큰 충격에 빠졌습니다.

알폰소 쿠아론 감독의 영화 〈칠드런 오브 맨〉은 뉴스를 전하는
아나운서의 목소리로 시작됩니다. 뉴스에 따르면 디에고는 "18년
4개월 2일 16시간 8분" 동안 살았고 그동안 태어난 아이는 한 명
도 없습니다. 인류 종말의 전주곡인 셈이지요.

영화는 알 수 없는 이유로 사람의 생식능력이 사라진 2027년 풍
경을 그립니다. 내일을 기약할 수 없게 된 세계는 암울하지요. 폭
력과 테러가 횡행합니다. 거리에는 "가임검사 거부는 범죄다" "불
법 이민자를 신고하라" 같은 내용의 표지판이 붙어 있고 그 앞에
서는 한 무리의 군중이 시위를 벌입니다. "불임은 신의 형벌이다.
회개하라."

영화의 원작자인 P. D. James는 한 인터뷰에서 "미래가 없다면
우리는 어떻게 행동할까"라는 물음에 답을 찾기 위해 책을 썼다고
밝혔습니다. 그녀의 책은 인류가 거울에 비친 스스로의 모습을 보
게 하지요. 더 이상 새 생명이 태어나지 않는 세상에서 우리의 모
습은 과연 어떠할까요? 과거와 단절되고 미래를 위해 애쓸 이유도
필요도 없는 상황이 인간을 얼마나 비인간적으로 만들까요?

〈칠드런 오브 맨〉은 1992년에 발표된 동명의 SF소설을 영화화

한 것입니다. 영화는 외계의 낯선 침입자나 서로 다른 시공간이 혼재하는 탈현실적 미래가 아닌, 근미래 사회를 그리고 있습니다. 〈칠드런 오브 맨〉의 시대적 배경은 2027년입니다. 지구는 초고령사회 정도가 아니라 출산 없는 고령사회로 접어든 상태입니다. 뉴스 속의 디에고의 나이를 생각하면 영화가 제작된 2006년부터 지구상에 한 명의 사람도 출생하지 않은 채 2027년에 이른 것입니다.

영화는 불임의 이유를 의도적으로 모호하게 하면서 언뜻언뜻 기후 변화, 핵폭발, 빈부격차, 테러 등의 정보를 내비칩니다. 영화제작 당시의 현실이 문명쇠락과 인간절멸의 가능성을 내포하고 있다는 암시이지요. 그럼에도 영화에서 엄격한 경찰 독재국가 영국은 불임으로 인한 공포와 혼란을 난민의 탓으로 돌리며 목숨을 걸고 영국땅을 밟은 이들을 "바퀴벌레처럼 잡아서" 우리에 가두고 있습니다.

영화와 현재 사회가 구분되는 지점은 불임입니다. 우리 사회는 자발적 불임으로 인구가 줄고 있지만 2027년 인류는 알 수 없는 이유로 번식능력을 상실한 상태입니다. 그러니 넉넉 잡아도 100년 남짓한 시간 안에 인류는 멸종위기 종에서 멸종된 종이 될 운명이지요.

미국의 비평가 수전 손탁은 관객이나 독자가 받게 되는 후련한 만족감을 SF소설이나 영화의 매력으로 꼽았습니다. 외계인 침입자나 환경악화의 주범을 무찌르고 단죄하면서 내면의 폭력적 성향이나 부도덕한 감정을 발산할 수 있다는 것이지요. 그러나 이 영화는 이런 식의 감정발산에서 오는 카타르시스를 기대할 수 없습니다. 영화 속의 상황은 오늘날 우리가 처한 상황과 너무도 비슷하고 뚜렷한 악인이나 대처방법이 보이지 않음은 물론이고 은연중에 우리 모두가 공범임을 암시하고 있으니까요.

영화가 보여주는 디스토피아적 모습은 가난한 나라와 빈곤층에서 이미 벌어지고 있는 일입니다. 쿠아론 감독은 "SF영화를 만들려는 의도가 아니었습니다. 현재의 상황에 대한 영화를 만들고 싶었습니다"고 인터뷰에서 밝히기도 했지요. 영화는 "지금껏 우리가 경험해보지 못한 두렵고 희망 없는 세계에 대한 비전"을 보여주고 있습니다.

> 테오: 너무 늦었어요. 세상은 망했다고요. 불임 때문이 아니라
>   이미 세상은 가망이 없었어요.

영화 속의 세계는 전세계가 무정부상태로 테러가 일상화된 위험사회입니다. 뉴욕엔 핵폭탄이 터졌고, 화면에서 잠깐 비치는 서울은 물에 잠겨 있습니다. 대량 난민사태를 촉발한 원인이 무엇인지 정확히 말하고 있지는 않지만 전세계의 도시들이 테러단체에게 함락되고 사람들은 조금이라도 나은 환경을 찾아 몰립니다. 영화에서는 그나마 시스템이 작동하는 곳이 영국이고 그곳으로 난민들이 몰려듭니다. 그러나 영국 또한 몰려드는 난민에 대한 인도적 해결책은 없습니다. 운 좋게 영국땅을 밟은 난민은 동물처럼 우리에 갇히게 되지요.

영국 또한 새 생명은 태어나지 않고 국가 시스템은 붕괴 직전입니다. 살아있는 사람들도 그들이 마지막 세대인 것을 알고 있습니

다. TV 앵커는 "현재 사회에서는 가족과 사회를 버려야 한다"고 호소하고, 정부는 노인들에게 약물을 이용한 조력자살 광고를 하고 있는 상황입니다. 사실상 정부가 해줄 수 있는 것이라고는 편안하게 죽을 수 있는 약품 공급뿐이지요. 사회는 가시적인 난민문제 외에 무질서와 폭력, 그리고 냉소주의가 만연해 있습니다.

새로운 세상이 시작될까?

주인공 테오는 짐승처럼 철창에, 갇혀있는 난민들 곁을 커피를 마시며 아무런 동요없이 지나칩니다. 그도 한때는 파시스트적인 정부에 대항하던 사회운동가였지만 지금은 정부관료로 살고 있지요. 그에게 줄리안이 찾아옵니다. 그녀는 억압적인 정부에 맞서 난민의 권익보호를 위해 활동하는 피시당을 이끌고 있습니다.

줄리안은 테오의 전처입니다. 그들은 부부사이에 하나뿐이었던 외아들 딜런이 죽자 관계가 소원해지며 각자의 길을 가고 있지요. 그녀는 테오에게 난민소녀 키의 통행증을 부탁합니다. 그 소녀는 기적적으로 임신한 상태입니다. 영화는 테오가 인류의 마지막 희망인 그 소녀를 안전하게 "인간 프로젝트"를 연구하고 있는 미래호에 승선시키기 위해 고군분투하는 여정을 담고 있습니다.

피시당 내부에서도 갈등이 생깁니다. 줄리안은 키와 태어날 아기의 안전이 최우선입니다. 그러기 위해서는 그들을 미래호에 승선시켜야 하지요. 그러나 또 한편에서는 아기를 볼모로 이민자의 인권을 보장받고 싶어 합니다. 인류의 희망이 될 아기를 정부와의 협상용으로 쓰려는 루크는 줄리안을 살해합니다.

테오는 키와 산파였던 미리엄을 데리고 탈출에 성공하여 오랜 친구 재스퍼의 은거지로 갑니다. 재스퍼 역시 테오, 줄리안과 함께 한때는 사회운동을 했지만 지금은 나이들고 삶에 지쳐 옛 노래와 마약을 위안 삼아 살고 있지요. 존 레논이 살아있으면 이런 모습이겠구나 하는 느낌을 주는 인물입니다.

놀이터에서 아이들 소리가 사라지면서 절망이 시작되었지요.
정말 이상해요.
아이들의 목소리가 없는 세상에서 대체 무슨 일이 일어나고 있는 건지.

아이들이 밖에서 재잘대며 뛰놀고 있습니다. 엄마가 집 안에서 그 모습을 내다보고 있습니다. 그러나 이는 벽화와 기록으로만 남은 세상의 모습입니다. 테오는 아이들이 사라진 놀이터의 그네에

빛의 속삭임

앉아 있는 키의 뒷모습을 지켜봅니다. 키의 뱃속에서 세상에 나올 준비를 하고 있는 아기가 언젠가는 저 그네에 엄마와 함께 앉아 조잘거릴 날이 올까요? 미리엄은 키에게 안전한 출산을 위한 호흡법 등을 알려주지요. 그녀는 키를 담보로 이용하려는 세력으로부터 키를 보호하기 위해 스스로를 희생하는 인물입니다.

테오와 키는 아기를 미래호로 데려갈 수 있는 배를 구할 방법을 찾으려 애씁니다. 재스퍼는 이민자 격리구역에 일부러 잡혀 들어가서 휴먼 프로젝트 배에 탑승할 수 있는 방법을 알아내어 테오에게 알려줍니다. 키는 안전한 곳에 도착하여 아이를 낳습니다. 테오가 어두운 세상의 빛이 되어줄 아이를 받지요. 테오는 키와 아기를 데리고 인간 프로젝트를 진행하는 과학자들이 있는 미래호에 승선하기 위한 장소에 도착합니다. 인류의 희망이 될 아기와 엄마가 미래호에 승선하고 영화의 마지막에는 아이들의 웃음소리가 들립니다.

알폰소 쿠아론 감독은 거의 예언자적인 상상력을 발휘합니다. 그는 환경문제, 인종적, 민족적 갈등, 빈부의 격차, 종교적 갈등, 권력의 오남용 등 광범위한 문제들을 언급합니다. 전 지구적인 문제를 하나로 압축한 것이 바로 불임이지요. 그것은 인류의 절멸을 의미합니다. 그리고 그는 모두가 외면하고 기피하는 가장 낮은 자에 눈길을 돌려 생명의 탄생을 말합니다

지구라는 제한된 조건 내에서 제한된 자원은 인류의 필요를 충족시킬 수 있을지는 몰라도 욕망을 충족시킬 수는 없지요. 욕망충족을 위한 자원약탈이 점차 한계상황에 이르면서 인류는 무한경쟁에 내몰리게 되는 상황에 익숙해져 가고 있습니다. 영화는 난민

을 돕는 인도적 행위를 불법으로 처벌하고, 고령화 문제를 해결하기 위해 조력자살을 권장합니다. 이러한 상황은 국수주의와 인종주의의 온상이 되어 전체주의와 독재정권이 득세하게 되지요. 영화는 전세계적인 불임의 저주를 말하고 있지만 공포를 이용하여 권력의 횡포를 정당화하는 현대사에 대한 비판이기도 합니다.

영화에서는 혼돈과 파국의 근본 원인이 불임이지요. 불임의 원인은 명확하지 않습니다. 그러나 자본주의와 결합한 물질만능주의가 한계상황에 이르며 가려져 있던 부작용이 표출되어 현재의 디스토피아를 만들어냈다는 함의를 비치고 있습니다.

예컨대 테오는 키의 이동허가서를 발급받기 위해 사촌이자 정부의 예술보호 장관인 나이젤을 찾아갑니다. 그의 집 벽에 피카소의 게르니카가 걸려있습니다. 게르니카는 전체주의와 독재체제에 의해 희생된 지구촌의 현실을 암시하지요. 나이젤의 머리 위로는 대형 돼지풍선이 떠있습니다. 애니메이션 〈붉은 돼지〉의 오마주이지요. 그 작품에서 미야자키 하야오는 "파시스트보다는 돼지가 낫다"고 했지요.

나이젤의 소장품 중에는 미켈란젤로의 다비드상이 있습니다. 다비드 즉, 다윗은 히브리인들의 구원자입니다. 이외에도 영화는 구원에 대한 암시가 풍부합니다. 나이젤은 피에타상을 구하는데 실패해서 아쉽다고도 합니다. 피에타는 성모 마리아가 죽은 예수의 시신을 무릎에 안고 있는 모습을 말하지요. 카톨릭교에서 "신이시여 우리를 불쌍히 여기소서"라고 기도할 때 하는 말이기도 합니다. 그가 엄청난 재력으로도 구하지 못한 피에타상이 영화의 후반부에 나타납니다. 아이를 안고 있는 키의 모습이 바로 피에타의 모습이지요.

　나이젤이 일하는 곳에 있는 또 하나의 인상적인 작품은 뱅크시의 '키스하는 경찰관'입니다. 정면으로 보이는 다비드상과 게르니카와 달리 뱅크시의 그림은 테오의 등 뒤에서 배경처럼 제시됩니다. 단 한 번 영화 초반에 나오는 이 그림의 존재감은 강력합니다. 이 세상의 가장 젊은 청년이 죽고 더 이상 희망이 없을 듯한 시점에, 서로를 소중하게 끌어안은 뱅크시의 작품 속 주인공들을 만나게 되지요. 감독은 이 그림으로 영화의 메시지를 전달하려는 듯합니다. 실제로 큐아론 감독은 뱅크시를 접촉했다고도 합니다.

　감독은 키를 블랙 마리아로, 탄생한 아이를 딸아이로 설정하면서 만연한 인종주의와 성차별주의에 펀치를 날립니다. 그러나 굳이 성서적 암시와 엮지 않아도 현대 사회계층의 가장 바닥에서 착취당하는 힘없는 흑인소녀와 그녀의 아이가 인류의 마지막 희망이라는 메시지는 그 자체로도 혁명적입니다. 테오 역시 키의 아이를 받으면서 마지막으로 남은 스카치 위스키로 손을 소독했지요. 그가 이기적인 삶을 청산하고 이상주의자의 모습을 회복하리라는 것을 암시합니다.

　　　　　네 아기는 온 세상이 기다려 온 기적이야.

　이 작품에는 종교적 상징과 암시가 풍부하게 들어 있습니다. 디스토피아 계열의 영화나 소설로는 드문 일이지요. 원작자인 P. D. James는 독실한 성공회 신자였습니다. 책의 제목도 시편(90;3)에서 따온 것으로 정신적으로 황폐한 불신의 시대에 대한 우화적인 면이 있습니다.

키에게 아이의 아버지에 대해 묻자 그녀는 자신이 처녀라고 농담하며 누군지 기억도 나지 않는다고 합니다. 성모 마리아의 처녀 생식을 상기시키면서 동시에 불임의 시대에 신의 기적을 상기케 합니다. 키가 아이 아빠에 대해 질문을 받는 장소는 동물들의 웅얼거림으로 가득 찬 헛간입니다. 키의 농담에 테오는 화들짝 놀라며 "Jesus Christ"라고 합니다. 물론 "맙소사"라는 반응이기도 하지만 구유에서 태어난 예수님이 떠오르는 장면이지요. 키는 예수가 탄생한 구유 못지않은 열악한 난민촌 여관에서 아이를 낳습니다. 사실 이 영화의 구조는 예수 탄생설화의 기본 내러티브를 차용하고 있습니다. 2027년 절망의 끝에 다가선 세상에서 "자기 백성을 죄에서 구원할 자" 예수의 탄생을 비유적으로 보여주고 있지요.

미래호가 굳이 배로 설정된 것도 노아의 방주를 암시하는 설정이지요. 인류의 미래에 대한 희망이 될 아이를 가진 여자의 이름 키(Kee)가 구원의 열쇠(key)와 발음이 같은 것도 그렇지요. 큐아론 감독은 키가 자신의 배를 드러내며 임신 사실을 알리는 장면에서 보티첼리의 '비너스의 탄생'을 연상케 함으로써 구원의 상징성을 심화시키고 있기도 하지요. 초대 기독교의 상징이 물고기였음을 상기하면 피시(Fish)당 역시 예사로운 이름이 아닙니다.

테오의 이름은 신(Theo)을 의미합니다. 그는 아이를 잃고 난 후 냉소적인 허무주의자로 살고 있습니다. 그러나 정부군과 저항군 양쪽에서 쫓기는 키를 거두어 지키는 사람이 바로 그입니다. 정치 세력의 대립 속에서 키와 동행하며 그는 삶의 가치와 인간에 대한 믿음을 회복합니다. 키와 아이를 구출한 후 키는 아이의 이름을 딜런으로 정합니다. 테오의 죽은 아들의 이름이지요. 부활한 예수의 모습과 순교자 테오의 죽음이 어른대는 설정이지요.

사격 중지! 사격 중지!

이외에도 영화에는 성서적 암시가 풍부합니다. 무장난민과 정부군의 교전 중에 키가 낳은 아이의 울음소리가 울려 퍼집니다. 사방에 죽음만이 어른대는 전장터에서 정부군, 반란군, 이민자, 노숙자들 모두 그 순간만큼은 교전을 멈추고 아이의 울음소리에 숨을 죽이지요. 누군가가 "사격 중지"를 외치자 아이를 안은 키를 위해 모두들 양쪽으로 비켜서며 길을 터줍니다. 마치 모세를 위해 바다가 갈라졌던 것처럼 말이지요. 키를 도와줬던 산파의 이름이 미리엄인 것도 우연은 아니지요. 미리엄은 모세의 누이였으니까요.

탄생은 신념이고 죽음은 운명이지.

테오와 키가 미래호와 접선하기 위해 들어간 동굴에는 고대벽화가 그려져 있습니다. 이는 인류의 새로운 시작을 의미합니다. 인류는 집을 짓고 농사를 지으며 다른 동물들과 차별화된 길을 택했지요. 지구상의 다른 종들은 몇 천 년 전이나 지금이나 같은 방식을 유지하며 살아가는 데 비해 인간종은 동굴에서 나온 이후 지속적으로 발전에 집착하고 있지요. 그 결과 환경은 피폐해지고 자원은 고갈되었지만 경쟁을 발전으로, 공멸의 길을 진보로 착각하며 제로섬의 정쟁에 내몰리고 있지요. 영화는 선진국들의 이민제한

정책과 난민에 대한 처우를 비판하며 동시대적 사유를 담아내고 있지만 풍부한 종교적 암시로 현대사회에 대한 종교적 성찰을 보여주고 있기도 합니다.

영화는 안개 속을 헤치고 미래호가 다가와 키와 아이를 승선시키며 끝납니다. 아이들의 웃음소리가 들리며 엔딩 크레딧이 올라갑니다. 그 끝에 나오는 글은 평화 평화 평화(Shantih Shantih Shantih)입니다.

"디스토피아 소설에 대한 수요는 최악의 사태에 도달했을 때가 아닌, 거기로 향하고 있는 것처럼 보일 때 정점에 달한다"고 하지요. 디스토피아적 미래를 그린 소설 『아메리칸 워』를 쓴 저자의 말입니다. 〈마이너리티 리포트〉처럼 "SF물에서 그렸던 미래가 점차 실현가능한 일들이 되면서, 당장 몇 년 안에 곧 다가올 현실을 다루는 것이 요즘 트렌드"(김봉석)입니다. "내가 살아있는 동안 이 같은 디스토피아가 도래하지 말라는 법이 없다"는 절실함이 관심을 끌 수 있어서이겠지요. 〈칠드런 오브 맨〉이 우리 사회가 최악을 향해 가는, 실제 일어날 수도 있다는 비명 같은 영화가 아니기를 바랍니다.

더 기버

The Giver, 2014

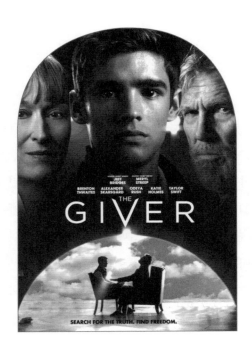

감독	필립 노이스 (Phillip Noyce)
출연	제프 브리지스 (Jeff Bridges)
	메릴 스트립 (Meryl Streep)
	브렌톤 트웨이츠 (Brenton Thwaites)
	케이티 홈즈 (Katie Holmes)
	테일러 스위프트 (Taylor Swift)

| 따뜻한 햇살을 받는 느낌을
다른 사람에게 어떤 말로 전할 수 있을까?

사람들은 자유를 주면 언제나 잘못된 선택을 하지.
단 한 번도 예외 없이.

〈더 기버〉는 먼 미래가 배경입니다. 세계는 계속 증가하는 인구로 인해 식량이 부족해지면서 전쟁이 끊이지 않았지요. 사람들은 다름이 차이로, 차이가 차별과 갈등으로 이어지는 근본원인으로 생각하게 됩니다. 전쟁에 지친 사람들은 결국 모든 다름을 제거한 상태인 '늘 같음 상태'(Sameness)를 지향하는 커뮤니티라는 이름의 공동체를 결성합니다. 과거 역사의 오점이라 생각되는 전쟁, 테러, 수탈, 기아 등 모든 재앙의 가능성이 최대한 배제된 사회가 커뮤니티이지요.

커뮤니티는 온갖 수단과 검열을 사용해 분란이 일어날 수 있는 모든 차이를 최대한 제거한 상태입니다. 단순히 빈부, 미추, 개성의 차이를 넘어 날씨와 색채, 지형의 차이마저 제거된 상태이지요. 날씨는 항상 맑고 쾌청하며, 흑과 백 이외의 색채는 없지요. 심지어 지형도 평평하여 높낮이도 없습니다.

모든 시민은 똑같이 생긴 집에서 똑같은 디자인의 흰색 옷을 입고 살아갑니다. 과거에 인류가 피부색깔로 서로를 차별하고 전쟁을 일으켰기 때문에 아예 색깔을 없애버린거죠. 개인적인 차이를 언급하거나 자랑하는 것도 서로 다르다는 것을 부각시키는 것으로 금지된 일입니다. 이런 이유로 거울을 소유하는 것도 금지사항이지요. 어느 인간사회나 있었던 폭력과 절도 등의 범죄도 전혀 일어나지 않는 안전한 곳입니다. 각자의 역할과 노동에 충실하고 생산을 통해 얻은 이익은 공평하게 나눕니다.

예상을 벗어나는 일이 전혀 생기지 않는 삶. 불편한 일도 없는 삶.
색채도 고통도 과거도 없는 삶.

이 사회에서는 모든 것이 철저하게 통제되어 정해진 대로 유지되지요. 오늘은 어제와 같고 내일은 오늘과 같을 게 확실한 사회, 예측불가한 어떤 돌발상황도 생기지 않는 사회이니까요.

다가올 날들에 대한 불안이 없고 안전하다고 과연 좋기만 할까요? 커뮤니티는 개인의 일거수일투족을 지배하는 전지전능한 국가를 의미합니다. 국가가 모든 자원의 생산과 분배는 물론, 인간의 감정과 기억까지 통제하는 완벽한 전체주의 사회죠. 개인이 스스로 결정할 수 있는 게 사실상 없는 사회입니다. 평등하다기보다는 획일적이고, 어떤 변화의 여지도 없는 정체된 폐쇄사회입니다. 심지어 기억보유자와 기억전달자를 제외하고는 일반사람들은 책을 읽을 수도 없지요. 아니 책 자체가 존재하지 않습니다. 결과는 무개성과 반 개인주의, 그리고 폐쇄성과 배타성이 이 세계의 주요 특징입니다.

〈더 기버〉에서는 차이가 갈등의 원인이므로 차이를 없앤 상태를 유지하기 위한 모든 방법이 시행되고 있습니다. 차이의 시작은 부

모, 자식으로 이루어진 가정에서부터 시작된다고 여깁니다. 금수
저, 흙수저 논란과 비슷하지요. 유토피아를 가장한 디스토피아의
원조격인 올더스 헉슬리의 『멋진 신세계』도 부모와 아이들로 이루
어지는 가족이 폐지된 곳입니다. 『멋진 신세계』에서는 모든 종류
의 섹스가 무제한 허용됩니다. 즉석에서 만나 섹스만 하고 헤어지
는 세계입니다. 아이는 임신을 통해서가 아니라 공장에서 인공수
정되어 선별되고 양육되지요. 이곳에선 내 자식이라고 유난스러
울 까닭이 없지요.

『멋진 신세계』에서 자동차 생산하듯 공장에서 아이들을 생산했다
면 〈더 기버〉의 세계에서는 아이만 낳는 직종의 여자들이 아이를
공급하지요. 『멋진 신세계』와 달리 이 세계는 가정을 단위로 이루
어진 듯 보이지만 배우자와 자식은 혈연관계가 아니라 커뮤니티가
지정한 양육자일 따름입니다. 혈연에 기반한 배타적 의식이 없고,
우월한 혈통에 집착할 일도 없고, 가문과 혈연 내에서 한정된 부와
권력을 독점해 승계할 일도 없습니다. 인간사회의 불화와 갈등의
원천적 이유인 이기심과 빈부격차, 각종 차별 등 인류가 가장 두려
워하는 전쟁의 소지가 상당 부분 제거된 상태라 할 수 있지요.

만일 모든 게 같다면, 어떤 선택도 할 게 없잖아요!
난 아침에 잠에서 깨어나서 선택을 하고 싶어요!

아무리 멋진 유토피아라도 사회의 궂은 일은 있기 마련이지요. 모
두가 똑같고 평등하다면 거리 청소는 누가 담당해야 할까요?『멋진
신세계』에서는 사회 구성원의 우열을 계급화하여 각 계급에 맞는

일을 담당하게 하지요. 〈더 기버〉의 세계에서도 비슷합니다. 단지 계급이 아닌 각자의 성향과 재능에 맞는 일이 주어지지요. 언뜻 불만이 있을 수 없는 듯이 보이지요. 그러나 자신이 하는 일에 불만이 없다기보다 불만이 없도록 세뇌되어 있지요. 불만도 일종의 감정의 표현이고 감정을 지니는 것 자체를 통제하는 사회이니까요.

〈더 기버〉의 구성원들은 적당한 나이에 이르면 개인적 성향에 따른 직업을 배정받습니다. 주인공 조너스는 기억보유자라는 직위를 받지요. 커뮤니티는 구성원들에게 이전 세계의 역사에 대한 정보를 완전히 삭제하였지요. 그러나 예측할 수 없는 돌발상황에 유연하게 대처하기 위해 기억보유자를 지정하지요. 이 사람은 유일하게 커뮤니티 이전 세계의 모든 기억을 전임자로부터 전수받게 됩니다.

영화가 보여주는 커뮤니티의 기본틀은 언뜻 훌륭해 보입니다. 각자에게 가장 적합한 일에 최적의 배치와 조화가 실현되는 곳, 마치 플라톤의 『국가론』에 나오는 이상사회가 실현된 듯이 보이기도 합니다. 더불어, 기억전달자를 지정하여 역사의 반면교사를 삼는 지혜를 보여주기도 하니까요.

〈더 기버〉의 주인공 조너스는 기버에게서 인류의 기억을 전수받으면서 사물의 진짜 색깔과 자신의 감정을 알게 되고, 마침내 커뮤니티의 행복과 평화가 거짓된 것임을 알게 되지요. 기억과 감정을 되찾은 조너스는 기억전달자로 남는 대신 커뮤니티가 숨겨온 세상의 진실을 사람들에게 알리려 합니다. 거세된 감정과 억압된 자유를 시민들에게 돌려주기 위해 원로들에게 반기를 든 것이죠.

유토피아를 가장한 커뮤니티는 이성과 논리만 강조될 뿐 감정과 정서가 결여된 사회입니다. 시적인 언어와 마음의 미묘한 파장, 설렘과 달콤한 고통이 무시되는 사회지요. 한 마디로 냉랭한 평온이 지배하는 사회입니다. 생존, 부양, 질병, 죽음에 대한 두려움과 이를 해결하기 위한 갈등도 다 제거되어 있는 듯이 보입니다. 원하는 바는 주어지고, 얻지 못할 것은 아예 원하지도 않게 세팅된 상태가 행복일까요? 〈더 기버〉의 커뮤니티는 유토피아일까요? 아니면 유토피아가 말 그대로 이 세상에 없는 곳이면 좋겠다는 생각이 드나요?

이뿐만이 아닙니다. 커뮤니티의 모든 사람들은 늘 행복합니다. 행복이 의무이기 때문입니다. 헉슬리가 그린 유토피아에서도 소마라는 행복약이 제공되었던 것처럼 이곳의 주민도 행복해야 하기 때문에 약이 처방되고 복용여부를 감시당합니다. 차이가 불안정을 만들고 갈등을 조장하고 비극의 씨앗이 되니 모두가 평등하게 행복하면 유토피아가 된다는 것이 커뮤니티의 통치철학입니다. 평등과 행복이 강요되는 곳이지요.

감정이 없으면 과연 우리는 행복해질까요? 사랑하지 않으면 고통스러울 일도 없으니 좋은 걸까요? 누군가 우리를 대신해서 최선의 선택을 해준다면 항상 최선의 결과가 나올까요? 골치 아프게 고민할 필요도 없고, 혹시 잘못된 선택을 할까 전전긍긍할 필요도 없다면 그곳은 지상낙원이 될까요?

인간이 감정을 지니고 있다는 점은 대부분의 유토피아 설계자들의 골칫거리인 듯합니다. 불만이 갈등과 저항의 소지가 되니 감정을 차단하는 방법이 동원되지요. 『멋진 신세계』는 알약 하나로 고민도 고통도 사라지는 세상입니다. 영화 〈이퀼리브리엄〉도 극도로 통제된 디스토피아를 그리고 있습니다. 〈더 기버〉에서와 마찬가지로 이곳은 세계 3차 대전 이후의 세계입니다. 인류는 4차 세계대전에 대한 두려움에 통제를 감내하고 있습니다. 〈더 기버〉의 세계에서처럼 이곳에서도 인간의 감정을 마비시키는 약물을 의무적으로 복용케 하지요.

부정적인 감정이 배제된 상태가 행복일까요? 『멋진 신세계』나 〈더 기버〉의 사람들은 갈등의 소지가 되는 분노와 질투, 증오심을 느끼지 못하기에 인류는 다툼이나 분쟁에서는 멀어지지요. 그러나 사랑과 슬픔, 기쁨, 기분 좋은 설레임과 흐뭇한 만족감 등도 마비되며 사람들은 기계처럼 살아가지요.

영화 〈이퀼리브리엄〉에서는 비밀리에 감정을 마비시키는 약물복용에 저항하며 책을 읽고 그림을 감상하며 음악을 즐기고 보잘것없는 머리 리본을 소중히 여기는 사람들이 있습니다. 이들을 찾아 처단하는 것이 영화의 내용입니다. 약물복용을 거부하며 감정을 느끼며 살다 체포된 한 여자가 말합니다. "감정 없이는, 사랑 없이는, 분노 없이는, 슬픔 없이는, 숨 쉬는 건 시간 죽이기에 불과해." 결국 유토피아는 인간성이 몰수당한 인간들의 세계였습니다.

따뜻한 햇살을 받는 느낌을 다른 사람에게 어떤 말로 전할 수 있을까?

대부분의 유토피아 소설은 언어통제를 통해 감정과 의식을 통제합니다. 가장 고전적인 수법이지요. 이런 식의 권력 작동방식은 미묘하고 치밀해서 알기 어렵지요. 〈더 기버〉의 세계도 철저하게 언어가 규제된 사회입니다. 평등하고 모순 없는 세상을 위해 "사과합니다"와 "사과를 받아들입니다"라는 말이 영화 내내 반복되는 걸로 알 수 있듯이 구사할 수 있는 언어의 범위가 지극히 제한적이고, 거의 모두가 비슷한 언어를 사용하고 있기도 합니다.

이곳만의 독특한 개념어도 있습니다. 혈연으로 이루어진 가족이 없으니 엄마, 아빠라는 개념이 없고 따라서 아들, 딸과 같은 개념이 없이 신자녀라는 말로 통용됩니다. 당연히 성씨도 없지요. 그러니 가정(home)이라는 말 대신 거주지(dwell)라는 용어가 쓰이고 있지요. 심지어 이곳에선 죽음이나 질병 또한 두려움의 대상이 아닙니다. 죽는다는 말이 없으니까요. 죽음과 같은 돌발상황은 '임무해제'(release)일 따름입니다. 일종의 안락사이지요. 이 또한 기꺼이 받아들이도록 세뇌, 혹은 세팅되어 있지요.

영화는 조너스의 투쟁과 이를 저지하려는 원로들의 대립을 흥미롭게 보여줍니다. 조너스는 기억전달자로부터 기억을 전달받으며 커뮤니티에 저항합니다. 기억을 전달받으며 조너스는 사랑과 행복, 우정 같은 감정뿐만 아니라 전쟁과 살육 같은 끔찍한 기억도 전수받고 슬픔, 고통 등의 다양한 감정들도 느끼게 되지요. 영화에서는 흑백이었던 세계가 온갖 색채로 가득한 세계로 변하는 모습을 보여주는 걸로 조너스의 의식변화를 보여주지요.

우리에게 선택의 기회가 있다는 건 얼마나 소중한 일인가!
그 선택에 책임을 진다는 건 얼마나 용감한 일인가!

거의 모든 유토피아 이야기가 사실은 디스토피아를 말하고 있지요. 디스토피아를 다룬 작품은 대체로 그것이 억압적인 국가건 광신적인 종교집단이 되었건, 그 집단의 정점에 있는 소수의 권력층

이 기득권을 유지하기 위해 집단의 대부분을 통제하는 이야기입니다. 세뇌와 약물 등을 통한 자발적 복종이든 테크놀로지를 통한 엄격한 감시 때문이든 소수의 집권층 이외에 대다수는 피폐화된 삶을 살고 있지요.

디스토피아의 불행은 개인적 불행이 아니라 근본적으로 잘못된 체제와 그 체제의 핵심원칙 때문이지요. 디스토피아 서사의 핵심은 체제와 불화하는 개인의 이야기입니다. 이러한 서사구조가 반복되는 이유는 무엇일까요? 아마도 우리가 너무 쉽게 자유를 포기하고 자유에 따르는 책임으로부터 도피하기 때문은 아닐까요?

유토피아를 이르는 말들이 많이 있지요. 샹그릴라, 엘도라도, 무릉도원 등도 지상의 낙원을 뜻하는 곳들이지요. 젖과 꿀이 흐르기도 하고, 황금으로 번쩍이기도 하는 곳입니다. 그러나 이들의 공통점은 지금 여기가 아닌, '어딘가 다른 곳'입니다. 〈더 기버〉에서 조너스가 향하는 곳이기도 합니다. 지상의 낙원이라는 커뮤니티의 경계 밖의 세상을 '어딘가 다른 곳'(Elsewhere)이라 하는 점이 아이러니이네요.

토머스 모어의 『유토피아』에서 처음 제시된 유토피아라는 단어의 의미가 어디에도 없는 곳이라고 하지요. 모어가 생각했던 유토피아는 브라질 근처의 어느 조그만 섬이라고 합니다. 16세기 영국에서 가기 힘든, 머나먼 섬이었지요. 지상의 낙원을 뜻했다 할지라도 가기 힘들고 찾기 힘든, 상상에서나 존재하는 곳이었겠지요. 그러고 보면 디스토피아는 현존하는 모든 곳을 뜻한다고도 볼 수 있지 않을까요? 〈더 기버〉의 로이스 로이를 비롯 올더스 헉슬리 등 디스토피아를 그린 작가들은 자신들이 살던 현실사회의 비판으로 '멋진 신세계'를 그렸겠지요. 유토피아론이 사회가 혼란스러운 격변기에 쏟아져 나왔다는 점도 이런 추측을 가능케 하지요.

모어의 유토피아도 마치 〈더 기버〉의 원로들처럼 한 명의 독재자의 지배하에서 철저한 상호감시 체계를 통해 안전을 담보 받는 세계였지요. 모어의 유토피아 이후 오늘날까지 사회가 급속하게 변하며 유토피아에 대한 꿈은 더욱 굳게 이어져 왔지요. 그러나 유토피아라고 주장하는 사회가 그야말로 지상의 낙원이었을까요? 대부분은 독재자에 의한 강력한 중앙집권 체제의 폐쇄된 사회이거나 사교 교주에 세뇌된 집단들의 속임수에 불과했지요.

유토피아를 찾기보다는 좀 더 나은 세상을 위해 고민하고 노력하는 것이 유토피아의 대안이 되지 않을까요? 여기가 유토피아라고 주장하는 말들은 의심하고 또 의심하는 것이 가짜 유토피아를 그야말로 이 지상에 없는 곳으로 만들 수 있으리라는 생각입니다.

〈더 기버〉에서 자신들이 살고 있는 세계 밖의 세상은 '어딘가 다른 곳'으로 지칭됩니다. 조너스는 자신이 살던 세계의 경계를 벗어나 어딘가 다른 곳으로 향합니다. 환상적이었던 눈은 손발을 꽁꽁 얼게 하고, 높낮이가 확연한 산과 언덕엔 위험이 도사리고 있습니다. 추위와 굶주림, 위험에 노출된 곳이지요. 그래도 그는 그곳으로 향합니다. 수많은 어려움을 극복하고, 넘어졌다 일어나며 그는 수많은 선택을 해야 하겠지요. 그는 생전 처음 들어보았던 음악과 처음 느꼈던 꽃의 아름다움을 기억하며 계속 발걸음을 떼어 나가겠지요.

〈더 기버〉가 그리는 유토피아가 말 그대로 어디에도 없는 곳이었으면 좋겠다는 생각이 들게 하는 영화 〈더 기버〉였습니다.

삶과
예술

진주 귀걸이를 한 소녀

Girl with a Pearl Earring, 2003

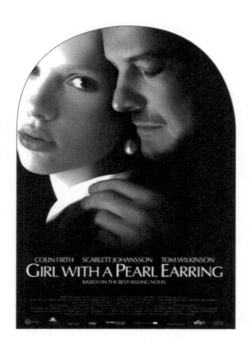

감독   피터 웨버 (Peter Webber)

출연   콜린 퍼스 (Colin Firth)

        스칼렛 요한슨 (Scarlett Johansson)

        톰 윌킨슨 (Tom Wilkinson)

| 푸른 터번의 소녀와 북구의 모나리자

네 속엔 무언가가 있어.
가끔은 네 눈 속에 감추고 있는 게 보인단다.

바이오픽(biopic)은 전기영화(biographical picture)를 일컫는 말입니다. 잘 만들어진 바이오픽은 누군가의 삶의 내면을 입체적으로 탐색해보는 좋은 기회를 제공합니다. 그러나 어떤 사람의 생애도 사실 그대로 재현한다는 것이 가능할까요? 실제 사실에 근거한 일부분에 집중함으로써 오히려 왜곡현상이 일어날 가능성은 없을까요? 내면의 갈등이나 감정의 부침, 내밀한 욕망 등 배제된 나머지 부분의 삶은 의미가 없는 걸까요? 전기적 사실이 상당 부분 알려져 있다 해도 사실 한 인물의 삶의 모든 것을 알 수는 없지요. 꼭 위대한 영웅이 아니더라도 한 사람의 생애에는 기쁨과 슬픔, 감동과 절망의 스펙트럼의 양 극단에 있는 모든 것이 담겨있지요.

실제 인물의 삶과 허구의 인물이 얽히는 경우는 어떨까요? 영화 〈진주 귀걸이를 한 소녀〉는 트레이시 슈발리에(Tracy Chevalier)가 쓴 동명의 소설에 기초하고 있습니다. 원제는 『진주 귀걸이를 한 소녀: 하녀의 삶, 주인의 집착, 명예의 문제』(Girl With a Pearl Earring: A Servant's Life, a Master's Obsession, a Matter of Honour)라는 긴 부제가 달려있습니다. 1999년에 발간된 소설 『진주 귀걸이를 한 소녀』는 300만 부 이상 팔린 베스트셀러가 되었습니다. 그림

'진주 귀걸이를 한 소녀'와 그 그림을 그린 화가, 그리고 허구의 인물인 화가 집안의 하녀의 관계에 대한 이야기입니다. 그 하녀는 그림 속 소녀의 모델이었습니다.

슈발리에는 '진주 귀걸이를 한 소녀' 포스터에서 소설의 영감을 받았다고 밝혔습니다. 그녀는 자신이 19살 때 포스터를 구입해서 그 이후 16년간 어디를 가든 벽에 그 포스터를 걸어놓고 지냈다고 합니다. 소녀의 "애매모호"한 표정에 빠져 들었다지요. 슈발리에에 의하면 그녀는 "엄청난 모순: 순진하면서도 노련한, 기뻐 보이지만 눈물을 글썽이는, 동경으로 가득하지만 동시에 상실에 사로잡힌" 표정으로 보였다고 합니다. 작가는 소녀의 모순되고 신비한 표정이 자신을 그리는 화가를 향한 것이리라고 상상하고 집필을 시작했다고 합니다.

오늘날은 '진주 귀걸이를 한 소녀'가 작품의 이름으로 통용되지만 오랜 기간 그 작품은 '푸른 터번의 소녀'로 불렸습니다. 터번 자체도 당시 일반적 풍속과는 거리가 있었고 청옥색이 시선을 끌기도 했을 터이니까요. 하지만 소설과 영화를 계기로 '진주 귀걸이를 한 소녀'라는 이름으로 온전히 자리잡게 되었지요. 한 폭의 명화를 통해 시작되었을 상상이 소설로, 그리고 스크린으로 이어지며 베르메르와 이름 모를 소녀는 둘 다 스타가 되었지요.

베르메르(Johannes Vermeer; 1632~1675)가 활동하던 17세기 네덜란드는 해상무역의 중심지로 풍요로움을 누리던 시절이었습니다. 경제력을 바탕으로 문화적으로도 황금기였습니다. 당시 암스테르담에만 화가가 무려 700여 명이나 활동했고, 1600~1800년 사이에 500만~1000만 점의 그림이 제작되었을 정도이지요. 이 당시 새롭게 등장한 자본가 계층은 귀족처럼 문화와 예술에 관심을 보이며 네덜란드의 문화적 황금시대를 이끌었지요. 튤립 광풍이 불었던 것도 이 당시였지요.

베르메르는 작은 운하도시 델프트에서 태어나 43세로 죽을 때까지 그곳을 벗어난 적이 없었습니다. 그는 '델프트의 스핑크스'라 일컬어질 정도로 알려진 게 많지 않은 화가입니다. 베르메르에 대해 알려진 것이 별로 없다는 점은 오히려 예술적 상상력을 촉발시키는 작용을 하기도 했습니다. 슈발리에의 책이 출판된 1999년 한 해에 그에 관한 세 권의 책이 동시에 세상에 나왔을 정도이니까요.

세상 대부분의 일처럼 미술사도 알 수 없는 방식으로 작동하는 듯합니다. 거의 300년 넘게 주목을 받지 못하던 베르메르에게 20세기가 거의 끝날 무렵 스포트라이트가 비쳤습니다. 1995년 워싱턴의 국립미술관에서 작가의 작품 전시회가 열렸지요. 이때 전시회 포스터로 선정된 그림이 '진주 귀걸이를 한 소녀'였습니다. 무한 복제가 가능한 시대에 그 그림은 완벽에 가깝게 복제되는 행운이 따랐지요. 진주 귀걸이를 한 그 소녀는 북유럽의 모나리자 혹은 네덜란드의 모나리자로 불리며 거의 유명배우와 같은 인기를 누리게 되었습니다. 자연히 포스터의 그 소녀의 정체에 대해서도 상상과 추측이 난무하게 되었지요.

베르메르는 남긴 그림도 30여 점 남짓으로 많지 않습니다. 그나마도 제작연도가 확실한 것은 3점밖에 없다고 하지요. 그러나 이 작품들은 알려진 자료가 거의 없는 베르메르를 이해하는 단서가 되어 줍니다. 그의 그림을 바탕으로 희소한 전기적 사실의 공백을 상상력으로 꼼꼼하게 채워 넣으며 소설과 영화 모두 사실에 바탕한 것 같은 느낌을 갖게 합니다.

영화의 내용 자체는 상상의 소산이지요. 그러나 영화 자체는 진정성이 돋보입니다. 촬영도 부분적으로는 화가의 고향인 델프트에서 이뤄졌습니다. 뿐만 아니라 웨버 감독은 1660년대 네덜란드인의 일상의 모습, 당대 사회의 관습, 도덕률 등을 꼼꼼하게 그려내고 있습니다. 웨버 감독은 베르메르의 그림에 나오는 붉은색과 노란색의 테이블보, 바닥에 깔린 카페트, 심지어 소녀의 옷까지 화가가 살던 당시의 옷감을 철저한 고증을 거쳐 구현했다고 하지요.

영화는 보는 내내 베르메르의 그림 속으로 들어온 것 같은 느낌을 갖게 합니다. 이런 치밀함은 화가와 소녀의 관계마저도 사실이라고 믿게 하는 힘을 발휘합니다. 베르메르의 그림 역시 잔잔하고 차분한 일상을 묘사한 것이 대부분이어서 화가와 소녀 사이에 어떤 끈적이는 선정성도 상상하기 어렵게 하지요.

'진주 귀걸이를 한 소녀'는 베르메르의 그림 중 유일하게 인물의 얼굴만을 클로즈업한 그림입니다. 그의 다른 작품들은 '우유를 따르는 소녀', '편지를 읽는 여자', '레이스를 뜨는 소녀' 등 각자 차분하게 일상적인 자신의 일에 몰두하고 있는 모습을 그렸지요. 그러나 유독 이 작품의 소녀는 특별한 행동도 하지 않고 화가 쪽으로 시선을 던지고 있을 뿐입니다. 소품을 세밀하게 묘사하는 것 역시 베르메르 작품의 특징인데, 이 작품에는 상황을 짐작할 수 있게 하는 소품도 일절 없습니다. 게다가 허름한 복장의 이 소녀는 커다란 진주 귀걸이를 하고 있습니다.

'진주 귀걸이를 한 소녀'의 구성도 그림 속 그녀에게 시선을 이끄는 중요한 요소입니다. 새까만 색 배경이 푸른색 머리 수건과 노란 옷을 입은 소녀를 돋보이게 하지요. 큰 눈동자와 관능적인 입술, 특유의 시선과 표정, 게다가 고개를 돌려 무슨 말을 막 하려는 듯 입을 살짝 벌린 모습은 거의 살아 있는 듯합니다. 고개를 돌려 자신을 바라보는 사람을 바라보면서 무언가 말하려고 하는 소녀를 외면하기는 힘들지요. 소녀의 말을 들어주어야 할 것 같은 느낌이 듭니다. 이렇게 진주 귀걸이를 한 소녀는 시선을 자신에게 고정시킵니다. 온전한 이해를 거부하는 미스터리는 오히려 관심을 증폭시키며 그녀로부터 시선을 떼지 못하게 하는 요소이지요.

완벽한 이해를 거부하는 영원한 미스터리
그녀는 누굴까? 무슨 말이 하고 싶었던 것일까?

그 소녀에 대해서는 알려진 것이 전혀 없습니다. 화가의 딸이라고도, 이웃 집 딸이라고도, 혹은 그림을 중개하던 화상이라고도 하지요. 모두 근거없는 추측에 불과합니다. 책과 영화에서 말하고 있는 대로 집안의 하녀일 수도 있구요. 분명한 것은 화가와 그녀가 연인 사이는 아니라는 것입니다. 화가는 아이들이 북적이는 장모의 집에서 살았습니다. 장모는 사위의 그림 거래를 주관하며 어떤 면에서 대식구의 가장 같은 존재였지요.

영화에서 그림 속의 소녀 그리트는 베르메르 집안의 하녀입니다. 그녀는 갑작스레 시력을 상실한 자신의 아버지를 대신해 가족을 부양해야 하는 처지가 됩니다. 그녀의 아버지는 도자기 타일에 그림을 그리던 사람이었고 그리트는 그 연줄로 화가 베르메르의 집에 하녀로 들어가게 됩니다.

> 넌 정말 차분하고 말이 없구나. 하지만 네 속엔 무언가가 있어.
> 가끔은 네 눈 속에 감추고 있는 게 보인단다.

그리트는 부엌일을 하고 청소도 합니다. 영화는 초반에 잠자코 식재료를 다듬고 청소를 하는 그리트의 모습을 담아냅니다. 그러나 그리트보다는 온갖 화려한 색채의 식재료에 초점이 맞춰져 있습니다. 초반부터 그녀가 하녀라기보다 채 발현되지 않은 예술성을 지닌 인물이라는 암시인 듯합니다.

이런 모습은 잠시 후 그리트가 화가의 작업실에서 팔레트에 갖가지 색을 섞어 색을 만들어 내는 모습과 연결되지요. 그리트가 화실을 청소하게 되면서 화가는 그녀가 색에 대한 이해가 높고 예술적 감각이 뛰어나다는 것을 알게됩니다. 점차 그녀의 모습이 화가의 눈에 들어옵니다.

사실 말이 없기는 화가도 마찬가지입니다. 책에서는 이 두 인물의 심리묘사가 정치하게 묘사되어 있습니다. 독자도 이들의 사이를 알아차렸다고 생각하고 관계의 진전을 상상하지요. 그러나 연인 사이에 흔히 생각하는 일은 일어나지 않습니다. 심지어 이들은 단 한 번도 사랑이라는 말을 입에 올리거나 가벼운 키스조차도 시도하지 않지요. 물론 엄격한 신분사회에서 주인과 하녀라는 건너뛸 수 없는 장벽이 있었고, 북적이는 집 안 어디에도 누군가의 눈길로부터 자유로운 곳도 없었지요.

영화에서는 이들이 지닌 서로에 대한 특별한 감정이 어떻게 표현될까요? 그들은 화가가 작업실로 쓰는 햇살 잘 드는 다락방에 나란히 앉아 물감을 섞어 고운 색깔들을 만들어 냅니다. 둘 다 한 마디 말도 없지요. 웨버 감독은 영화의 페이스를 최대한 느리게, 대화는 가능한 한 최소한으로 하려 애썼다고 합니다. 말로 표현되지 않는, 또는 말로 할 수 없는 진실이 느린 화면 속에서 스스로 배어 나오도록 하려는 의도였지요. 그리고 화면 전체에서 서로가 서로를 이해하며 교감하고 있음이 풍겨나지요.

화가와 그리트가 당시로서는 최첨단 기기였던, 오늘날 카메라의 조상격인, 카메라 옵스큐라를 함께 살펴보는 장면이 있지요. 그림을 보다 입체적으로 묘사하는 데 도움이 되는 기기입니다. 책에서는 베르메르가 혼자서 옷자락을 뒤집어쓰고 먼저 기기를 살펴봅니다. 그리트는 그가 자리를 비우자 기기에 남아있는 그의 체취와 온기를 음미합니다. 그러나 영화에서 이 장면은 둘이 함께 화가의 옷자락 안에 상반신을 숨기고 관찰합니다. 관객의 머리 속에서 숨막히는 관능적인 아름다움이 펼쳐지는 순간이지요. 아마 시를 읽

듯 감상해야 하는 영화가 있다면 이 작품이리라는 생각이 들게 합니다.

원작자인 슈발리에는 의도적으로 할리우드를 피했다고 합니다. 시쳇말로 기승전 섹스로 이어지는 할리우드식 사랑이야기에 선을 그은 것이지요. 그녀는 그리트의 생각을 시각화 해줄 것을 주문했고, 제작자는 슈발리에에게 이야기의 "정서적 진실"을 그리기로 약속하고 판권을 얻어내었다고 합니다.

그리트가 순탄치만은 않은 하녀생활을 하던 중 베르메르가 그리트를 모델로 그림을 그리게 되는 상황이 발생합니다. 별로 평판이 좋지않은 화가의 후원자가 그리트에게 마음을 드러내며 그녀를 자신의 집에 데려와 그리기를 요청하지요. 후원자의 부탁을 감히 거절하기는 힘들지요. 화가는 대신 그녀의 초상화를 그려주겠다고 약속합니다.

당시엔 화가가 자신의 아내나 후원자의 아내 이외의 여성을 그리는 것 자체도 스캔들을 감수할 각오를 해야 하는 엄청난 사건이었습니다. 뿐만 아니라 하녀가 머리를 보네트로 가리지 않는 것도 벌거벗은 몸을 드러내는 것만큼이나 치명적인 일이었습니다.

영화에서 베르메르는 보네트를 벗고 수건으로 감싸기 전 머리카락을 풀어헤친 그리트의 모습을 순간적으로 보게 됩니다. 대수롭지 않은 듯 연출된 이 짧은 순간은 당시의 사회적 규범을 이해할 때 비로소 그 의미의 깊이가 드러나지요. 영화에서 이런 식의 표현이 몇 번 있습니다. 화가가 소녀의 손을 스치듯 만지는 장면, 귓불을 뚫은 후 손끝으로 소녀의 입술을 만지는 장면 등이지요. 한결같이 극도로 절제된 표현입니다. 사랑인 듯, 자신의 예술세계를 이해하고 공유하는 영혼에 대한 감사와 찬탄인 듯 파악하기 힘들지요.

베르메르가 그녀의 초상화를 그리면서 그 둘 사이에는 예술적 교감과 그 이상의 감정이 싹트게 되지요. 어느 날 화가는 그리트에게 진주 귀걸이를 내밉니다. 아내의 것이었지요. 베르메르는 그리트의 한쪽 귓불을 뚫어 진주 귀걸이를 걸어줍니다. 영화의, 아니 이 둘의 미묘한 관계의 하이라이트랄 수 있는 장면이지요.

영화는 책과는 달리 시각적 상상력을 장악하는 미디어입니다. 책에서 읽는 것과 스크린에서 이 장면을 보는 것의 차이는 상당하지요. 베르메르가 그리트의 귀를 뚫어줄 때 귀에서 흐르는 붉은 피, 파악하기 힘든 소녀의 눈빛, 애틋함을 가득 담은, 동시에 무표정한 듯도 한 화가의 시선이 그들의 사랑이 표현되는 방식입니다. 사실 영화는 이들의 관계를 끝까지 모호하게 처리합니다. 오히려 관객의 머리와 마음속에서 사랑으로 완성되어 간다고 할 수 있을 듯합니다.

일반적으로 진주는 부와 지위를 드러내는 상징이지요. 그러나 영화에서 진주는 감히 사랑이라 이름 붙일 수 없는 감정에 대한 메타포로 작용합니다. 앳된 소녀의 설레지만 분명히 무어라 하기 힘든 감정, 동시에 사회적으로 용납될 수 없으며, 신분의 격차가 가로놓여 있음을 절절이 깨닫고 있는 복잡한 감정을 담고 있지요.

귓불을 뚫어 귀걸이를 한 날 밤, 그리트는 푸주간 소년 피터를 찾아갑니다. 그리고 둘은 성관계를 하지요. 아마도 베르메르에 대한 복잡한 마음을 떨쳐내려 그랬겠지요. 사실 그리트는 베르메르에게 영화 내내 거의 말을 건네지 않습니다. 주인과 하녀 사이이기도 했지만 말로 표현하기 힘든 감정도 있고, 말로 표현하면 더욱 힘들어지는 감정도 있으니까요.

피터와는 그녀가 심부름을 하러 다니면서 알고 지내던 사이입니다. 그동안 피터는 그녀에게 호감을 느끼고 그녀에게 다가서려 노력했지만 그리트는 그의 애정에 별다른 반응을 좀처럼 보이지 않던 상황이었습니다. 관계 후 피터는 그녀에게 청혼하지만 그리트는 아무 말도 하지 않은 채 집으로 돌아갑니다.

완성된 그림을 본 카타리나의 반응은 쉽게 상상할 수 있지요. 그녀는 남편이 자신을 한 번도 그리려 시도한 적도 없다며 절규합니다. 화가는 냉랭하게 "당신은 이해 못 한다"고만 합니다. 그녀는 그림을 보며 "외설적"(It is obscene)이라고 흥분하며 소리를 지릅니다. 우리가 '진주 귀걸이를 한 소녀' 그림을 보며 느끼는 것과는 거리가 먼 반응이지요. 왜 그랬을까요? 그림을 집어던지려다 제지당하자 그녀는 그리트에게 자신의 귀걸이를 훔쳤다고도 몰아세우지요. 그 길로 그리트는 베르메르의 집을 나옵니다.

넌 그의 거미줄에 걸려든 파리야… 우리는 모두 같은 신세야.

영화는 시종 두 사람의 미묘한 감정선을 따라 흐른다고 할 수 있습니다. 그럼에도 두 사람이 현실의 무게감으로부터 자유로울 수는 없습니다. 두 사람의 신분의 격차가 있고 또 남자는 유부남이기도 합니다. 그리트도 넉넉지 못한 집안사정 때문에 하녀로 일하지만 남자 역시도 대가족을 부양하는 일이 녹록치 않습니다. 후원자의 눈치를 봐야 하는 처지입니다. 뿐만이 아닙니다. 후원자는 그리트에게 눈독을 들이고 있습니다. 그리트는 자신을 겁탈하려는 후원자를 간신히 피하기도 했지요. 이런 일을 알고도 화가와 화가의 장모는 모르는 척할 수밖에 없습니다.

웨버 감독도 이러한 점을 염두에 두었지요. 그가 이 영화는 한 소녀가 예술과 사랑에 눈뜨며 성인이 되어가는 과정 못지않게 "돈, 섹스, 억압, 집착, 권력, 그리고 인간의 마음"을 다루고 있다고 한 까닭입니다. "키스에 이르지 못한 입술" 못지않게 "하지 못한 말, 붙잡지 못한 기회, 실현되지 못한 가능성"이 담겨 있지요.

영화의 마지막에 집을 나온 그리트는 피터에게 갑니다. 피터와 아이를 낳고 가정을 꾸립니다. 몇 년 후 그녀는 베르메르가 죽었다는 소식을 듣게 됩니다. 그리고 얼마 후 베르메르 집안의 하녀가 찾아와 그리트에게 진주 귀걸이를 전해주지요. 진주 귀걸이를 비추던 카메라가 줌 아웃되며 명화 '진주 귀걸이를 한 소녀' 전체를 화면 가득 채우는 것으로 영화는 마무리됩니다.

경제력과 신분의 차이가 경직되어 있던 사회가 아니었다면 그리트의 삶은 달라졌을까요? 그리트는 푸줏간 집 안주인으로 행복하게 살았을까요? 진주 귀걸이를 한 소녀가 자신을 바라보는 사람들에게 하고 싶은 말은 무엇이었을까요? 원작에서 그리트는 진주를 팔아 상당한 돈을 받습니다. 혹시 이 돈이 그리트의 예술성을 살려내는, 또 한 명의 베르메르가 되는 계기가 되지는 않았을까요?

실존 인물 베르메르를 다루고 있지만 바이오픽이라기에는 근거가 빈약한 이야기라는 비판과 찬사를 동시에 받았습니다. 이 영화는 영국 아카데미상 10개 부문에, 아카데미상 3개 부문에, 그리고 2개의 골든 글로브상에 노미네이트 되었습니다.

카이로의 붉은 장미

The Purple Rose of Cairo, 1985

감독   우디 앨런 (Woody Allen)

각본   우디 앨런

출연   미아 패로 (Mia Farrow)

　　　　제프 대니얼스 (Jeff Daniels)

| 난 천국에 있는 것 같아요

그거야 영화 속 얘기죠.

영화 〈카이로의 붉은 장미〉의 배경은 대공황 시기입니다. 여주인공은 홑벌이에 날일로 그야말로 근근이 입에 풀칠을 하며 살고 있습니다. 웨이트리스로 일하고 있는 세실리아는 일이 서툰 탓에 매번 주인에게 핀잔을 듣고 실업자인 남편은 그녀에게서 돈을 받아 딴짓을 할 궁리만 하고 있습니다. 삶이 지겹고 재미없는 그녀는 현실이 아닌 가상의 공간, 즉 영화에서 일상의 도피처를 발견합니다.

그녀가 한참 몰두하던 영화가 이 영화의 제목이자 영화 속 영화인 〈카이로의 붉은 장미〉입니다. 미국사의 가장 어려웠던 시기를 배경으로 가난한 여인의 영화사랑 이야기라는 설정은 그 자체로 영화의 주제를 돋보이게 하지요. 괴로운 현실을 타개할 어떤 현실적 방법도 가능하지 않은 상태의 여주인공은 대공황기의 대부분의 사람들처럼 현실도피를 택하지요.

대공황기는 미국역사의 가장 어두운 시기입니다. 경기는 불황의 늪에 빠져 회생의 희망이 안 보이던 시기였습니다. 그래도 거리에 실업자의 행렬이 길게 늘어날수록 호황을 누리던 곳이 있었습니다. 바로 영화계입니다. 당시 영화관람객들 중 다섯에 한 명은 실업자였다는 통계도 있지요. 대공황기는 영화사 최고의 황금기였습니다.

  사실 영화계는 경기침체 때마다 호황을 누렸습니다. "영화 산업은 경기 사이클에 역행한다"는 가설도 있지요. 대공황기를 비롯해서 경기가 불황일 때마다 할리우드는 호황을 누렸습니다. 그때마다 명작이 등장했고, 관객들에게 적극적인 공세를 펴기도 했지요. 불안한 경제가 수많은 사람들을 영화관으로 향하게 했지요.

  〈카이로의 붉은 장미〉속 세실리아의 현실이 팍팍할수록 그녀가 빠져드는 영화 속의 세계는 환상적이지요. 스크린에 펼쳐지는 이야기는 현실의 중압감을 덜어내어 지탱해낼 만한 것으로, 힘든 하루를 뒤로하고 다음날 일어날 수 있는 힘과 위로가 되어준거죠.

  〈모던 타임즈〉나 〈오즈의 마법사〉와 같은 영화사의 기념비적 수작도 대공황기에 나왔습니다. 채플린의 걸작 〈모던 타임즈〉의 주인공은 누구도 경험해보지 못한 현대의 톱니바퀴에 꼼짝달싹 못하게 끼여 있습니다. 채플린은 영화 속의 연인에게, 그리고 그 가난한 연인들을 지켜보며 가슴 아파하는 관객들에게 오늘은 슬프고 힘들더라도 내일은 햇살 찬란할 거라며 감미로운 멜로디의 '스마일'을 선사하지요.

  〈오즈의 마법사〉역시 대공황을 시대적 배경으로 합니다. 여주인공 도로시가 불렀던 '무지개 너머'는 아직까지도 폭넓은 정서적 공감대를 형성하며 애창, 애청되는 노래이죠. 현실이 녹록지 않을 때 하늘은 청량하게 푸르고, 괴롭고 힘든 모든 일들이 사탕 녹듯 사라지는 무지개 너머의 세상을 꿈꾸는 것만으로도 잠시 위안이 되지 않았을까요?

  대공황기에 할리우드는 영화역사상 가장 낭만적이고 풍요로운 환상의 세계를 만들어 냅니다. 현실은 어둡고 불행했지만 영화 스크린에는 뉴욕의 상류층이 멋진 옷과 보석으로 치장하고 아름다운 음악에 맞추어 춤추며 샴페인잔을 기울였지요. 1935년에 나온 〈탑 햇〉(Top Hat)이 좋은 예지요. 이 영화에서 남녀 주인공은 런던에서 휴가를 보내며 이러저러한 달콤한 오해와 소동을 춤과 노래로 풀어가며 베니스에서 결혼하기에 이른다는 내용입니다.

남편이 대놓고 바람을 피우고 레스토랑에서 해고까지 당한 어느 날, 그날도 세실리아는 영화관으로 향하지요. 뉴욕 상류층의 화려한 삶을 담은 영화지요. 벌써 다섯 번이나 같은 영화를 보고 있지요. 극장 객석에 앉아 있던 세실리아에게 영화 속 주인공 톰 벡스터가 흑백 스크린 밖으로 성큼 걸어나오며 말을 걸어옵니다. "맙소사. 정말 이 영화를 좋아하시는군요. 우리 얘기 좀 해요."

톰   : 일거리를 찾아야 하겠어요.
세실리아: 쉽지 않을 거예요. 지금은 온 나라가 실업자로 넘쳐
          나요.
톰   : 뭐, 그럼 우리는 사랑으로 살면 되죠. 아쉬운 건 좀
          있겠지만, 그게 무슨 문젠가요? 우리에겐 서로가 있
          잖아요.

극장에 온 그녀를 자주 봤다는 톰은 스크린 밖으로 나와 그녀를 데리고 떠납니다. 영화 속에서 뛰쳐나온 톰은 정의롭고 낭만적이고 신사적입니다. 그야말로 백마 탄 왕자님 같지요. 그러나 인생이 어디 그리 호락호락하고 단순한가요. 현실에서는 개구리가 왕

자님으로 변하지는 않지요.

이 잘생긴 왕자님은 레스토랑에서 식사를 마친 뒤 영화 속에서 사용하는 가짜돈을 건네고, 시동키를 꽂지도 않은 채 운전하려 들지요. 돈 없이도 사랑으로 살 수 있다는 톰에게 세실리아가 해 줄 수 있는 말은 한 마디뿐입니다. "그거야 영화 속 얘기죠."

톰은 키스로 그녀를 안심시키려 하다 갑자기 당혹해합니다. 불이 왜 안 꺼지냐는 거지요. 흑백영화 전성기에는 엄격한 검열제도로 키스 장면에는 페이드 아웃되며 그 이후는 전적으로 관객의 상상에 맡겼으니까요.

완벽한 연인 톰과 세실리아가 현실에서 갈 수 있는 곳이라고는 결국 버려진 놀이공원뿐입니다. 세실리아도 인정합니다. "그는 환상일 뿐이야. 하지만 다 좋을 순 없잖아." 황폐한 놀이공원은 황폐한 시대의 상징이지요. 그녀는 연인에게 말합니다. "다시 돌아가야 하지 않아요? 지금은 나라 상황이 좋지 않아요. 불황이에요. 모두가 가난하죠."

신데렐라가 자정이 되기 전에 돌아가야 했듯 놀이공원에 톰을 남겨두고 세실리아는 폭군 같은 남편이 있는 집으로 돌아가지요. 톰은 거리의 여인에게 이끌려 사창가에 따라갑니다. 그는 창녀들의 적극적인 유혹에도 오직 세실리아만을 사랑한다며 창녀들을 감동하게 합니다. 창녀들은 톰을 유혹하기 위해 끊임없이 섹스에 대해 말하지만, 톰은 생명의 신비인 출산과 우주창조 같은 철학적 이야기를 하지요. 그녀들은 한 푼이 아쉬운 처지였지만 오히려 톰의 얘기에 도취하여 감동을 받지요. '세상에 이 남자 같은 남자만 있다면!' 그녀들의 생각입니다.

꿈같은 시간을 보내고 있던 세실리아의 환상의 공간에 균열이 생깁니다. 그녀의 남편이 그녀와 함께 있던 톰을 찾아낸 거죠. 톰과 그녀의 남편은 몸싸움을 합니다. 허구를 상징하는 톰과 현실을 상징하는 남편이 엎치락뒤치락 싸움을 벌입니다.

톰의 주먹에 남편이 쓰러지며 톰이 승리한 것처럼 보입니다. 그러나 넘어진 남편을 일으키려 세실리아가 손을 내미는 순간 그가 톰을 공격하면서 톰은 만신창이가 되지요. 톰이 세실리아에게 말합니다. "원래 내가 이긴 건데 반칙 때문에 졌어요." 세실리아가 말합니다. "그래서 현실은 살벌한 거예요." 이들의 대화는 이 영화의 주제를 함축적으로 요약하는 듯합니다. 톰과 세실리아의 남편이 주먹다툼을 하는 장소가 하필 교회라는 점도 흥미롭습니다. 땀에 절은 눈앞의 현실과 젖과 꿀이 흐르는 아득한 이상세계 사이에서 갈등하는 인간의 모습이 보이기도 하네요.

진짜 인간들은 인생이 영화 같길 원하고,
영화 속 인간들은 진짜 인생을 원하는군.

톰이 스크린 밖으로 뛰쳐나가자 극장주는 영사기를 꺼버리지요. 톰을 제외한 스크린 속의 배우들은 아우성을 칩니다. "안 돼요. 영사기 끄지 말아요. 안 돼요. 그러면 우리는 사라져요." "사라진다는 게 뭔지나 알아요. 아무것도 아닌 존재가 되는 거라구요. 파멸이라니까요. 영사기 끄지 말아요."

영화 속 영화의 인물들의 절규가 들리나요? 현실은 가혹하고 냉정합니다. 제작사는 톰이 또다시 스크린 밖으로 엑소더스를 감행

할 가능성을 아예 차단하기로 결정합니다. 영사기는 꺼지고 제작자는 〈카이로의 붉은 장미〉 필름을 모두 소각하지요. 톰은 그렇게 연기처럼 사라져 버립니다. 톰은 물론 그와 함께 우아한 세상과 화려하고 멋진 사람들도 모두 사라집니다. 영화가 시작될 때 톰이 무덤에서 나오던 장면이 생각나나요? 원래 무덤에서 나온 유령들이 그들의 자리로 돌아간거지요.

톰이 말합니다. "난 카이로의 붉은 장미를 찾으러 왔지요. 수년간 내가 매료되었던 오랜 전설이지요. 한 파라오가 자신의 여왕을 위해 붉은 장미를 그렸는데 이야기에 따르면 그녀의 무덤에 붉은 장미가 피어났다는 거예요." 영화 속의 톰조차도 오랜 전설 속의 장미를 찾고 있었습니다. 톰의 말을 듣고 나면 관객은 영화 속의 영화 속의 영화를 보았다는 느낌이 듭니다. 한여름 밤의 꿈에서 깨어나는 인물의 꿈을 본 느낌이니까요.

현실을 이기는 환상이 가능할까요? 현실에서 괴리된 톰의 모습을 보며 조금씩 갈등하던 세실리아 앞에 톰의 도플갱어가 나타납니다. 톰 역의 배우 길 셰퍼드는 톰의 일탈로 영화가 엉망진창이 되어버리자 자신이 직접 톰을 스크린 속으로 데려가기 위해 나타나지요.

톰인 줄 알고 다가갔던 세실리아는 그가 진짜 배우 길 셰퍼드라는 것을 알고 흥분하고, 길 셰퍼드 역시 자신을 알아봐주는 세실리아에게 호감을 보이지요. 완벽하지만 환상적 존재인 톰에 비해 길 셰퍼드는 완벽하진 않더라도 현실의 존재이니까요. 그러다 영화관에서 세실리아와 톰, 길 셰퍼드 세 사람이 다시 재회하게 되면서 세실리아에게 급기야 선택의 순간이 다가옵니다. 세실리아를 사이에 두고 길 셰퍼드와 톰이 서로 자신을 선택하라고 적극적으로 구애를 합니다.

> 톰: 난 당신을 사랑해요. 나는 진실하고, 믿을 수 있고, 용감하고, 낭만적이예요, 키스도 잘하고요.
> 길: 난 진짜예요.

세실리아는 톰을 사랑하지만 길 셰퍼드가 최고의 현실적 대안이라고 생각하지요. 그가 톰만큼 낭만적이고 용맹하며 순수하지는 않더라도 "난 진짜예요" 하는 자신의 말처럼 그는 진짜이니까요. 그녀가 길 셰퍼드와 키스를 하면서 꿈이 현실이 되지요. 그는 세실리아를 우중충한 현실에서 구원해 진짜 할리우드로 같이 가자고 하지요.

길 셰퍼드 역시 할리우드 스타에 푹 빠져 자신을 흠모하는 세실리아가 싫지 않습니다. 이들의 모습은 마치 세실리아가 영화 속으로 들어가 톰과 대화하고 사랑하는 것처럼 보이기도 하지요. 마치 장자의 나비처럼 그녀가 영화 속 인물이 된 것 같은 착각을 불러일으킵니다. 어디까지 영화이고 무엇이 현실의 삶인지 경계가 흐릿해지지요.

세실리아는 허구의 톰 대신 현실의 길 셰퍼드를 선택합니다. 그러나 그가 세실리아에게 나타난 이유는 톰을 스크린 속으로 데려가기 위해서죠. 목적을 달성하자 그는 떠난다는 인사도 없이 비행기를 타고 할리우드로 돌아가지요. 길 셰퍼드에게도 스캔들에 혈안이 된 기자들과 돈에 촉각을 곤두세우는 할리우드 스튜디오 관계자들의 압력과 성화라는 만만찮은 현실이 있으니까요. 일말의 가책과 미련이 있다 하더라도 웨이트리스로 일하는 뉴저지의 유부녀에게 자신의 배우인생을 걸 수는 없는 게 그의 현실이니까요.

배우 길 셰퍼드는 우디 앨런의 영화 속 또 다른 톰 벡스터에 불과하죠. 세실리아가 아무리 몸을 던져 스크린 안으로 들어간다 하더라도 톰 벡스터와 이루어질 수 없듯 할리우드 배우 길 셰퍼드와도 결코 이루어질 수 없습니다.

영화의 첫 장면이 기억나나요? 세실리아가 황홀한 표정으로 영화의 포스터를 올려다보고 있지요. 그때 영화를 선전하는 광고판의 글자 하나가 떨어져나와 그녀의 머리에 부딪칩니다. 현실이 뒤통수를 친다는 거죠. 영화의 나머지 이야기는 이 장면을 설명하는 게 아니었나 하는 생각입니다.

내게 영화란 비싼 심리치료의 하나이다.
– 팀 버튼(Tim Burton)

세실리아는 모든 것을 버리고 길 셰퍼드를 택하지만 그와 만나기로 한 뉴저지의 거리에 그의 모습은 보이지 않지요. 이제 그녀의 선택은 무엇일까요? 그녀는 지갑 속 몇 푼의 돈을 털어 영화관으로 향합니다. 스크린 속에서는 여전히 상류층 남녀가 춤추며 "난 천국에 있는 것 같아요"(I'm in heaven)라 노래하고 있지요. 울먹이는 듯 씁쓸해하는 세실리아의 얼굴에 미소가 번지며 영화는 막을 내립니다.

영화가 끝나면 그녀는 돈 한 푼 벌어오지 않으면서 툭하면 폭력을 행사하는 남편이 있는 집으로 가겠지요. 세실리아의 자그마한 일탈에 그녀의 남편은 "한 일주일 걸리겠지. 한 시간이 걸릴 수도 있고. 하지만 돌아올 수 밖에는 없지"라 했지요.

〈카이로의 붉은 장미〉의 각본을 직접 쓰고 감독한 우디 알렌은 이 영화를 자신의 수많은 영화 중에서도 가장 아끼는 수작으로 꼽고 있습니다. 이 영화는 영화라는 장르에 대한 영화, 메타 영화이며, 꿈의 공장이라는 영화의 근본적인 정의에 가장 충실한 작품이지요.

〈카이로의 붉은 장미〉의 엔딩은 영화사상 가장 훌륭한 엔딩으로 꼽힐 정도입니다. 제작진은 해피엔딩을 주문했다고 하지요. 사람들은 터무니없더라도 해피엔딩을 원하고 제작자들은 돈이 중요하니까요. 우디 알렌은 제작자의 압력을 이겨냈고 원래의 엔딩을 고수한 것에 대해 스스로 가장 잘한 선택이라고 자랑스러워했다고 합니다. "내 영화가 이익을 내지 못하면 영화를 제대로 만들었다는 걸 알게 된다." 우디 알렌의 말입니다.

그토록 아름다웠던 붉은 장미는 손에 쥐자마자 시들어 꽃잎은 떨어지고 앙상한 가지에 가시만 남겠지요. 영화는 완벽하게 아름답고 붉은 장미가 영화 속에서는 늘 우리 곁에 있다고 말하는 듯합니다. "인생과 달리 예술은 완벽하다." "예술과 달리 인생은 불완벽하다." 달콤 쌉싸름하네요.

이 말은 어떤가요? '예술은 물이다.' 인간은 항상 물 가까이에서 살아갑니다. 마시고, 씻고, 살아가기 위해서 물이 절대적으로 필요하지요. 하지만 흔히 잊고 있지만 물은 물놀이를 하고, 물가에서 휴식을 취할 수 있게도 하고, 뱃놀이를 하는 즐거움을 주기도 하지요. 마찬가지로 인간은 하찮은 것부터 본질적인 것까지 온갖 형태로 구현된 예술과도 항상 가까이 지내야 하지요. 물이 없으면 우리의 몸이 말라가듯 예술이 없으면 우리의 정서도 메마르지요. 잠시라도 '천국'에 온 순간을 누리지 못한다면 세실리아의 삶은 얼마나 고되고 힘들었을까요?

〈카이로의 붉은 장미〉가 발표된 지 40여 년이 지난 지금은 가상 현실과 메타버스, 가상인간이 일상이 되었지요. 톰처럼 스크린 밖으로 뛰쳐나와 내게 오는 기적 같은 행운을 굳이 기다리지 않고 우리 스스로 허구의 세계에 들어갈 수도 있게 되었지요. 〈카이로의 붉은 장미〉는 메타 영화이자 이중 판타지에 대한 사색을 담고 있습니다. 영화가 보여주는 환상이 허구라는 것과 동시에 현실로 연결될 수 없는 환상이야 말로 영화의 존재 이유임을 강조하지요. 오늘날은 대공황 당시보다 훨씬 더 많은 사람들이 허구의 세계를 수시로 들락거리고 있습니다. 〈카이로의 붉은 장미〉는 예술이 만들어 내는 허구적 세계의 허약함과 덧없음뿐만 아니라 우리의 삶에서 허구의 필수 불가결함도 말하고 있습니다. 허구의 세계에 몰입하는 것의 위험성과 몰입의 아름다운 카타르시스를 동시에 전달하고 있지요.

스크린 속 웃음과 눈물을 통해
우리의 삶을 되돌아보다

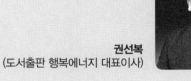

권선복
(도서출판 행복에너지 대표이사)

1895년 프랑스 파리의 한 카페에서 사진 기술자였던 오귀스트 뤼미에르, 루이 뤼미에르 형제는 시네마토그래프라는 신기한 장치를 선보입니다. 이 장치를 통해 상영된 세계 최초의 영화는 열차가 역으로 진입하는 50초가량의 짤막한 영상에 불과했지만 엄청난 센세이션을 불러일으켰고, '인류 최초의 영화 작품'이라는 타이틀을 얻게 됩니다.

이 책 『빛의 속삭임』은 1981년부터 전주대학교 영문학과에서 현대드라마를 강의해 온 조은영 전주대학교 명예교수의 영화를 통해 바라보는 우리의 인생과 세상의 흐름에 대한 인문학적 고찰로서 미디어와 정보 과잉의 시대에 살아가고 있는 우리들에게 스크린 속에 재연된 다양한 종류의 삶과 세계를 통해 현실을 새롭게 고찰할 수 있도록 인문학적 화두를 제공합니다.

'이혼'의 과정을 현실처럼 생생하게 그려냄으로써 우리가 당연하게 여겨 온 '결혼'의 본질을 되돌아보게 돕는 〈결혼 이야기〉, 인종 차별이 정당하던 시대의 부조리를 통해 현재는 과연 얼마나 변했는가를 되묻는 〈헬프〉, SF적 상상력을 통해 당시의 미래이자 오늘의 현실을 놀라울 정도로 예측해 낸 〈트루먼 쇼〉와 〈마이너리티 리포트〉 등의 영화를 통해 이 책이 던지는 질문은 독자들의 지적 욕구를 한껏 충족시켜 줌과 동시에 더 나은 세상을 만들어나갈 수 있는 실마리를 제공할 것입니다.